U0939211

宁波文化研究工程 · 专门史研究　ZM17.201701

宁波方志文献史

NINGBO FANGZHI WENXIANSHI

包柱红　万湘容　著

寧波府誌序

疆域爲天下之所同而通

省之險要實係諸此則事

莫大焉制度經前代所屢

更而處置之得宜至今日

始大備則典莫重焉因革

ZHEJIANG UNIVERSITY PRESS
浙江大学出版社

序　一

袁成毅

人类文明的演进多与自然环境密切相关。作为国家级历史文化名城的宁波地处中国东南沿海，既得江南水乡之韵，更兼河海交通之便，正是大自然的赐予，生生不息的宁波人无论在农业文明时期的稻作文化还是工业文明时期的商贸文化中都能脱颖而出，不断创造出极具地域特色的历史。

早在7000多年前，在宁波这一地区便有了绚丽多彩的河姆渡文化。在华夏文明的早期——夏代，宁波开始有了属于自己的名称“鄞”。此后，从春秋战国时期越王勾践所建的“句章城”到秦王朝在会稽郡下辖的“鄞”、“鄮”、“句章”三县，宁波的界域渐渐清晰，及至唐朝“明州”的设立，宁波不但具备了作为一个城市的基本格局，更因其优越的地理条件成为当时著名的海外贸易港口，与东亚诸国展开了频繁的商贸往来。唐代以降，历经宋、元、明、清、民国，在大部分时间段，宁波一直处于中外文化和商贸往来的前沿。

正是得益于独特的区位优势，视野开阔的宁波人在文化领域也不断铸就一个又一个辉煌成就，名人大儒代代涌现，文化世族累世不衰。“四明学派”、“姚江学派”、“浙东学派”前后相继，各领风骚。

宁波繁盛的学术氛围也成就了当地方志修编的传统。据《太平御览》和《太平寰宇记》等文献记载，宁波地区方志可追溯至唐代的明州“图经”。有学者认为光绪《鄞县志》著录的《四明图志》及《宋元四明六志校勘记》所提的《明州图志》，很有可能为“唐时旧籍，或宋初新编”，即在“宋准受诏修定诸道图经”之前编纂。北宋景德（一说祥符）年间又曾有过《明州图经》，乾道《四明图经》即是在《明州图经》基础上编纂的新志，它也是浙江省现存最早的宋代方志之一。两宋时宁波共修编方志 16 种，其中南宋传世方志就有 4 种，占全国南宋传世方志总量的七分之一。元代宁波又有传世方志 3 种，占全国元代传世方志的十分之一。明清两代宁波留存下来的地方志书数量更多，且以其内容翔实、考据精审著称，其中雍正《宁波府志》、乾隆《鄞县志》、光绪《镇海县志》和同治《鄞县志》等志书更是为后世所称道，亦在中国方志编纂史上具有重要地位。民国年间，宁波地区编有志书 16 种，其中的《鄞县通志》、《镇海县志》、《象山县志》也都堪称佳志。

方志是地域文化传承的重要载体，正因为此，自有志书问世以来，就不断有学者探究方志修编之道，并日渐形成了方志修编的学理与方法，从而使方志的修编成为一门大雅之学。当然，但凡学问就不可能只遵一道、只守一理，与时俱进才是学问的自然要义，因此，梳理前人编纂方志的历史，总结和借鉴其经验，既是延续文脉的需要，更是服务当下的时代责任。

作者从事方志修编工作多年，倾其长期的心血新著《宁波方志文献史》，意在基于大量文献资料，以实证研究的方法全面阐述宁波方志的缘起、发展过程，阐述宁波方志典籍的修编内容、编纂特色，考订不同方志版本的史料价值，评价不同历史时期具有代表性的方志专家的贡献；厘清宁波方志在不同历史时期的数量、种类以及收藏情况。著作史料翔实，论理清晰，其出版面世将极大方便读者对宁波方志文献的利用，从而使宁波方志文献充分发挥“资治、教化、存史”的作用。

学术研究无止境。史料作为历史研究永恒的素材，期待作者能不断挖掘新材料，探究新方法，为宁波方志修编与研究作出新贡献。

2016 年 1 月

（作者系浙江省历史学会副会长、杭州师范大学教授）

序　二

谢富国

丙申春节刚过，节日余温未褪，然新工作已接踵而来。包柱红同志在聊完工作后还郑重地透露了一件“私事”：他首次与人合作耗费多年心血的研究课题“宁波方志文献史”业已完成，行将付梓，并邀我为该书作序。这是一个须掂量的行当。作为同事，我为能分享其成果高兴，也为他的成长喝彩，于情于理应该接受。然方志文献史研究毕竟是一项专业性、学术性都很强的课题，本人虽在方志办主政多年，个中奥秘略涉皮毛，然要为该部专著作序，还真有点惶恐忐忑，但此作触及的确是与我们本行有关的同类命题，于是，我还是应允了，权当是一次“洗礼”。

地方志是中华民族特有的文化瑰宝，自隋代形成官修制度以来，代有编纂，间有佳志，形成蜿蜒多姿的民族文化续脉，蔚为大观。新中国成立后，尤其是20世纪80年代以来，地方志修编更是以空前之势频掀热潮。一些有识之士和方志工作者怀着“修志问道”的史学情怀和为“民族文化续脉”的历史担当，投身编史修志的洪流，耕风沐雨，呕心沥血，并作出了卓著的业绩。这座由精英推动并悄然崛起的“历史高原”，遂成为华夏地平线上一道别样的文化风景线，他们无愧为历史的楷模、时代的脊梁。

修编地方志是一项涉及面很广且庞杂的系统工程，又是一项思想性、学术性、知识性很强的工作。综观历代上乘志书的修编，我们不难发现，每部精品佳志的背后几乎都站着几位抑或一批有情怀、有担当、有学识的能人。他们是整部志书的“魂”。我区近年来启动的“旧志再造工程”，如陆续影印再版的乾隆《鄞县志》、同治《鄞县志》和民国《鄞县通志》等，之所以被誉为代名志，除了必备的主客观因素以外，专家、精英修志恐怕是其最主要的特征。1996 年出版的《鄞县志》，同样秉承了这一修志理念。时任主编周时奋及其团队，凭着对这块土地的深情和修编业务的娴熟，几度春秋，遂成志业，同样确立了此部志书在方志界的应有地位。而启动于 2009 年的《鄞州区志》，虽起步较晚，然定位准、格局大、起点高，本着"政府主导，专家参与"的修志理念，力争修成一部上品志书。并兼而在编纂实践中重视人才队伍和基础建设，致力于人的"政治素养、道德涵养、文化学养和史学修养"的培植，努力锻炼一支有情怀、有学识、有担当的专家型编纂队伍。正是在这样的背景和氛围中，一批有志于史志工作的青年才俊风云际会，集聚在鄞州这块有着 2200 多年历史积淀的土地上，演绎着一部至简大剧——编史修志，而伴随修志成长的包柱红同志无疑是其中的重要代表。十余年来，尤其是二轮修志开编以来，他以方志办和编辑部为平台，积极投身方志实践工作，自觉履职，兼顾行政管理能力与学术研究能力的同步提升。在区志修编日常工作中，逐步学会抓主体和顾统筹，从个人做事转变到团队干事，行政协调能力明显增长，研究能力也随之提高。同时，认真学习钻研方志理论业务知识、收集、积累相关资料素材，并加以整理研究，撰写成文，成果颇丰。多篇学术论文和研究文章发表或获奖，获宁波市首届青年社会科学优秀成果奖，被确定为省地方志系统人才梯队培养对象，负责宁波文化研究工程课题"宁波方志文献史"，其研究扎根鄞州，立足宁波，放眼浙江，并逐步形成系列，业已成为我区乃至省内外方志研究的青年才俊，备受瞩目。这本方志专著是包柱红与宁波市图书馆万湘容携手完成的学术研究课题，费时费力费心，在现时尤属不易，不由地对他们那种刻苦钻研的精神和持之以恒的不懈努力肃然起敬。

宁波作为"方志之乡"，方志文献众多，门类齐全，涵盖广泛，品类繁盛，卷帙浩繁，博大精深，然这些珍贵的方志文献因篇幅较大，如何使用，却是修志用志者所困惑的问题。系统梳理宁波方志发展历史脉络及现存方志文献的具体情况，尤为迫切，以切实为读者利用方志文献提供指引。此书的编纂出版，除了能强化方志文献的"存史、资治、教化"功能外，还将极大地方便读者使用方志文献，并填补宁波方志文献研究的一个缺项，此乃方志界之幸事矣！

是为序。

2016 年 5 月

（作者系宁波市鄞州区地方志办公室主任）

前　言

方志一词，起源甚早。根据《周礼》（原名《周官》）的记载，古代有五类史官。其中“外史”的职责是“掌四方之志”（《周礼·春官》）。而在《周礼·地官》中则明确指出：“涌训，掌道方志，以诏观事。”这是目前已知的我国古代典籍中最早出现“方志”一词。经过长期发展演变，地方志（简称方志）成为全面系统地记述某一行政区域内自然、政治、经济、文化和社会的历史与现状的资料性文献。在学科上，属于历史学和地理学的交叉学科，荟萃一地历史与现实等诸方面信息。这种中国独特的历史地理文献，素以历史悠久、类型齐全、数量众多而闻名于世。作为地方文化典籍重要组成部分之一的地方志，在地方文献中占有特别重要的地位。它自春秋时期开始孕育生长，至宋朝大体成熟，至清朝到达鼎盛，一直延续至今。据《中国地方志联合目录》统计显示，自宋至民国保存至今的方志就有 8264 种，11 万余卷。

宁波地域的历史可以追溯到 7000 年前的河姆渡文化。夏时，宁波所在地区称为鄞。春秋晚期，越王勾践始建句章城。秦朝时，宁波地域属会稽郡，下辖鄞、鄮、句章 3 县。唐代，明州设立，市域范围逐渐形成，三江口中心城市格局初显，因其优越的地理条件而成为全国著名的对外贸易港口，与日本、高丽均有频繁的贸易往来。据《太平御览》、《太平寰宇记》等书的记载，宁波地域的方志修编历史可追溯至晚唐，当时明州已编有图经。

五代时，宁波属吴越国。吴越王钱镠的富民政策促进了宁波经济的发展。

宋代，以王安石为代表的一批大学者在宁波开始确立“耕读传家、商儒并生”的传统，本生土长的四明学派渐具雏形。北方人口的大量南迁使得宁波农业生产和经济基础都有了长足的进步与发展，对外贸易进一步发达，并逐渐成为海上丝绸之路的起始地。元代，宁波成为南北货物的集散地和重要的港口城市。宋元时期的经济发展和文化学术的昌盛，使方志修编逐步发展完善，不但数量大、品种多，体例上也渐趋成熟。

明代前期，作为海上丝绸之路起航地的宁波是中国开放的港口之一，不仅是抗击倭寇的前沿，更是工商业的前沿，宁波商帮也在此时作为重要的商业力量崭露头角。清代，宁波与西方的交流日渐频繁，外贸发达，工商业兴起，文化上也出现享誉全国的浙东史学。鸦片战争后，宁波成为对外通商的五个商埠之一，海外贸易兴盛。宁波商帮开始转变为近代商人，并将新兴的上海作为主要活动地点，逐步发展成为影响全国乃至世界的宁波帮。反映在方志修编上，明清两朝方志学的发展异常繁荣，留存下来的地方志书数量最多。明清时期的宁波志书不但体例成熟，考订精详，资料也非常丰富。

民国时期，宁波历经战乱，经济发展起伏很大。但由于国民政府定都南京，以江南一带为统治中心，宁波作为中西方交流融汇的前沿阵地，地位重要。西方科学技术和学术思想渐渐传入，对地方志修编产生重要影响，修志人在继承原有传统的基础上，采用新的方法和编排方式编纂方志，受到学界推崇。尤以民国《鄞县通志》为集大成者。

宁波地方志从唐五代之前孕育诞生到宋元时期发展完善，进而达到明清时期的全面繁荣，直至民国时期的继承创新，这是一条紧跟时代发展脉搏的历史进程。它的发展不但印证了宁波历史演变轨迹，也保存了宁波鲜活多彩的历史文献资料，更是丰富了宁波的地方文化，促进了宁波的学术繁荣。宁波的方志事业为宁波历史文化名城的打造作出了自身独有的贡献，本书试图把方志和文献结合起来进行研究，时间断限从宁波方志的发端起，迄至1949年中华人民共和国成立，其记载地域范围为现今宁波市所辖行政区域，记载线索以时间为序，但在记载方志典籍和人物时，为了方便读者使用，适当兼顾行政区域顺序。通过本书的编著对宁波方志文献的梳理，希望能为宁波方志事业的总结略尽绵薄之力。

目　录

第一章　宁波方志文献概述

方志，或称地方志，是记载一定地区(或行政区划)自然和社会各个方面的历史与现状的资料性文献。方志的内容极其广泛，举凡一地的建置、沿革、疆域、山川、津梁、关隘、名胜、资源、物产、气候、天文、灾异、人物、艺文、文化、教育、民族、风俗等诸方面情况，都为其所记载。它反映了我国各族人民在不同历史时期的社会生活状况，记载各时期思想文化、自然开发、科学技术等方面的成就，为后世研究相关内容提供了取之不竭的研究资料。方志范围之广阔，内容之丰富，数量之浩瀚，举世无与伦比，具有很高的学术价值和史料价值，是地方文献的构成主体，是我国重要的文化遗产。

中国有2000多年的修志历史，起源可上溯到春秋战国时期。方志的形成，既继承"国别史"，又取法古代"地理书"。清代方志学家章学诚就说："方志之由来久矣。……余考之于《周官》，而知古人之于史事，未尝不至纤析也。外史掌四方之志，若晋《乘》、鲁《春秋》、楚《梼杌》之类，是一国之全史也。""郡县志乘，即封建时列国史官之遗。"[①]而不少古方志叙述纂修缘起时，通常都会联系到现存最古老的地理书《山海经》，如宋欧阳忞在所撰《舆地广记·序》文中提到："凡自昔史官之作，与夫山经，地志，旁见杂出，莫不入于其中。"而且从记载内容来看，《山海经》记风土、人物、世系，与后世方志设风俗、人物门类，是一脉相承的。方志文献的起源，还可追溯到古地图的形式，这从古方志名称中多含"图经"、"图志"可佐证一二，如修于唐或北宋初的宁波已知最早的方志文献《四明图志》、现存最早的方志宋乾道《四明图经》等。

---

① 章学诚：《文史通义》卷六《外篇一》，上海古籍出版社2015年版，第318页。

我国传统的方志，是在兼收了春秋战国时期国别史、地理书和地图特点的基础上，随着历代政治、经济、文化的发展，而逐渐完善起来的。起源的多源性和源远性，是我国方志起源的两个最显著也最基本的特征。方志融合的源头既多，因而成型的过程也就极其缓慢。从春秋战国时期发端，中间经汉魏迄于隋唐，方志的内容与形式逐渐得到丰富并日臻完备，至宋时终于最后确立了编撰的体例。

宁波方志是中国方志发展历史脉络中的支流，既有全国方志发展的普遍性规律，又兼具区域方志发展的个性化特色。完整传世的宁波旧方志文献最早修编于南宋乾道年间，而宁波方志编纂，在历史上出现了南宋乾道至开庆时期、元至正至延祐时期、明永乐至嘉靖时期、清康乾与同光时期、民国初期至抗战前这五个高峰时期。目前，传世方志中的80%以上都是这五个时期编纂的。下面从方志文献的类型、功用、体例、刊布、存藏等方面一一论述。

第一节　方志的类型、特点和功能

方志的类型

方志按记载的地域范围不同，可分为一统志（记述全国范围）、总志（二省或二省以上）、省志、府志、州志、厅志、县志、乡镇志、边关志、司所志、盐井志等。就历史上宁波行政区划沿革来讲，宁波旧方志文献主要可分为府志（如嘉靖《宁波府志》）、州志、厅志（如光绪《定海厅志》）、县志（如万历《新修余姚县志》）、乡镇志（如光绪《剡源乡志》）、卫所志（如嘉靖《观海卫志》）、村志（如《清湖小志》）。

按记载的内容不同，方志可分为：总志，一般指省志、州志、县志，如民国《鄞县通志》、民国《镇海县志》；专志，专门记述某一事物或某一事业的历史与现状的著述，包括专门志、专题志、部门志、行业志等独立于综合志书之外的志书，如《杜白二湖全书》；杂志，记述一地的舆地、政治、经济、文化等现象，没有总志那样完备、系统，有山志、亭志、学校志、藏书楼志等等，如《緱城杂志》，对这类杂志，过去人们总不屑一顾，认为其不合志体，是“小道中之小道”，其实这类杂志，也有其学术资料价值，书中所记内容很多为府、州、厅、县志所不载或语焉不详。这类志书的编纂贵在于“畸”，即不求全，不是面面俱到，而是抓住重点着笔，在某特定内容上着重记述。

除以上两种分法外，还有如下分法：从方志记事内容的时代分，可分为通纪（即贯通古今）和断代两种。从方志的记事内容和篇目的广略分，可分繁体和简体两种，如明黄润玉纂、黄溥续纂的成化《宁波府简要志》就属简体。从方志的撰写形式分，可分为著述体和编纂体（将资料分门别类编纂起来，并大多注明出处）和编述结合三种。从方志的编纂体例分，又可分为纪传体、门目体（平行门目，无所统摄）、“三宝体”（一般只分土地、人民、政事三类，有的另加文献，由《孟子》“诸侯之宝三：土地、人民、政事”之语而来）、编年体（没有篇目组织，各种记事和资料都按年代顺序编入书中）、纪事本末体（以每事为编，排比其次第，详叙其始终）和类书体（按编书的方法，将许多搜集来的资料，按类加以编排，并注明资料出处或附引用书目）。从方志的编纂者分，又可分为官修和私修两种。志书的功用决定了志书一般由地方长官出面组织、调配，由儒学教授、教谕等秉笔，或延请地方硕儒修纂，如嘉靖《宁波府志》由宁波知府周希哲等修、鄞县人张时彻等纂，雍正《宁波府志》由宁波知府曹秉仁修、鄞县人万经等纂。但私人纂修的志书数量也不少，如明鄞县人高宇泰在清顺治初年编纂的《敬止录》（该书被后世称为宁波明代所修县志之佳作）。到了清代，宁波私人纂修志书更多，多为专志或杂志，如清康熙二十七年（1688）臧麟炳、杜璋吉修的《桃源乡志》、清柴望撰修的《小溪志》等。

方志的特点

关于方志的特点，谈论的文章很多，有的提出四点：区域性、连续性、广泛性、可靠性；有的提出五点：地方性、连续性、广泛性、资料性、可靠性。大体就这两种，不过提法也不尽一样。如可靠性，有的则称真实性，有的也称科学性。总的说来，这几点大致已经概括了方志这种文献的特征。著名方志学家仓修良也曾对方志特点做过精辟的五点论，即地方性、连续性、广泛性、多样性和时代性，受到学界普遍认同。

（一）地方性

地方性可以说是地方志主要的特点。因为方志从它产生之日起，就是以专门记载某一地区事实为职能的一种文献。无论是省、市、县综合志，还是专业志，都有一定的记载地域范围，或者说是空间范围。如汉魏南北朝时期的地记，就是在各地世家大族控制下编写的，目的在于“矜其乡贤，美其邦族”，为本乡本土高门大姓服务。汉光武帝刘秀之所以要下令编写《南阳风俗传》,也在于“矜其州里,夸其氏族”,所以其内容不会超越本地之事。到了隋唐的图经,那就更是根据国家的规定,编纂各地风俗、物产、地图等项内容,当然不必涉及他处之事。从宋代起,方志地方性的特色趋于稳定。内容虽然不断丰富,但无论是府、州、县志,总还是记载自己特定区域以内之事。至于乡镇志、边关志以及山水、寺观等各种专志,更是有明显的区域范围。如嘉靖《宁波府志》记载明代嘉靖年前宁波府管辖范围内的人、事、物,域外事物概不论述。

由于各自的地理形势、山川气候、物产资源、风土人情以及社会环境等方面不尽相同,各地所编的方志在内容上必然是各具特色。从大的方面来说,北方的方志中不可能出现南方水乡泽国的色彩,南方的方志中也不可能看到北国风光。同样都是南方,山区、平原、沿海又各不相同。如作为沿海城市、海上丝绸之路起点的宁波在历代志书中记载的涉海内容就不少,市舶司这种古代海事管理机构,就带有明显地方性,内地或高原地区既无港口,历史上也就不会有这种机构的设置。宝庆《四明志》卷六《郡志·市舶》详细记载了宋代明州市舶司的建置沿革:“汉扬州、交州之域,东南际海,海外杂国,时候风潮,贾舶交至。唐有市舶使总其征,皇朝因之,置务于浙、于闽、于广。浙务初置杭州,淳化元年徙明州,逾六年复故。咸平二年,杭、明二州各置务。其后又增置于秀州、温州、江阴军,在浙者凡五务。光宗皇帝嗣服之初,禁贾舶至澉浦,则杭务废。宁宗皇帝更化之后,禁贾舶泊江阴及温、秀州,则三郡之务又废。”这段记载,表明了宁波是我国较早对外进行海外贸易的重要港口,也粗略勾勒了明州市舶司的建置兴废情况。

又如,定海地处海岛,光绪《定海县志》除《兵制》外,卷十二专立《海防》,除了记载其他海防设施外,大段摘引了《嘉靖志》关于防御倭寇的措施和各种对策,并指出:“定薄海而邑,与倭岛为邻,盖贡道所经,于入寇最迩,故防患尤切。兹举防御之关于定海者,撮而志之。”这些内容无疑都反映了地方志的地方性特色。至于山区、内地,也都有各自的特色,这里就不再列举。总之,地方志所记内容,必定具有地方性的特点,否则也就不称之为地方志了。

(二)连续性

方志要求记述各事物的历史和现状,这就决定了方志的连续性。仓修良曾说:“在我国发展过程,在一般情况下,每次修志总是在前人所修志书的基础上进行续修,这中间既有补充遗漏,又有纠正错误,然后再续写新的内容，……真正一刀切式的续修，其数量真是微乎其微。"①

首先，从志书名称上看，"续志"、"补遗"、"补正"、"重订"等词即体现了前后承继的关系，如宝庆《四明志》与开庆《四明续志》、延祐《四明志》与至正《四明续志》、《镇海县志稿》与《重订镇海县志稿》、《定海县志》与《续定海县志》、《阿育王山志》与《阿育王山续志》、《天童寺志》与《天童续志》，甚至有的志书连续编纂多册，如《宁海漫记》、《宁海续记》、《宁海三记》、《宁海四记》、《宁海五记》、《宁海六记》。

其次，方志内容上具有延续性。宝庆《四明续志·序》载："《四明志》作于乾道，述于宝庆，详矣。然则何续乎？所以志，大使丞相履斋先生吴公（吴潜）三年治鄞，民政兵防，士习军食，兴革补废，大纲小纪也。其已作而述者，不复志。"他说出了方志纂修目的，就是追记以前方志所未记载的事物，续写新时代的新事物。如清康乾盛世，《宁波府志》四度连续修编。康熙十三年（1674），宁波知府邱业和鄞县人万斯同、万斯选、赵时赟修纂志书，最终却未完成。清曹秉仁、万经在雍正《宁波府志·序》中说，宁波郡志"虽经国朝邱、李二郡守之续修，皆未成书"。过了九年，即康熙二十二年（1683），宁波知府李廷机和鄞县人左臣黄、慈溪县人姚宗京又续修纂。清雍正十一年（1733），宁波知府曹秉仁和鄞县人万经修纂成《宁波府志》三十六卷。这些志书在编纂体例上形成比较固定的范式，前后沿袭，代代相传。修志时也会遇到主管官员更替的情况，而志书往往需要经过几任主修官员才能得以顺利完成，这种连续性主要因为志书修纂得到国家法令与制度的保障，而不会因为官员更替而发生变化。明刘钎在成化《宁波郡志》的"序言"中证实了这点："天顺间，孝感张公瓒来守是邦，政行民悦，百废具举，实切留意于此，询诸郡人，知前司安成训杨先生实，学博才赡，足以任笔削之寄也。乃馆之于公，授以前志，俾重加修辑。先生斟酌旧典，采摭新闻，芟繁而取要，因略以致详，自沿革至集古，列之为二十考，总之为十卷。于是郡中事物，古今巨细，纪载无遗，一检阅之，顷可尽得之。张公命工锓梓，及半，而有东广参藩之擢。蒲田方公逵，自廷评来继其职，德以爱民，而才称其德，尤以是志为当务，乃重加校正，而督成之。"

但是方志的这种连续性，不是一味地原封不动地照搬照抄，而是在详加考订的基础上批判吸收，往往附有考订、案语。如同治《鄞县志》以钱大昕乾隆《鄞县志》为蓝本，由乾嘉之后熟悉史学、谙于地方掌故、精于考订的甬上

① 仓修良：《方志学通论》（修订本），方志出版社2003年版，"前言"第4页。

学者徐时栋、董沛纂，在资料选取、史实考证上精益求精，补疏辨误，成为清代晚期方志中之佳作。而享誉全国的民国《鄞县通志》又是以此为蓝本增补而成为一代名志。沈焕章在《缮印桃源乡志·序》中说："吾乡之名桃源，不知始于何时？明隆庆、万历之交，有张桃溪沔、杜思泉校者，撰《桃源记》二卷，仅载林村一镇之史，未及一乡也。后二十余年，有水凤川者，搜集林村附近百余里之可记者，增补之，为《桃源广记》。清康熙时，有杜璋吉德祥、臧麟炳震青者，复据旧记，删去讹伪，搜访脱略，增为八卷，名曰《桃源乡志》，则其来旧矣。"这也说明无论通志、专志，还是杂志，都是在前志基础上，后代人不断订正讹误、增修补正而成。

（三）广泛性

方志记述的内容包含自然与社会，这就决定了方志内容的广泛性。它记载的内容十分广泛、非常丰富，单就这点而言，可以说没有一种文献可以与它相比。上自天文，下至地理，山川水利、物产资源、典制沿革、贡赋徭役、风俗习惯、各类人物、宗教寺院、科举学校、艺文著作、经济发展、天灾人祸、奇闻轶事，无所不有。正由于它具有这样一个特点，所以为我们留下了许多正史和其他史籍所没有的宝贵资料。尽管每一部方志所记内容不一定都很理想，所列栏目也不尽相同，但那些基本的内容却大都具备。我们不妨列举如下三部志书的篇目，从中便可看出方志所载内容确实非常广泛。

雍正《慈溪县志》分十六个篇目：

卷一　舆地　疆域　分野　沿革　城垣　县治　闾里
卷二　户赋　土产
卷三　山川　秩官　名川
卷四　学校　选举
卷五　坛庙
卷六　古迹　旧景　风俗
卷七　人物　名宦
卷八　人物　儒林　忠义　经济　循吏
卷九　人物　孝友　清操
卷十　人物　文苑　义行　醇德　隐逸　艺术　流寓
卷十一　列女
卷十二　寺观　仙释　遗事　纪异
卷十三　敕命

卷十四 艺文 赋 记 补遗

卷十五 艺文 书 启 序 跋 辞 对 议

卷十六 艺文 诗

光绪《奉化县志》分为四十个篇目：

卷一 舆地 沿革 晷度 分野 疆域 里至 乡都 风俗

卷二 建置上 城垣 县治 公署

卷三 建置下 镇市 航业 桥 亭 善举

卷四 山川上

卷五 山川下

卷六 水利

卷七 户赋

卷八 学校上

卷九 学校下 社学 书院 义塾 学堂

卷十 兵制

卷十一 大事记

卷十二 坛庙上

卷十三 坛庙下

卷十四 寺观上

卷十五 寺观下

卷十六 职官表上

卷十七 职官表下

卷十八 名宦传

卷十九 选举表一 唐 宋 元

卷二十 选举表二 明

卷二十一 选举表三 国朝

卷二十二 仕籍 封赠 优老

卷二十三 人物传一

卷二十四 人物传二

卷二十五 人物传三

卷二十六 人物传四

卷二十七 孝义姓氏录

卷二十八 列女传一

卷二十九　列女传二
卷三十　列女传三
卷三十一　列女传姓氏录
卷三十二　寓贤
卷三十三　方外
卷三十四　艺文
卷三十五　金石
卷三十六　物产
卷三十七　古迹 坊表
卷三十八　冢墓
卷三十九　祥异 杂记
卷四十　旧志叙录

民国《象山县志》分为三十二个篇目：

卷一　图说上
卷二　图说下
卷三　象纬表
卷四　疆域表
卷五　职官表
卷六　选举表
卷七　氏族表
卷八　列女表
卷九　史事考
卷十　地治考
卷十一　赋税考
卷十二　物产考
卷十三　实业考
卷十四　教育考
卷十五　典礼考
卷十六　风俗考
卷十七　方言考
卷十八　艺文考
卷十九　金石考

卷二十　古迹考
卷二十一　名宦传
卷二十二　先贤传一
卷二十三　先贤传二
卷二十四　先贤传三
卷二十五　先贤传四
卷二十六　先贤传五
卷二十七　列女传上
卷二十八　列女传下
卷二十九　方外传
卷三十　志异 志余
卷三十一　文征内编上
卷三十二　文征外编

从上列篇目可以看出，一些基本内容如山川、水利、户口、田赋、风俗、物产、学校、人物等，几乎所有地方志书无一例外都有记载。因为水利关系到农业生产的发展，而户口与征收田赋有直接关系，物产涉及贡品，学校则有关社会之教化。凡此种种，在封建时代都与地方官吏的考绩有着密切关系，因此每个地方官吏都得关心，所以每当新官上任以后，查阅该地的方志，了解全县概况，便成为他们不可缺少的项目。

不过，由于地区的不同或朝代的更迭，各地方志所载内容曾出现许多不尽相同的名目。另外，方志所载的各地风俗民情，更是其他文献很少反映的。诸如上元节的灯会，清明节的扫墓、春游，端午节的划龙船，中秋节的赏月，重阳节的登高等等，在各地都有丰富多彩而形式不尽相同的活动，这些内容在各地各类方志中都有详略不同的记载。所以说方志所载内容是十分广泛的，是地情“百科全书”。

（四）多样性

方志在保持其基本体例的情况下“百家争鸣”，从内容多少到表现形式，从体例安排到语言文字，都没有一个固定不变的模式。在一般情况下，方志都是由编纂者自行决定记载内容的范围和采用何种体例，应当说这也是方志之所以富有强大生命力的一个重要因素。编纂得好，可以成为藏之名楼、传之后世的著作。即使有些称不上著作，但其内容记载详实，对于保存乡邦文献还是有重要价值的，同样会得到人们的重视。

清代著名史学家全祖望，对于整理乡邦文献作出了巨大贡献，他特别重视地方志，曾云："吾乡志书，其为吾家所藏者，自宋以下，无一不备，所少者《永乐志》耳。及钞《大典》(指《永乐大典》)始得之。是志也，里人纪征士宗德、李处士孝谦为之。其书体例绝佳。生平不喜袁清容志，谓其党仕元之匪人，没前宋之遗事，得此书以补之，真大快事也。成化中杨实所修未见此书，故过于略，今而后粉社之志毕具矣。"[①]全祖望因得到一部好的方志而感到十分高兴，认为是一大快事，这一方面说明他爱书的心情，另一方面也说明"其书体例绝佳"，内容丰富，得此书可以补以前所修志书之不足。

自宋以来，各类志书所载内容的详略悬殊是很大的，凡是翻阅过旧方志者都会有此感觉，同样是人物考，在志书中有的达数十卷之多，有的则仅数卷而已。如成化《宁波府简要志》列传人物仅占一卷；而同治《鄞县志》列传人物从卷二十六至卷四十四共计十九卷，所占篇幅可谓大已。两者相比，差别很大。就纲目体而言，细分下来类型也多种多样。有的志书纲少目多，有的纲多目少，有的是细目并列，有的是分纲列目。而志书的纲目名称取法也各异，雍正《慈溪县志》用古代八音"金、石、丝、竹、匏、土、革、木"设为纲名，民国《鄞县通志》用"舆地、政教、博物、文献、食货、工程"设为纲名，嘉靖《宁波府志》用"疆域志、经制志、杂志、书、传"设置纲名。

受到正史编写的影响，纪传体志书一般采用纪、图、表、志、传五种体裁编写，但在实际编纂活动中，大多数志书只有四体、三体，甚至二体，种类纷繁复杂。方志从萌发时期发展到宋代定型，图经(图志)是最为主要的形式，如乾道《四明图经》，此时方志图文并重，各种图作为整部方志的重点，数量上极多，而其他四体一般作为图的释文，文字较少，追求精炼，全面性也不强。但是自南宋以来，方志的政教功能越来越强，志渐渐取代了图经、图志，图也沦为了志的内容，成为志文的附属。在宁波方志中"表"更是比比皆是，不过要注意的是"表"的形式也是随着方志的发展而逐渐"传记化"，最早的"表"，往往只列其名，而无记述，可到了宋以后，"表"中往往附有简传、索引及考订性的语言，也就是说"表"是在向"传"的形式有所靠拢，特别是《鄞县通志》，更是将"表"、"传"、"志"三合一，一表之中往往详列传记，志文简洁明了。

方志从内容到体例都只有一个大体的范围和格式，而没有特定的、一成

---

① (清)全祖望撰，朱铸禹汇校集注：《鲒埼亭集外编》卷二十四，《全祖望集汇校集注》，上海古籍出版社 2000 年版，第 1204 页。

不变的模式，即使是细目并列之体，同样是随着时代的变化、地理位置的不同，其内容栏目亦不断有所增减。所有这些都说明了方志记载的形式是多样的，不像今天有些学者说的那么单一化。

以上主要是从方志形式、体例的多样性而言，至于语言文字记载上的多样性那就更加明显了，文字上可长可短，不事雕饰，真正做到"有话则长，无话则短"，三言两语，不拘一格。有许多所谓不登大雅之堂的遗闻琐事，都赖方志得以保存，正因为它具有这样不拒细流、不拘形式的特点，所以不少有价值的材料才得以留传。它所记载的内容，既谈不上系统性，也谈不上完整性，有点类似于韩信将兵，以多取胜。关于这点，凡是翻阅过旧方志者都会有所体会，这里就不再列举了。

（五）时代性

作为一种文献形式，方志的时代性表现得尤为明显。可是令人不解的是，谈论方志特性的文章很多，列举了这种特性那种特性，单单就不谈时代性。方志之所以能够得到不断地发展和繁荣，就在于它能够适应社会发展的需要，不断变更其形式和内容，以满足时代的需要，所以它的生命力越来越旺盛。

方志既可以被统治者用来作为粉饰所谓"太平盛世"的点缀品，成为他们歌颂"升平气象"的工具；又有其实用价值，为巩固封建统治服务。从刚开始的地记，中经隋唐图经，直至定型的方志，无不具有时代精神。如明朝方志就非常重视人物传记。明朝曾于永乐十六年(1418)颁布《纂修志书凡例》，"人物"例规定，所载"俱自前代至今。本朝贤人、烈士、忠臣、名将、仕宦、孝子、顺孙、义夫、节妇、隐逸、儒士、方技及有能保障乡闾者"①。明朝政府的规定影响到志传的编纂，以致明代方志人物传记数量占全志比重增加，而分类化也更加显著。以嘉靖《宁波府志》为例，该志四十二卷，卷二十至四十二为传，占全书卷数一半以上，分别记载了名臣、理学、文学、忠节、死事、孝友、淳德、义行、清操、隽异、隐逸、流寓、列女、特艺、仙释等类人物。这是宋元四明六志的人物传记在数量上所不能比拟的。

方志的纲目变化最容易体现时代特色。以"理学"在方志门目上的变化看，宋代产生了理学，并且后来发展成为我国封建社会后期的统治思想。这

---

① (明)王琛修，(明)吴宗器纂，正德《莘县志·纂修志书凡例》，《天一阁藏明代方志选刊》，上海古籍书店1981年版。

种理学也称道学，在社会上影响很大。后来许多方志亦多有专门记载，如嘉靖《宁波府志》有"理学"一门，都及时反映了社会现实。到了清代，宁波方志的人物志中，除"儒林"、"文苑"外多列有"理学"或"道学"一目，如雍正《宁波府志》就是如此。

方志时代特色还体现在修纂者的学识领域和社会意识等方面。清万经等纂雍正《宁波府志》，此志分三十六门，对海防、兵制、舆图、山川、形势等有关军事内容记载颇为详明。其所以如此，是与万经等浙东学派"经世致用"的思想分不开的，故注意记述山川河流、地形险要等内容。到了民国时期，"三民主义"成为社会主流意识，民主思想深入社会各界，科学技术的发展日益受到重视。这种时代变化自然而然也会反映到志书编纂里面。在民国《鄞县通志》中，陈训正在篇目设计上删去了旧志体现皇权色彩的帝纪和荒谬的分野说。同时，在以民为邦本、修志应详于民事的思想指导下，创设了许多反映人民群众日常生活状况和经济状况的新篇目。如在食货志设农林、鱼盐、工商等编。记载了大量反映劳动人民生产生活经验的内容，对渔港、鱼获时令及产销、与灾害天气及病虫害的斗争、工商业活动等情况都有详细记载，并附有食米价格升降表、主要食用品价格比较表、工资表等反映居民经济生活的图表；又如动植物、矿物在传统志书中是无足轻重的，明清时大多数志书仅在舆地考中出于描绘景色的需要，附带几笔，而民国《鄞县通志》设博物志，下设动植矿物类编，把与工农业发展有关的资源内容摆到重要的位置上；再如有关工程的内容，旧志仅记水利，而民国《鄞县通志》则专设工程志，广载各种工程建设。他还在政教志中新设了社会现象编，列有《社会动态统计》、《民刑诉讼统计》、《罪犯状况统计》、《治安妨害统计》、《社会救济统计》等六十六表，由统计数字反映社会变迁。

相较于旧志，新志的时代性特征更是扑面而来，反映封建时代特点的许多内容，在近现代所修的方志当中，正逐步被淘汰而趋于消失。这进一步说明，方志所体现的时代性不仅非常明显，而且非常强烈。因此，在讲方志特性时，万万不可忽视其时代性。当然，时代性不单反映在每部方志的体例和内容上，更多地反映在其语言文字上面。众所周知，人们的语言可以透露出各自的生活经验和心理状态，是其全部生活的反映，而每个人又都生活在特定的社会环境之中，这样，各种语言也就必然具有一定的历史背景，反映出一定社会所具有的特点。特别是人们相处交往中的那些常用的共同语言，几乎无不打上深刻的时代烙印。方志记载内容较为广泛，许多街谈巷议都得以记载，民风民俗都得到保存，许多丰富的民间语言因此得到流传。总之，正因为方志具有强烈的时代性，所以我们今天在研究某个朝代的衣食住行、风俗习惯时正好有案可稽。

以上方志的这五种特点或特性，便构成了方志总的共性。当然，这个共性对于其他文献来说，它又成为方志的个性。也就是说，必须大体上具备上述这些特性，才能称得上是方志，这些特点使它有别于其他文献种类。不过还应当知道，每部方志又大多有自己的个性，通志有通志的个性，府、州、县志又有府、州、县志的个性；同样都是县志，由于时代不同，地域有别，内容重点、篇目多寡亦各有不同，绝不可能是千篇一律。海岛、山区、平原三种县志，其内容、篇目都不可能相同。山水志等专志所载的内容、篇目，显然与府、州、县志的要求又不相同。这都说明，方志既有共性、又有个性。

方志的功能

方志从肇始阶段就由于特殊的功能而相对独立地发展，经过漫长的历史演变得以不断完善。无论朝代更迭，岁月变迁，方志在社会经济发展过程中都发挥着重要作用。早在汉武帝时，光禄大夫刘向即利用地方资料，整理全国政区和分野；丞相张禹亦令朱赣根据地志，条理风俗。至汉章帝，班固任兰台令史，利用所藏方志撰成《汉书・地理志》。隋大业(605—618)中，朗蔚之采各地所上图经而纂成《隋诸州图经集》二百卷。宋大中祥符(1008—1016)年间，李宗谔等奉敕汇编全国所上图经，纂成祥符《州县图经》一千五百六十六卷，记叙二京府、八次府、三百五十三州、四十五军、十四监、一千二百五十三县各种情况。元大德七年(1303)，集贤大学士孛兰等人根据志书编成《大元一统志》一千三百卷。明景泰七年(1456)，陈循等辑成《寰宇通志》一百十九卷。清康熙、雍正、乾隆三朝曾多次诏令各地志书呈送一统志馆，一统志馆以各地志书为本，整理编辑《大清一统志》。民国初，清史馆汇集大量地志和档案资料，编纂《清史稿》。方志的修纂代代相沿，绵延不绝，就是因为方志能够明一统、垂鉴戒、禅风教，简而言之，即存史、资治、教化三大功用。

(一)存史

方志是一方文献之汇编，内容博大精深，是一方之总揽、地方百科全书，其存史功能极强。章学诚谓："朝廷修史，必将于方志取其裁。"[①]方志所存史料最多、最详、最准，一方面为修编史书提供丰富的素材，另一方面为后世修

---

① (清)章学诚撰：《文史通义》卷六《外篇一》，上海古籍出版社2015年版，第199页。

志提供借鉴。关于这两方面，宁波方志的修纂者多有论述。张时彻序嘉靖《宁波府志》曰："其前则有若张津乾道《图经》，后则有若罗浚《宝庆志》，有若袁桷《延祐志》，有若王元恭《至正续志》，有若杨实《成化志》，有若黄润玉《简要志》，今所传则实志也。迄今旷阙，盖九十有五年矣，矧又灾于郁攸。余友戴鲸氏慨文献之无征也，乃总而辑之，名曰《志征》，加详核矣。"他说出了志书修纂的前后相继关系。丘业序康熙癸丑修《宁波府志》曰："迄今修纂之后，凡七更撰述矣。前志俱在，取而折衷之，莫详于嘉靖，惜乎考核尚多未精。窃以志为史中之一体，而不足以尽史之法，犹之《颂》为《诗》中之一义，不足以尽《诗》之情也。有征信，无传疑，则志即为史，有扬善，无书恶，则志自为志。"闻渊序嘉靖重修《宁波府志》曰："夫礼征典籍，史氏载言，其所从来久矣。猎异搜微，彰瘅笔削，虽体分述作，言人人殊，其为传信一也。郡县有志，实仿古列国之史，然雄文奥义，求其方驾往哲者盖寡矣。"万经序雍正《宁波府志》曰："顾太守公周详审慎之意，则已异乎世之为书者矣。其以此敷政，而为一郡兴革计久远也，讵不信哉！夫志者，史之余也。史之大，在一代礼乐政刑，与名臣将相之功烈，而他不与焉。志之大，在一郡农桑、食货、山川、阨塞，与贤人君子之德业事功，而他不与焉。"他们强调志书是一种史书，甚至比史书记载范围更具体，可补史书记载之缺，备修史者采摘。开庆《四明续志》被认为："因一人而别修一郡之志，名为舆图，实则家传，于著作之体殊乖。"乾隆《鄞县志》更是认为"此书乃吴履斋幕下士所作，名为续志，实皆贡谀之词"①。但史学大家全祖望从存史价值上加以褒扬，认为："即此志可备见其实心实政之及民者，而以其余闲舂容诗酒，又想见当日刑清政简之风，原不必以志乘之体例求之也。况丞相遗集不传，则是志之存，可不谓有功欤？"②该志实则为研究这一时期宁波地区的情况提供了详细的史料，理应得以肯定。

正因为宁波方志的主修者认识到方志保存文献、备史采摭之功能，视其为一方之全史，所以他们在修纂者的选取上要求非常严格，非史学大家不能担此大任；资料搜集上须全面系统，对方志的编纂力求谨严。刘钎序成化《宁波郡志》说："天顺间，孝感张公瓒来守是邦，政行民悦，百废具举，实切留

① (清)钱维乔修，(清)钱大昕等纂：乾隆《鄞县志》卷三十，浙江古籍出版社2015年影印本。

② (清)全祖望撰，朱铸禹汇校集注：《鲒埼亭集外编》卷三十五，《全祖望集汇校集注》，上海古籍出版社2000年版，第1479页。

意于此，询诸郡人，知前司安成训杨先生实，学博才赡，足以任笔削之寄也。乃馆之于公，授以前志，俾重加修辑。先生斟酌旧典，采摭新闻，芟繁而取要，因略以致详，自沿革至集古，列之为二十考，总之为十卷。于是郡中事物，古今巨细，纪载无遗，一检阅之，顷可尽得之。”

方志的存史功能，使得地方文献能够代代相传，一地的历史与现状及其演变过程和社会文化资源及精神财富得以保存。在今天，方志在研究地情中仍然发挥作用，旧志中的矿产、物产、农业生产技术、自然灾害、天文、地理、少数民族、宗教、赋役及经济、农民斗争、反对外来侵略、文化艺术、风俗方言、文物古迹和人物等资料，仍然很有研究价值。

（二）资治

古人云：“治天下者以史为鉴，治郡国者以志为鉴。”方志为一个时代一个地方之信史，被历代统治者称作“辅治之事，致用之书”。宋罗浚在宝庆《四明志·序》中强调图志资治功用说：“窃尝谓道地图以诏地事，道方志以诏观事，古人所甚重也。图志之不详，在郡国且无以自观，而何有于诏王哉！欲知政化之先后，必观学校之废兴；欲知用度之赢缩，必观财货之源流。观风俗之盛衰，则思谨身率先；观山川之流峙，则思为民思利。事事观之，事事有益，所谓不出户而知天下者也。今有司类窘簿书期会，问以图志之事，率日是非所急，尚得谓之知务乎？尚书召还孔迩，执六典八则之要，按九赋九式之日，以佐圣天子经纶四海，则收图书固相业之一。”元朝庆元路总管王元恭在至正《四明续志·序》中说：“道地图，道方志，先王立国之本也。辨封域，谨职守，司徒立政之要也。”这里说明之所以重视修志，是把此视为“立国立政之本”。这就点明了志书资治最为紧要。

曹秉仁在雍正《宁波府志·序》中说：“自《书》有《禹贡》、《周礼》有《职方氏》，而后世郡国之志以兴。顾作者之学识有醇驳，文辞有工拙，而书之得失见焉。今夫志地者，必详其山川、阨塞、农功、水利、生齿、谣俗之盛衰，以为施政立教之资，此志之本务也。”这里点明了志书功能在于帮助“施政立教”，明确指出方志是地方官为政的依据，借助方志可以洞悉地方各方面的情况。

明刘钎在成化《宁波郡志·序》中曰：“夫夏有《禹贡》，周有《职方》，春秋列国，各有史官掌记时事。至秦郡县天下，历汉晋隋唐以来，而郡邑多有志矣。然岂易为哉？盖文献不足，则采择不备，去取不精，无以取信于世；非为政得人，则信道不笃，见义不为，不能图传于后。今宁波之志，前有王、袁二公作之，后有杨先生述之，而粲然以明。惟张公克勤厥始，惟方公克成厥终，而确然以传，信所谓文献足征而人存政举也。后之人获睹一郡成书以资其见闻，充其知识，又取前修之成宪，以为治身守官之法，则是书于政教岂小补哉？”不仅表达了修编地方志的责任感，而且说明了在帮助地方长官洞悉社会问题、兴利除弊时，地方志是不可或缺的参考和依据。

在当代经济建设中，地方志的资治功能体现得更为明显。尤其方志在开发地方土特产资源、发掘拯救地方传统技艺以及利用水资源和土地资源等方面提供了宝贵线索，有的方志文献中详细记载的制作和开发方案，拿来照本宣科就能生产制作，产生经济效益。奉化市根据乾隆《奉化县志》记载："取熟芋为粉作砖，积数十年不坏，和屑可以备荒"，找到二百多年前奉化芋艿的栽培和食用方法，为奉化市政府营销推广芋艿产业奠定历史文化基础，创造了丰厚的经济价值。政府部门还根据旧志所记载的名胜古迹，编著导游指南，保存旧址遗迹，发展旅游事业，产生了很大的经济效益。

（三）教化

地方志是人文教化的“教科书”。一方面，通过方志的记载，使民众可知一地之广狭、山川之险易、物产之厚薄、赋役之轻重及风土民情。所以，方志可作为乡土教材。另一面，通过对典型人物如职官、名宦、循吏、乡贤及孝子节妇的树碑立传，起到教民众、正人心、励志节的作用。历代宁波方志的修纂者都十分强调志书的教化作用。元任埙在至正《三茅山志・序》中说：“夫山林原泽，在地成形；生序教训，在里成俗；科名勋望，文章行谊，在人成能，而方域之胜概备也。泰定间丰茹庵得抄本于山之崇道观王天仙，归而订其讹舛，综核记闻，分门别类，辑成《三茅山志》，为上下卷。近以考功员外郎致仕于家，寄予以一言弁其简。予鞅掌功令，晚年口罩，不敢遽共厥命。今春，又书见趣。夫先生仕学无见，以著述为己任，天下读其文词，想叩其风采，是志固育才化民、策励善治之余事也。上自舆图区画、方物贡赋之详，下及山川风俗之美，往古名实之林，所以感发乎人心者远矣，岂直为三茅典故计哉！”显而易见，编纂志书是为了“育才化民、策励善治”，志书内容能“感发乎人心者远矣”，由此世代发挥德育功能。陈耆卿在至正《三茅山志・序》中说：“君子之著作，其用与政化通，所以厚人伦、美风俗而维世道也。”开宗明义地提出方志著述的作用与政治相通，有助于伦理道德教化而维护社会秩序。

正德《昌国县志》的作者陶恭在其“序”中称：“愚所以重修此志而拳拳以思兴复于盛隆之世，盖亦仲尼作春秋而言。”张时彻序嘉靖《宁波府志》曰：

"盖自历代国史、碑铭、志状以及稗官小说，咸摭其可征者而又质之于长老，裁之以天理民彝。以秩王章，以严治纪，以明物则，以正人伦。"史尚廉序乾隆《象山县志》曰："若夫泽以诗书丕振文教，俾光天之下。至于海隅，莫不彬彬郁郁，以观风俗之同，史君文吏也。其又能无意乎！"

可见，修志目的在于效仲尼著《春秋》之故事，在于"秩王章"、"正人伦"，在于"诗书丕振文教"，为地方作史立传，兴学教化，以德兴王道，维护统治秩序。

王溯维序雍正《宁波府志》曰："先高祖太史公尝修《嵩志》二卷，广采耆老之语，博搜金石之文，八年而后成，其立意发言，务在表彰先贤以挽气运，正人心，敦风俗为兢兢。"曹秉仁序雍正《宁波府志》曰："其次则宦是土者之遗业余烈，是邦前贤之道德事功，下至草野细民，幽闺妇女，一行一节之美，皆所不遗，则劝惩之道寓焉。他若奇闻异迹、登临游览之胜，譬诸肴羞之有珍错，玩好之有书画奇器，虽足动好奇爱博之流连，而于本务则阔矣。"可见，志书的"立意发言"，旨意在于"表彰先贤"而"正人心"，感化后进，敦教节义，启发后人奋发之情。

如今，在建设中国特色社会主义的进程中，通过弃其糟粕、扬其精华，发掘方志文献中丰富的乡土史料，可使之成为爱国主义教育取之不尽、用之不竭的宝藏。

第二节　宁波方志体例的演变

从中国方志发展的历史来看，方志的体例经历了一个从简单到复杂，从不成熟到成熟的缓慢发展过程。经过从秦汉魏晋南北朝至隋唐时期的发展，方志在形式上经历了从地记到图经的变化过程，至两宋时期，方志的体例逐渐定型，出现了平目体、纪传体等体例类型。元代在承袭前代基础上进一步完善了方志的内容和形式。明代永乐年间两次颁布修志凡例，统一规范方志的修编。清代由于统治阶层的重视和学者的积极倡导与参加，方志体例不仅因时因地而异，而且还因学派迥异而有所不同。

宁波方志体例变化离不开中国方志发展的大环境，而现存宁波旧志还是研究中国古方志体例演变的重要范本。乾道《四明图经》、宝庆《四明志》、开庆《四明续志》三部志书修于乾道至开庆间的九十年里，从它们各自的篇目门类上来看，能充分反映宋代宁波方志在体例上的特点。

乾道《四明图经》十二卷，卷首有序言和目录。

卷一　总叙明州

卷二　鄞县

卷三　奉化

卷四　定海

卷五　慈溪

卷六　象山

卷七　昌国

卷八至十一　诗文

卷十二　太守题名记 进士题名记

宝庆《四明志》二十卷，卷首有序言和目录。

卷一　郡志一 叙郡（上）（沿革表，沿革论，境土、分野，风俗、郡守）

卷二　郡志二 叙郡（中）（社稷，城隍、学校、乡饮，酒礼，贡举）

卷三　郡志三 叙郡（下）（城郭，坊巷、制府两司仓场库务并局院坊园等，公宇，官僚，驿铺）

卷四　郡志四 叙山 叙水（水，桥梁、津渡） 叙产

卷五　郡志五 叙赋（上）（户口，夏税、秋税，酒、商税）

卷六　郡志六 叙赋（下）（市舶、牙契，杂赋、湖田，职田，常平仓，义仓、朝廷窠名，监司窠名，盐课）

卷七　郡志七 叙兵（制置司水军，禁军，厢军，土军）

卷八　郡志八 叙人（上）（先贤事迹上）

卷九　郡志九 叙人（中）（先贤事迹下、烈女、孝行、仙释）

卷十　郡志十 叙人（下）（进士，衣冠盛事）

卷十一　郡志十一 叙祠（神庙，宫观，寺院） 叙遗（东驾巡幸，乡人义田，纪异、存古）

卷十二至十三　鄞县志卷一卷二

卷十四至十五　奉化县志卷一卷二

卷十六至十七　慈溪县志卷一卷二

卷十八至十九　定海县志卷一卷二

卷二十　昌国县志全

卷二十一　象山县志全

开庆《四明续志》十二卷,卷首有序言和目录。

卷一 庆元府额 增秩因任 学校 科举 城郭 坊巷

卷二 郡圃 驿亭 桥路(寺庙附) 惠民药局

卷三 水利

卷四 兴复省并酒库 经总制司 兴复经总制诸酒务 坊场(渡附) 广惠院 两狱(厢院、兵马司附) 架阁 库 楼

卷五 新建诸寨(夜飞山,永平寨,向头寨) 九寨巡检 烽燧 探望

卷六 三郡隘船 出戍 水阅 作院 武藏 小教场 帐前 拨发 壕寨 官舍

卷七 排役 楼店务地 府仓斗斛 蠲放官赋

卷八 蠲放沙峰 蠲免抽博倭金(收养漂泛倭人、丽人附) 收刺丽国送还人 赈济 祈祷(龙见附) 瑞麦

卷九至十二 吟稿 诗余

上述三志篇目,一个显著不同之处是郡县关系的处理问题。乾道《四明图经》十二卷,除了后四卷为诗文和太守、进士题名记外,其余七卷,也就是志的主体部分,是州和六县各为一卷,州县各自独立,在州、县内再分门目,这样形成郡县分割,名为府志,实是各县合成的拼盘。在时隔五十八年后修的宝庆《四明志》,则进了一大步,全志二十一卷,前十一卷称为"郡志",记载明州古今之事,横分门类,有叙郡、叙山、叙水、叙产、叙赋、叙人、叙祠、叙遗诸名目,门类完备,设置合理。后十卷虽仍分县设立,但与前志相比已大为不同,显著地突出了州的记述。在开庆《四明续志》中,则完全摒弃了州县分割的体例,横列门类,纵叙史实。尽管在具体篇目设置上有些门类混杂,眉目不清,并且过多地颂扬了吴潜的政绩,把吴所作诗词三百三十九首,分成四卷入志,大有奉迎献媚之嫌,也有害志体,但从志的体例上看,还是合理的,而在州县分割问题上解决是彻底的。不过,开庆《四明续志》的体例内容仍颇受后世诟病。《四库全书总目》评论该书"是因一人而别修一郡之志,名为舆图,实则家传,于著作之体殊乖"①。杭世骏也认为"其书卷只十二,而

① (清)永瑢、纪昀主编,四库全书总目提要编委会整理:《四库全书总目提要》,海南出版社1999年版,第373、374页。

《吟稿》、《诗余》居其四，似潜一人之私集，于地志之例不合”[①]。钱大昕称该书“前八卷皆述吴潜在任政绩，而以《吟稿》二卷、《诗余》二卷附焉，盖吴氏一家之书，非志乘之体矣”[②]。

总体而言，宋代志书在名称上完成了由图经向方志的过渡，“图经”开始逐渐衰亡，为“方志”所替代；在内容上，由单行、专项逐步转向多门类、全面地域性记叙，内容的广泛性、多样性前所未有；在体例上，由郡县分立体向纲目体发展，普遍采用横列门类、纵述史实、统贯古今的编排原则。

大德《昌国州图志》、延祐《四明志》、至正《四明续志》是元代宁波九种方志中仅存下来的三部，是研究元代宁波古方志的一手资料。因三部志书编纂时间相差二十年左右，所以，在体例内容上差别不大。为了便于比较分析，特将各志卷门、目记载如下。大德《昌国州图志》七卷，首一卷末一卷，卷首有序图。

卷一　叙州（设沿革，境土，风俗、公宇、城郭、坊巷、社稷、仓局目）

卷二　叙州（设学校、贡士庄、翁洲书院、岱山书院、医学、义庄、社仓、囚粮、乡村目）

卷三　叙赋（设户口，田粮、食盐、渔盐、酒课、茶课、历本钱、鲨鱼皮、狸皮、鱼鳔、税课目）

卷四　叙山　叙水（设山、水、桥梁、津渡、井、碶堰；叙物产，设五谷、布帛、禽类、海族、河塘鱼、畜类、兽类、花类、果实、竹类、药类、蔬菜、木类目）

卷五　叙官（设州官、巡捕司、僧正司、盐司、巡检司、税使司、医提领所目）

卷六　叙人（设进士题名、名贤、名宦目）

卷七　叙祠（设寺院、宫观、庙宇目）

卷末　为郭荐等缴申文牒

延祐《四明志》二十卷，卷首序言和目录。

卷一　沿革考（辩证、境土）土风考

---

① (清)杭世骏撰：《道古堂文集》卷二十七，《续修四库全书》第1426册，上海古籍出版社2002年版，第472页。

② (清)钱大昕著，陈文和主编：《潜研堂文集》卷二十九，《嘉定钱大昕全集》，江苏古籍出版社1997年版，第496页。

卷二　职官考上(唐至元之府州官员)

卷三　职官考下(各县职官)

卷四　人物考上(先贤)

卷五　人物考中(先贤、节妇、孝行等)

卷六　人物考下(人物赞、衣冠盛事等)

卷七　山川考(山、陵墓、海、江、溪等)

卷八　城邑考上(城、公宇、堂宇、亭等)

卷九　城邑考下(镇、市、坊巷、街道)

卷十　河渠考上(河、湖、池、井、塘)

卷十一　河渠考下(碶、堰、坝、闸等)

卷十二　赋役考(田土、粮钞、盐课等)

卷十三　学校考上(本路、奉化州蒙古学、蒙古学、本路儒学等)

卷十四　学校考下(慈溪县儒学、医学、书院、乡学等)

卷十五　祠祀考(社稷坛、城隍、神庙等)

卷十六　释道考上(释、昌国州寺院等)

卷十七　释道考中(鄞县禅寺、奉化州寺等)

卷十八　释道考下(慈溪县寺庵、象山县寺、定海县寺、道、道观)

卷十九　集古考上(文)

卷二十　集古考下(诗)

至正《四明续志》十二卷。

卷一　沿革　土风　职官

卷二　职官　人物

卷三　城邑

卷四　山川

卷五　土产

卷六　赋役

卷七卷八　学校

卷九　祠祀

卷十　释道

卷十一、十二　集古

上述三志篇目,尽管门类详略程度有所不同,但门类大体相同,均有沿革、职官、学校、赋役、山川、祠祀等。与宋代志书相比,门类更多,记叙更详。

大德《昌国州图志》虽然还是以图志为名，但实际上以纲统目，横排门类，纵叙史实，昌国一州之事，记载非常详细。

延祐《四明志》十二考，对四明山川、人物、风土、域邑、学校、宗教等方面都作了较为详细的记载。它与宋人所修之宝庆《四明志》和开庆《四明续志》相比，无论是内容还是体例，都做到了详尽而完备。尤其突出的是，它大大充实了人文方面的内容。《四库全书总目》评延祐《四明志》云："桷文章博赡，为一时台阁之冠。……条例简明，最有体要。桷先世在宋，多以文学知名，称东南故家遗献，没后会朝廷修史，遣使求郡国轶文故事，惟袁氏所传为多。故其于乡邦旧典，尤多贯串。志中考核精审，不支不滥，颇有良史之风。视至元《嘉禾》、至正《无锡》诸志，更为赅洽。"[①]从此志体例内容考察，这确非溢美之词，其鲜明特点有：一是门类齐全，以纲统目，一郡古今各类人、事、物，均纳入纲目体要之中，前后一致，秩序井然。每考前设一短序，少则数十字，多则一二百字，提纲挈领，说明设置本考的缘由与上考之关系。周中孚云："每考各系小序，义理谨严，考证精审，而辞尚体要，绰有良史风裁。"[②]二是碑碣众多。此志把碑碣分散于各考之中，分类入志。在沿革考中，有王应麟的"辩证"、"陆士龙答车茂安书"等；在城邑考上中，有"奉化重修县治记"、"奉化升州记"等；在学校考中，有"重建州学记"、"重建大成殿记"；卷十九集古考上则全系碣铭、碑记。三是记述翔实。以赋役考为例，记述了本路以及所属各州、县的田土、灶户田、僧道田、驿户田，有秋粮实征粮钞、税课周岁该办，酒醋课周岁额办，茶课周岁额办，冶铁课、盐课、织染周岁额办，杂织军器周岁额办、皮货额办（鲨鱼皮、鱼鳔）等名目众多的赋税、数额。四是对职官、人物记述也颇有特色，从实际出发采取多种体裁。职官考上，分唐、五代、宋以时而列；考下则分县而列，对职官只列名不纪实，名下注曾任职务和资料出处，或注明"缺"。人物考则不同，上中两考以"先贤"、"节妇"、"孝行"、"逸士"四目立传；人物考下，则独具匠心，立"史忠定十二先生赞"、"王尚书八贤赞"、"衣冠盛事"、"典乡郡"等诸目。至正《四明续志》基本上延续延祐《四明志》的体例，增设"土风"、"土产"两个类目，减少"河渠"一个类目，内容记叙上简略了些。清全祖望为该志作"跋"，称"总管于吾乡为循吏，其整顿它山

① （清）永瑢、纪昀主编，四库全书总目提要编委会整理：《四库全书总目提要》，海南出版社 1999 年版，第 374 页。

② （清）周中孚著，黄曙辉、印晓峰标校：《郑堂读书记补逸》卷十二，上海书店出版社 2009 年版，第 1458 页。

堤堰最有功。志中所书堤堰，补清容之所不备”①。

明代宁波方志发展进入兴盛时期，志书种类更为齐全，府、县各级机关全面修纂志书，镇志、卫所志、水利志和其他各种专志，应运而生，蓬勃发展。洪武三年(1370)，朱元璋诏令天下修志。明永乐十年(1412)，朱棣又诏令天下郡、县、卫、所皆修志书。明永乐十六年(1418)，又颁降《修纂志书凡例》，规定志书体例和类目，以及每个类目应收录的范围及其具体内容。这样一来，宁波的府、州、县志书的体例、类目、内容由明朝中央政府统一和规范起来，这也是明代修志与宋元时期修志最大的不同。下面列举成化《宁波郡志》、成化《宁波府简要志》、嘉靖《宁波府志》、崇祯《宁海县志》篇目，以比较它们的不同。

成化《宁波郡志》十卷，篇目如下。

卷一　沿革考　分野考　疆域考　土风考　城池考
卷二　山川考
卷三　河防考
卷四　闾里考　土产考
卷五　兵卫考　廨舍考
卷六　学校考　祀典考
卷七　职官考　科贡考
卷八　人物考
卷九　寺观考
卷十　集古考

成化《宁波府简要志》五卷，篇目如下。

卷一　舆地志　山川志　城镇志　河防志
卷二　官府表　学校表　祠坛表　赋役表
卷三　邮驿表　墟场志　食货志
卷四　人物志
卷五　寺观志　古迹志　艺文志

嘉靖《宁波府志》四十二卷，其篇目如下。

---

① (清)全祖望撰，朱铸禹汇校集注：《鲒埼亭集外编》卷三十五，《全祖望集汇校集注》，上海古籍出版社2000年版，第1481页。

卷一 舆地图 沿革表
卷二 秩官表
卷三 选举表 疆域志
卷四 分野 形胜 风俗
卷五 山川
卷六 经制志
卷七 官制 学校
卷八 公署 兵卫
卷九 城隍 邮舍 都鄙
卷十 秩祀
卷十一 土壤 户口
卷十二 物产 贡赋
卷十三 徭役 杂志
卷十四 禨祥
卷十五 坛庙
卷十六 第宅
卷十七 冢墓
卷十八 寺观
卷十九 古迹
卷二十 遗事
卷二十一 艺文
卷二十二 海防
卷二十三 河渠
卷二十四 兵政 田赋
卷二十五 名臣
卷二十六至二十九 列传
卷三十 理学
卷三十一 文学
卷三十二 忠节 死事
卷三十三 孝友
卷三十四 淳德
卷三十五 义行
卷三十六 清操

卷三十七　隽异

卷三十八　隐逸

卷三十九　流寓

卷四十　列女

卷四十一　特艺

卷四十二　仙释　存疑附

崇祯《宁海县志》十二卷，卷首图，其篇目如下。

卷之一　舆地志（分沿革，分野、疆域、形胜、山川、城郭、乡都、风俗）

卷之二　建置志（分公署、儒学、武卫、祠庙、仓场、铺、坊巷、市集、津梁、水利）

卷之三　食货志（分版籍、物产、土贡、田赋、税粮、课程、徭役、均平）

卷之四　秩官志（分县官、学官、属官、官师年表）

卷之五　名宦志（分晋、梁、唐、五代、宋、元、国）

卷之六　选举志（分宋、博学宏辞科、制科、特科、童科）

卷之七、八　人物志（分乡贤、方传、闺操、寓贤、仙释、方技）

卷之九　诰敕志（宋、国朝、文籍附）

卷之十、十一　艺文志（记、碑、序、传、祭文、说、赋、诗、赞、铭）

卷之十二　浏览志（古迹、墟墓、义阡、寺院、纪异、祥瑞、灾祲、兵寇）

从明代宁波四部志书体例和内容上来看，它们在继承了宋元方志传统的基础上，有所发展和创新。第一，大多数志书设“凡例”，对志书编纂，作出基本要求和规范。第二，类目设置更合理、秩序分明，注重事物之间的相互联系和因果关系。如志书除“序言”外，还设置“叙”、“论”。第三，重视收录人物，人物志在志书中所占篇幅大。嘉靖《宁波府志》卷二十五到卷四十二均为人物传，且记载详细，包括名臣、列传、理学、文学、忠节、死事、孝友、淳德、义行、清操、隽异、隐逸、流寓、列女、特异、仙释等十六项。崇祯《宁海县志》用两卷记叙人物，与“艺文志”所占篇幅相当。而成化《宁波郡志》则在人物传末下重笔。这个变化应该与明永乐十六年颁降的《修纂志书凡例》规定“人物，俱自前代至今，本朝贤人、烈士、忠臣、名将、仕宦、孝子、义夫、节妇、隐逸、儒士、方技及有能保障乡闾者并录”有关。第四，修志繁简两派更趋明显。成化《宁波郡志》与成化《宁波府简要志》成书时间前后相从，内容上一繁一简。成化《宁波府简要志》共五卷，分卷一舆地志、山川志、城镇志、河防志，卷二官府表、学校表、祠坛表、赋役表，卷三邮驿表、墟场志、食货志，卷四人物志，卷五寺观志、古迹志、艺文志，比《宁波郡志》减少一半类目，而且内容编排更为清晰明了，归类更为合理。例如，山、岭之名，《宁波郡志》将其与洞、林、墓一起附录在"山川考"各属县之下，没有注明山、岭所在乡的具体位置。《宁波府简要志》除了区分所属县之外，又在一县之中，按照山、岭所属乡的不同进行编排。如鄞县，就以阳堂乡、翔凤乡、丰乐乡、句章乡、通远乡、桃源乡、清道乡的次序进行区分。如桥梁，在《宁波郡志》中作为交通的属性，按照属县归入"闾里考"；黄氏则以河系桥，将桥梁归入"河防志"，明显带有将其视为水利设施的性质，颇为新颖。第五，县县修志的局面出现，甚至出现私修县志，卫所志脱颖而出。县志体例上有很大创新，如嘉靖《余姚县志》十七卷，采取礼、谱、传、记的体例，被后世称为"颇有史法"、"删芟芜秽"。私修的《敬止录》其实就是鄞县县志，全书四十卷，质量受后世称赞。

清代宁波方志编纂的数量颇多，流传下来的数量最大，然在编纂时间上分布却极不平衡，基本集中在康熙乾隆年间和同治光绪年间。康熙乾隆年间志书篇幅不大，多在十至二十卷左右；而同治光绪年间志书篇幅较大，多在四十卷左右，如光绪《奉化县志》、光绪《镇海县志》均为四十卷，同治《鄞县志》竟有七十五卷之多。这一时期，宁波修出了很多高质量的志书，为后人称誉的如万经、全祖望的雍正《宁波府志》、钱大昕的乾隆《鄞县志》以及董沛、徐时栋的同治《鄞县志》。下面比较分析三部代表性志书的篇目，以勾勒清代宁波方志体例和内容特点。

康熙《象山县志》十六卷，篇目如下。

卷首　浙江按察使、宁绍道、胶西王巢云序　新安汪大润存庵序。

卷一　舆地图　沿革表

卷二　秩官表　选举表　区域志

卷三　分野　形胜　风俗　乡里

卷四　山川　经制志

卷五　官制　学校　公署

卷六　兵卫(关隘屯田附)

卷七　城隍　邮舍　都隅(坊牌附)　市巷　秩祀　物土志

卷八 则址 户口 物产

卷九 贡赋 杂志

卷十 灾祥 坛庙

卷十一 第宅 冢墓

卷十二 寺观 古迹 遗事

卷十三 艺文

卷十四 名臣

卷十五 列传

卷十六 列女 流寓 仙释

乾隆《鄞县志》三十卷，篇目如下。

卷一 建置沿革

卷二 城池

卷三 山川

卷四 水利

卷五 学校 公署

卷六 田赋 兵制 海防

卷七 坛庙

卷八 职官

卷九 选举上

卷十 选举下

卷十一 名宦

卷十二 人物一

卷十三 人物二

卷十四 人物三

卷十五 人物四

卷十六 人物五

卷十七 人物六

卷十八 孝义 艺术 寓贤

卷十九 列女

卷二十 仙释

卷二十一 艺文上

卷二十二 艺文下

卷二十三　金石
卷二十四　古迹 墓冢
卷二十五　寺观
卷二十六　杂识上 纪事 祥异 文献
卷二十七　杂识下 丛谈
卷二十八　物产
卷二十九　土风
卷四十　辨证　旧志源流

同治《鄞县志》七十五卷。

卷一　建置表
卷二　星野 疆域 乡里
卷三　城池 公署 坊表
卷四、五　山川
卷六、七　水利
卷八　户赋
卷九　学校 书院
卷十　兵制 海防
卷十一至十三　坛庙
卷十四至十六　大事纪
卷十七至十九　职官表
卷二十至二十三　选举表
卷二十四　武卫表
卷二十五　名宦传
卷二十六至四十四　人物传
卷四十五　艺术传
卷四十六至四十九　列女传
卷五十　列女姓氏录
卷五十一　寓贤传 仙释传
卷五十二至五十八　艺文
卷五十九至六十　金石
卷六十一至六十四　古迹
卷六十五　冢墓

卷六十六至六十八　寺观

卷六十九　祥异 杂记

卷七十　外国

卷七十一至七十二　物产

卷七十三　方言

卷七十四　土风

卷七十五　旧志源流

从以上志书篇目，结合其他清代宁波方志，志书体例和内容特点可以归纳成以下五点。第一，清代宁波方志主要门类皆仿自正史，仿正史体例的主要门类有：天文志、地理志、食货志、选举志、典礼志、经籍志、艺文志、人物志、列女志等，如乾隆《象山县志》、光绪《慈溪县志》。尽管当时志书的门类设置名目纷异，但差异不大。第二，方志体例受史学影响深刻，志书编纂注重考订。雍正《宁波府志》将宁波的山川河流、地形险要、人情风俗，一一辨正释明，扼要载入志书，贯穿着浙东学派"经世致用"的思想。乾隆《鄞县志》以考辨精审而出名，钱大昕编纂时备列所引书目，甚至把引用的公文案牍都注明来自某衙署、某科档案，辩证之细甚至涉及管公明、王次翁等人的丘墓。但是徐时栋、董沛纂《鄞县志》时仍称："钱《志》征引旧籍，间有窜改失其本意，或原无此文随手填注，或语出彼书而妄注此目。今各查取本书，一一核正。"[①]同书张恕"序"指出同治《鄞县志》补辩钱大听《鄞县志》的贻误甚多："全书以钱《志》为本，采辑之疏者补之，考证之误者辩之，而引用之舛者核正之。条系各卷，不下千百事。"第三，志书体例已基本成熟，出现编年体志书。在体例众多的基础上，不仅形成不同种类与风格，更为重要的是志书已摆脱单纯模仿的状态，多能取长补短，追求创立自己的特色。董沛所纂《明州系年录》是宁波唯一一部编年体著作，在体例上开编年体地方史之先河。第四，志书增设反映时代特点的新门类。如同治《鄞县志》设立了"外国物产"、"兵制"、"海防"等，使志书内容充分体现出鄞县作为对外贸易的重要港口、海防重镇的特征；又设"方言志"，载述鄞县语音、词汇含义等内容。第五，专志、杂志众多，体例和内容特色鲜明。如黄宗羲的《四明山志》，内容以记述山川景色、名寺古刹及辑录诗赋题咏为主，其他内容或少或无；又如王棻的《九峰山志》共五卷，内容分形胜、山水、寺宇、杂记、纪文、诗六门，有关山体

① （清）戴枚修，徐时栋、董沛等纂：同治《鄞县志·凡例》，浙江古籍出版社2015年版。

自身的载述还不到一卷,诗文却有四卷之多,其纂写也不甚遵循一般志书的编纂原则。门类设置虽各有差异,但基本内容均以记述山川、寺观景色及辑录诗文为主。

民国时期,宁波方志在体例和内容上出现了传统体裁与现代体裁并存的局面。如民国《镇海县新志》就采用志、表、纪结合的体例,即清代志书的典型体裁;民国《定海县志》、民国《鄞县通志》则采用了现代科学分类体系。

如民国《鄞县通志》五十编,其篇目:

分舆地志、政教志、博物志、文献志、食货志、工程志,内设建置表、星野、疆界、风俗、乡里、城池、公署、坊表、山川、水利、户赋、学校、书院、兵制、海防、坛庙、大事记、职官表、选举表、武卫表、名宦传、人物传、艺术传、列女传、列女姓氏录、寓贤传、仙释传、艺文、金石、古迹、冢墓、寺观、祥异、杂记、外国、物产、方言、土风、旧志源流等。

民国《定海县志》十六卷,其篇目:

舆地志第一　一、建置沿革,二、形势,三、疆界,四、列岛,五、洋港及潮流,六、分区,七、户口,八、水利,九、土质,十、气候,十一、名胜及古迹

营缮志第二　一、城垣,二、学校,三、公署,四、军事建筑,五、河渠,六、塘堤,七、街衢,八、桥梁,九、会所,十、场厂,十一、仓库,十二、善堂,十三、公园,十四、森林,十五、祠庙

交通志第三　一、水道,二、陆道,三、邮信,四、电报,五、电话,六、电灯

财赋志第四　一、田赋,二、关税,三、杂税,四、地方税及杂捐,五、公产

鱼盐志第五　一、渔业,二、盐产

食货志第六　(无子目,细目略)

物产志第七　一、植物,二、动物,三、矿物,四、杂产

教育志第八　一、学校教育,二、社会教育,三、教育机关

选举志第九　一、科贡,二、学位,三、仕进,四、公职,五、褒奖

人物志第十　(子目略)

职官志第十一　(子目略)

军警志第十二　一、军防,二、警察,三、保卫团

礼教志第十三　一、祀典,二、宗教

艺文志第十四 一、书目,二、金石目
故实志第十五 (即旧志大事记)
方俗志第十六 一、方言,二、风俗

从以上资料来看,民国《定海县志》共分十六志,下统七十目。其门类划分,还是部分受到了传统志书体例的影响。该志参照光绪《定海厅志》及《定海厅志校补》、民国《定海厅续志》、民国《定海县新志》四种稿本的体例和内容,地图采用现代地图学方法,"营缮志"、"交通志"、"物产志"及"方言"等内容采用现代有关学科知识来编纂,从而夹杂了新旧体例和内容。但之后同作者编纂的民国《鄞县通志》则完全摆脱旧志体例的束缚,而是按地理、经济、工程、政治、文化等分类,其篇目的设置,人物、职官等已不作为主要门类,而是按现代的社会知识的分类方法。在记叙内容上,《鄞县通志》与其他志书相比较,范围之广泛,记载之详尽,独步于历代县志之中。其记载的氏族、气候、公共卫生、动植物、学术人物、方言、建设计划、就业统计、社会现象、历代行政制度、沿革等内容,或为其他志书所未设,或为其他志书载之不详。《鄞县通志》的记载形式甚多,图表占了较大篇幅,确切的字数无法估算,但抽验其文字数量,每页不同规格的文字多在五百字以上,按全书近万页计(图表部分也计入),其文字总量可算作五百万字以上。

纵观宁波方志体例发展轨迹,可以一目了然看到,由于时代的不同,方志的记载也在发生变化。尽管每部方志都还不同程度地保存着传统时代的残迹,但它们却毫无掩饰地反映了近现代社会所具有的特点和精神面貌,不仅体例变化、内容更新,许多名词也都变了,变得更现代化,变得更符合社会发展潮流。

第三节 宁波方志著录、整理研究和流传分布

方志是宁波地方文献资源体系中最具代表性、最重要的组成部分。在漫长的历史进程中,方志文献经历了天灾人祸,辗转流传后世的少之又少,或毁于虫噬蚁啮,或亡于兵燹战火,或流于异国他乡。幸传于后世的方志文献卷帙多有缺损,内容上亦多讹误,甚至部分为人所篡改。古代方志文献能完整保留下来的,几乎凤毛麟角,这实在是地方文化的巨大遗憾。目前可知的宁波方志文献中最早、最完整的古刊本者,乃宋绍定二年(1229)刻印的宝

庆《四明志》,原刻本现存于国家图书馆。

据统计,宁波方志文献总计二百八十七种,散佚一百十一种,现存一百七十六种。他们主要保存在宁波市图书馆、浙江图书馆、上海图书馆、南京图书馆、国家图书馆和宁波天一阁博物馆等公藏单位,还有不少流散于日本、美国、英国等地图书馆、科研院所。宁波方志在国内已经有较详细的著录,也有一定的研究成果。而随着全国古籍普查工作的推进,又有一些旧方志被发现;而近年来流散国外的宁波方志通过海外文献收藏机构目录编制得以为人所知,尤其是日美所藏宁波方志文献,有不少孤本和宋元本值得挖掘。因此,有必要全面调查国内外藏宁波方志存佚情况,并对每本志书名称、卷数、修编者、版本、收藏机构加以甄别和描述,揭示和研究宁波方志的流布情况。

一、著录情况

国内有关宁波旧志著录的基本资料,在方志目录文献中最为集中。这些目录文献主要包括:《宁属各县方志目》(本书简称《宁属方志》)、《宁波古今方志录要》(本书简称《方志录要》)、《中国地方志综录》(本书简称《方志综录》)、《天一阁藏明代地方志考录》(本书简称《天一阁录》)、《中国地方志联合目录》(本书简称《联合目录》)、《中国地方志总目提要》(本书简称《总目提要》)、《稀见方志提要》(本书简称《稀见提要》)、《浙江方志考》、《新编天一阁书目》,等等。不过上述各书,有些是内容非常简单的登记目录,如《新编天一阁书目》,有些则是内容相对比较丰富的提要目录,如《总目提要》。从著录的版本存藏信息看,《联合目录》、《总目提要》和《方志录要》资料最全。从著录的数量看,《方志录要》著录的宁波旧志最多。有些目录书的编写具有明显的承袭关系,如《方志录要》是在《鄞县文献展览会出品目录》之《宁属各县方志目》基础上增补而成,《总目提要》则在参考《联合目录》基础上考释而成。通过梳理这些目录文献,可以对宁波旧志的数量、内容、存佚等情况有一个整体的基本认识。

《方志综录》、《联合目录》、《总目提要》是三种全国性志书总目。《联合目录》是在《方志综录》修订稿的基础上编纂而成的,共著录全国 30 个省、市、自治区的 190 家公共、科研、大专院校图书馆、博物馆、文史馆、档案馆等机构所收藏的地方志,著录内容包括书名、卷数、修纂者、版本、藏书单位等。该目录共著录与宁波有关的志书资料共七十九部。对于志书的版本,除注明初刻(印)本存藏情况外,还注明后世其他刻(印)本、抄写或拍照(胶卷)等不同版本的存藏情况，而诸如康熙《象山县志》等流传国外的志书，由于国内传世未见，《联合目录》中没有著录。《总目提要》是宁波志书著录内容最详细的一部方志目录，收录宁波旧志七十四种（含舟山旧志），提要内容包括方志著者及其生平、主要内容、史料价值等，但不提供存佚情况说明。

《稀见提要》收录方志一千二百余种，主要根据上海图书馆馆藏方志著录，也参阅了其他40余家公私单位的收藏，其中著录宁波旧志十种，包括：上海图书馆藏嘉靖《宁波府志》、《昌国典咏》、康熙《鄞县志》、《鄞志稿列传》、天启《慈溪县志》、《观海卫志》、嘉靖《奉化县图志》、《南田志稿》，天一阁藏嘉靖《象山县志》，南京图书馆藏崇祯《宁海县志》，简要介绍了这十种宁波稀见旧志的编纂者、志书内容等情况。

《方志录要》是在编者龚烈沸经眼天一阁藏方志基础上，辑录其他方志目录而编成的，包含宁波古今方志的目录提要，共著录与宁波有关的方志达五百七十三种之多，其中旧志三百五十八种，新志二百一十五种。

《天一阁录》著录了天一阁藏的四种明嘉靖年间（1522—1566）修纂的宁波方志，包括嘉靖《宁波府志》、嘉靖《象山县志》、嘉靖《余姚县志》、嘉靖《定海县志》。嘉靖《象山县志》是现存最早的象山县志，天一阁所藏为明嘉靖刻隆庆五年（1571）增补本，为海内外孤本。

《浙江方志考》著录宁波府县志九十九种、乡镇志八种、山水志九种、舆图志九种、海防志三种、古迹志二十五种、游览志四种、风土志四种、文献志十九种。

需要注意的是，由于受编纂者个人学识所限，或者受其知见宁波旧志资料所见，或者对原始资料审读不精，上述各目录书对宁波旧志的著录中存在一些差异，有些还出现了著录错误。故利用各目录书按图索骥时，对各条目资料要注意甄别。兹从书名、编纂者、存佚状况、版本、卷数等内容著录上的问题略举例说明如下。

（一）书名

著录时有出现同书异名现象，有的书名大同小异，有的则完全不同。原因主要有三种。第一种是由于对志书成书年代断定不同而造成同书异名。《联合目录》著录为天顺《宁波郡志》；《浙江方志考》则根据该志于明天顺年间始修，而到了明成化年间才完成此书，据此著录为成化《宁波郡志》，《总目提要》依后者著录。其实两书实为同一书。光绪《鄞县志》和同治《鄞县志》也是这种情况。还有，《总目提要》均在志书名前都冠以朝代，《联合目录》只在同名志书前冠上朝代以示区分，由此形成了两种目录中同一志书出现不同名称的情况，因此要辨别开来，不要误认为两种志书。

第二种是依据存卷题名来定书名。如《校录四明志征》一书，在《浙江方志考》、《中国古籍善本书目》著录为"校录四明志征"，但《方志录要》却著录为"四明志征"，两者著录之作者、情况大致相同，然题名不一。据余杭区图书馆藏原本，卷二十六、二十七卷端均题为"校录四明志征"，故《方志录要》的著录错误。

第三种是依据原书在不同部件题写书名进行著录而出现同书异名现象。嘉庆《蛟川备志》在"序言"中又名"蛟川文献"，就是如此。

第四种是因地名相同或相近，导致以讹传讹。如《镇海卫志》，《联合目录》著录"镇海卫志二卷　陆潜鸿纂　旧抄本　台湾"，《方志录要》著录"[嘉庆]镇海卫志　清嘉庆二十年(1815)蔡志侯纂　钞本，浙江图书馆藏"和"镇海卫志卷数不详　清陆潜鸿纂。有钞本流传，台湾有旧钞本，美国斯坦福大学胡佛研究所有胶卷复制钞本"。这就导致了20世纪80年代台湾成文出版社在影印该书时，归入浙江地区。不过查询史料可知，宁波镇海从未设过卫所，根本不存在"镇海卫"。镇海卫在福建省漳州市龙海市隆教乡，系明代福建沿海抗倭御敌的重要卫指挥所之一，与威海卫、济南卫、天津卫并称为"明代四大古卫城"。这就是目录提要文献中典型的用今地名套古地名产生的错误，所以《镇海卫志》列入宁波旧方志就是错误的。陈桥驿教授在《乾隆钞本〈越中杂识〉》一文中，延引了1979年5月美国斯坦福大学人类学系教授施坚雅(G. William Skinner)所主编的 *A Bibliography of Gazetteers Treating the NingShao Region of Chekiang*(《浙江宁绍地区地方志目录》)中的错误，也将清陆潜鸿钞本《镇海卫志》误为宁波旧志。《方志录要》中两本《镇海卫志》，根据浙江图书馆藏原书对照，确认为同一本书，各种著录均误。《金乡镇志》在《联合目录》中归属到宁波地区，亦误，金乡镇实属温州苍南县管辖。

(二)编纂者

方志目录文献著录志书编纂者时多据志书本身的署名。旧志的编纂一般由地方行政长官主持，但实际编纂者多为当地熟悉掌故之硕学通儒或娴于文献者，故旧志的署名往往并不一定符合实际情况。由于种种原因，有些目录著录者未仔细辨明旧志的实际编纂情况，仅据旧志本身的署名对旧志编纂者进行著录，这也可能出现偏差。还有就是旧志署名往往字号同用，也会造成后世句读上错误。

《石步志》纂修者在《联合目录》、《别宥斋藏书目录》中则著录为"叶维新"，《方志录要》、《伏跗室藏书目录》中著录为"叶时标"。到底哪个正确？还是同一个人而分别采用字号著录呢？笔者查原书，正文首卷卷端题"东磊叶时标著　勿斋叶四聪订　灵峰叶仁同侄莲庄叶维新重辑"，这样一来，该志修纂者就应该著录成"叶时标著　叶四聪订　叶维新重辑"才准确。

《浙江方志考》著"雪窦寺志十卷　清严行恂纂"。李一蚯在《一氓题跋》中指出其误："卷一第三行题'后学姚江道严行恂增辑'，道严、行恂两名为一人；不能以'严'为姓，而'道'上属'姚江'成为'姚江道'也。"《方志录要》抄录《浙江方志考》也沿用此误。

（三）存佚状况、版本、卷数

目录书著录的绝大多数旧志传世情况属实，也有个别著录者因各种原因未见到原书，或不知原书尚存，就错将传世的志书著录为亡佚。

不同的目录书对于同一种志书版本著录有异有误。《总目提要》中多处提及"宁波徐时栋烟雨楼重刊本"，其实应为"宁波徐时栋烟屿楼重刊本"。

至于卷数著录的不同，以宝庆《昌国县志》、民国《南田县志》为例。《总目提要》著录为一卷，《联合目录》均著录为二卷，该书有康熙四十七年（1708）抄本、咸丰四年（1854）宁波徐时栋烟屿楼重刻本。因未见原书，推断应该据版本不同而著录卷数不同。《总目提要》著录民国《南田县志》"二十四卷首一卷"，《方志录要》《联合目录》著录其"三十五卷首一卷"，均为民国十九年（1930）铅印本。经核证，"三十五卷首一卷"为正确著录。

二、研究情况

宁波作为全国方志资源较为丰富的地区，历来不乏对旧志的整理和研究。自民国以来，就有宁波学人利用各种途径搜集、整理宁波旧志，不过由于时局所限，整理成果较少。而随着民国《鄞县通志》、民国《定海县志》等史志的编纂，当时的方志理论也取得了不小的进步，这些都为新中国成立后的学界所认识、研究。新中国成立后，尤其是改革开放以来，全国掀起了"修志热"，趁着这股东风，对于宁波旧志目录的编订、宁波旧志的整理和开发以及对诸方志的个案研究、方志理论的钻研可以说是"百花齐放，百家争鸣"，不仅促进了宁波文史事业的发展，更推动了中国方志学的发展。

宁波方志研究一方面体现在方志目录的编制上。在民国以前，宁波方志的目录散见于各代府、县志的"艺文志"中，如在雍正《宁波府志》卷三十五

《艺文上》之中所列方志仅袁桷编延祐《四明志》、郑真《四明文献集》、李孝谦《四明文献录》、黄润玉《宁波府简要志》、杨实《宁波府志》、周旋《慈溪县志》、戴鲸《校录四明志征》、张时彻《宁波府志》、胡文学《甬上耆旧诗》等九部方志。而在《四库全书总目》的史部地理类中著录的宁波方志仅有宝庆《四明志》、大德《昌国州图志》、延祐《四明志》、《四明它山水利备览》等四部方志，数量上也相当有限。造成如此现象的原因在于时间上的局限，方志、从书、各专题目录只能著录其之前的方志，且往往因各人经眼图书有限，不能全面描述方志的真实存留情况；而中国传统的四部分类法中方志属于史部地理类，对于一些专志和杂志则另属他类，这就决定了其仅仅包括传统、单一的一统志、府县志、乡镇志这类总志，数量自然不会多。

民国时期我国出现了分地区的专门的方志目录，其中最为重要的是朱士嘉的《中国地方志综录》。在这份目录的浙江省部分之中，收录了宁波方志六十余部(含宁海、象山)，时间上自宋元至民国，甚至包括了当时尚在编纂的《鄞县通志》，可以说时效性很强。新中国成立后在朱士嘉目录基础之上编纂的《中国地方志联合目录》在沿袭其内容的基础上，增加了一些乡镇志，如《桃源乡志》等，且对各志的馆藏地、版本都有说明。不过这两本书所列入的宁波方志，仍然不包括专志和杂志，所收范围较之前人，没有大的突破。

20 世纪 80 年代，浙江地方史学家洪焕椿先生出版了《浙江方志考》，台湾地区亦出版了《中国地方志总目提要》，这两部提要在当下依然是了解宁波方志大致情况的重要工具书。《中国地方志总目提要》以省为经纬，每一省前冠以述评。林正秋撰写的《浙江省地方志述评》中所列的宁波方志(府县志、乡镇志)数量达一百十四部，总数居浙江省前列。《宋元四明六志》为两宋时的浙江名志，明代的《宁波府简要志》则“别创新体，叙述直朴，体例简洁”。在下列宁波诸志的提要中，不仅详列作者题名、生平、各卷内容、重点史料、版本流传，还注重对《中国地方志联合目录》等前人的目录中的讹误加以修订。《浙江方志考》是洪焕椿根据 50 年代的旧作《浙江地方志考录》加以修改而成的，全书每一条目都简要介绍其作者、卷次，尤其对于一些版本较为稀罕的志书则同时著录其款式行格、收藏情况。最为重要的是第一次打破了历代方志目录仅著录府县、乡镇等总志的窠臼，将山水志、舆图志、海防志、古迹志、游览志、风土志、文献志纳入其中。以上两书虽考订详细、内容广博，不过这两部书都不是专门的宁波方志目录，所收还是略有不足。

宁波专门的方志目录应肇始于 1936 年的《鄞县文献会展出品目录》中

所收录的《宁波府属各县方志目》，但是此书编制时间较早，又因是出于文献展览会之用的目的，加上印制量不多，较少为人所知，一直到洪焕椿编制《浙江方志考》时，才加以利用。新中国成立后，由于种种原因，一直都没有专门的宁波方志目录行世，一直到2001年宁波天一阁博物馆（中国地方志珍藏馆）龚烈沸在《宁波府属各县方志目》、《浙江方志考》、《中国地方志联合目录》等前人编制成果的基础上，又参考上海、美国国会图书馆、天一阁等数家公藏单位和童银舫等宁波著名私人藏书家的目录，结合历代宁波府县志的著录，编制出《宁波古今方志录要》一书，全书收录旧志三百五十八种，新志二百十五种，数量上是前人目录的数倍，收录范围最为广泛，其中诸如像唐《明州图经》、宋《鄞县记》、元《古鄞志》等已经散佚的方志都详加说明，有的还辑录有关佚文，可以说此书是目前宁波最为重要的一部方志目录及提要。

宁波方志研究还体现在方志学理论研究上。方志学理论的研究在一地地方志研究之中较为少见，如仓修良等老一辈学者都是从全国或江南、浙江等较大的范围论述方志学理论研究。宁波地区这类的研究虽不丰富，但是就目前而言，还是取得了一定的成果。

传统的研究成果，都是针对一志的编纂，对宁波某部旧志的编纂者的志学理论加以探究，尤其对陈训正、袁桷二人的研究相对集中。如纪宁的《袁桷延祐〈四明志〉人物立传问题浅议》认为全祖望等人以为袁桷在修志时不为抗元者立传是因为其失节，但这仅仅是一部分原因，更大的原因在于袁氏不希望单为立传事而引致异族统治者更大的敌意。沈松平《从"当代方志的雏形之作"——民国〈鄞县通志〉看陈训正对传统方志学理论的超越》一文，指出陈训正修志摆脱了章学诚旧的方志学理论和旧志编纂经验的束缚，利用现代科技，重新编定体例，使之更符合现代科学体系，并注重现代图表、概述、索引等的作用，体现了其方志学理论中与时俱进的一面。

另一种方志学研究成果在其他地区很是少见，这种研究寓于实际的方志修编之中，通过对旧志的整理和新志的修纂，从而得出不同于传统理论研究的方志学理论。在这种研究中，慈溪市地方志办公室在宁波是独一无二的。他们早在20世纪90年代编纂《慈溪市志》时即有《中日两国地方志的比较研究》、《方志札记》二书问世，两书立足于方志的修纂，指出"人物志"的修编应根据人物的影响、史实、功过来确定繁简，并且确立了"应多不滥"的标准，注重图像、照片的采纳，在考证过程中务必认真查考籍贯、运用多种史料综合分析、讲求实事求是等，这些理论虽然都服务于新志的修纂，可都是来自旧志的编纂经验，实用性和比较性十分强烈。在20世纪90年代至

2013年两轮《慈溪市志》的编纂中，又将有关经验、理论总结为《中国图志的继承与创新》一书，对于我国图经、图志的发展历程、其转变为志书的过程和新旧图志的继承与扬弃多有论断，由于是基于实际，因而理论色彩和可操作性都很强。

由上所述，笔者认为宁波的方志学研究应该立足于旧志本身，将新志的编纂和旧志的经验加以比较性研究，从而打开方志学研究的新路，为宁波正逐渐兴起的新一轮"修志热"服务。

三、国内整理刊行和收藏情况

宁波拥有悠久的方志编纂传统，这些宁波旧志大致存在两种情况：一种是仅为稿本，并未刊行或刊行不广，存本较少。诸如同治《象山县志》在清同治八年(1869)定稿后，因各种原因并未刊行，仅有抄本存于宁波市图书馆、南京大学图书馆，较难为世人所见。另一种虽然刊行量较大或收于一些大型丛书之中，但这些古籍都藏于海内外公藏单位的书库或私人收藏家之手，囿于种种限制，大多数古籍都处于尘封状态，世人难以接触与利用。一些古籍因保存情况不佳，出现了虫蛀、酸化等种种情况，出于对古籍的保护，也应尽可能少地利用原书。在这种情况下，对于旧志的整理、出版势在必行。而宁波旧志目前最为主要的整理形式是影印、点校、数字化三种手段。据笔者统计，传世的一百八十三种宁波志书中，已整理出版的有一百一十种。

宁波旧志当下的影印成果分为两种：一是在一些重新影印的大型丛书中部分收入宁波旧志，二是专门的影印宁波旧志的丛书和单行本。在诸如《四库全书》、《续修四库全书》、《四库存目丛书》等大型影印丛书之中，共收录有宁波方志二十二种。而目前最为重要的两种方志类影印丛书，一是《中国地方志集成》，二是《中国方志丛书》。在前者中，共收录有民国《鄞县通志》等十四种府县志、《剡源乡志》等九种乡镇志，而在台湾出版的《中国方志丛书》中则收录有各类府县志、乡镇志达三十一种。而在其他较为重要的方志影印类丛书中也有一些宁波方志被收录其中，如在《天一阁藏明代方志选刊》及其续编、补刊中录有嘉靖《定海县志》、嘉靖《象山县志》、嘉靖《余姚县志》等三部宁波方志，近来陆续出版的各大公藏单位的《稀见方志丛刊》系列之中，亦有不少较为稀见的宁波方志收录其中，如《浙江图书馆藏稀见方志丛刊》中就收录有康熙《定海县志》、康熙《续定海县志》、《镇海县志备修》、《南田山杂志》、《余姚乡土地理历史合编》等五种宁波志书。而历来较少为人注意的历代宁波专志，如祠墓志、寺观志等，亦基本收录于《中国祠墓志丛刊》、《中国佛寺志丛刊》之中。

值得注意的是，浙江省在最近十年间，各地纷纷兴修地方文献丛书，宁波也不例外，在地方文献丛书中亦开始有序地影印宁波旧方志。譬如2010年起由宁波市地方志办公室主导的“宁波历史文献丛书”计划，便是宁波本地的一部方志影印丛书，自2011年以来影印了《宋元四明六志》、《明代宁波府志》、《清代宁波府志》等三辑宁波旧志，所涉的方志包括清代由徐时栋编定的六部宋元时期宁波旧志、成化《宁波郡志》、成化《宁波府简要志》、嘉靖《宁波府志》、康熙《宁波府志》、雍正《宁波府志》等十一部方志。而诸如《敬止录》、同治《鄞县志》等甬上旧志亦有影印出版，可以说在旧志的影印中，宁波地区取得了不少成绩。

点校同样是方志整理的重要手段，相比于影印而言，点校可以对旧志的一些讹误，通过参校学界最新的研究成果，进行校勘、修正，可读性也更强。《宋元四明六志》的点校早在2009年由浙江省地方志编纂委员会整理、点校的《宋元浙江方志集成》中就已完成。而慈溪、象山等地的地方文献丛书对当地旧志多是以点校方式的加以整理。《象山县地方文献丛书》便对宋元明三代象山志加以汇编、点校，编成《宋元明志象山县汇辑》，又点校了嘉靖《象山县志》、民国《南田县志》、《蓬岛樵歌》、《蓬山清话》等几部象山稀见方志，加之已经点校完毕的民国《象山县志》，可以对象山县历代县志有了较为完整的梳理。已出四辑的《慈溪地方文献集成》中，点校完毕的方志有道光《浒山志》、嘉靖《观海卫志》、民国《余姚六仓志》、《溪上遗闻集录》、《五磊寺志》等五种，虽然所选取的并无一部慈溪县志，但这几部方志较为稀见，具有很高的史料价值。在一些志书选辑和人物文集之中，同样有一些对于方志点校之作。如《鄞州山水志选辑》选取了《四明它山水利备览》、《四明它山图经》、《四明山志》、《东钱湖志》四部方志进行点校，而象山籍著名学者陈汉章先生的全集之中，则收录了民国《象山县志》、《象山县志补正》、《南田山杂志》、《南田志略》四部方志。

相对于影印和点校，数字化是古籍整理的大势所趋。国家图书馆、天一阁博物馆、宁波市方志办、鄞州区方志办、宁波市图书馆都为宁波旧志的数字化作了很好的示范。国家图书馆数字方志资源库发布了民国《鄞县通志》、同治《鄞县志》、乾降《奉化县志》、《宁海六记》、《宁海漫记》、道光《象山县志》、《南田山志》、《余姚乡土地理历史合编》、乾隆《镇海县志》、康熙《宁海县志》、乾隆《奉化县志辑略》、《宁海四记》、《宁海三记》，人部分为国家图书馆藏，也有些为其他馆馆藏方志的影印本，其中最值得注意的是如《宁海漫记》、嘉靖《宁波府志》等较为罕见的方志均有全文数据。商业古籍数据库如“中国基本古籍库”中也有部分旧志全文图像。天一阁对馆藏地方志全部数字化，只是资源部分公开使用。宁波市图书馆建立《四明丛书》全文数据库，宁波大市各史志机构建立网上方志馆，将乾道《四明图经》、宝庆《四明志》、开庆《四明续志》、延祐《四明志》、至正《四明续志》、大德《昌国州图志》、《宋元四明六志校勘记》、《四明它山水利备览》、《东钱湖志》、《四明山志》数字化上网。

以上这些方志或原版影印、或点校出版，他们的整理为今人研究利用旧志资料提供了极大的便利，为宁波文史研究的展开提供了丰富的资料，但我们也应实事求是地认识到，宁波旧志的整理还需要更加精细些，有些旧志版本上存在的文字问题有待解决，旧志整理的整体质量还有待进一步提高。目前尚无一个专门、完整的宁波方志电子全文数据库，这个数据库应该囊括所有的宁波旧志及新近整理的版本，并能实现全文检索等高级功能，这也应是未来的发展方向。

四、海外整理刊布存藏情况

日本、韩国、美国、英国、法国、俄罗斯等海外国家均藏有宁波旧方志。巴兆祥先生在对日本所藏中国地方志进行调查研究的过程中，也对宁波旧志的存藏情况做过简单调查，这些学者的调查研究成果为进一步普查研究宁波旧志奠定了基础。国内外出版的善本目录和方志目录也记载了一些宁波方志，如《日本藏稀见中国地方志目录》、《美国哈佛大学哈佛燕京图书馆藏中国旧方志目录》、《欧洲图书馆藏中国方志目录》、《英国各图书馆所藏中国地方志总录》；也整理出版过诸如《日本藏中国罕见地方志丛刊》及其续编等丛书。南京大学域外汉籍研究所编纂出版的《域外汉籍研究集刊》偶尔涉及海外流播的宁波方志。但这些内容都非常简单，著录不全面。至今尚未有学者对海外存藏的宁波旧志进行全面的普查和研究。故海外藏宁波旧志有深入研究的必要性。

因日本、美国所藏中国旧志最多，尤其日本存藏的数量最多，版本质量也最好。而且日、美馆藏中国方志目录在国内公开出版，研究起来资料最为丰富。因此，本书暂且只论述日本、美国存藏宁波方志的情况，酌量分析宁波方志外流的因素。

厘清日藏宁波方志，必须从两方面入手。一方面通过文献目录普查，利用日本国内所编制的中国方志目录，全面调查宁波方志的记载线索，包括《日本主要图书馆、研究所藏中国地方志总合目录》（日本国会图书馆参考部编，1969 年）、《东洋文库地方志目录》（东洋文库编，1935 年）、《日本现存明代地方志目录》（山根幸夫编，1971 年）、《中文地志目录》（日本天理图书馆编，1955 年）、《中国地方志联合目录》（东洋文献中心联络协会编，1964 年）。另一方面网络检索日本全国性汉籍资料库"日本所藏中文古籍数据库"，来获得宁波方志的版本和馆藏信息，包括每本方志的所有馆藏和每个馆的所有方志馆藏。综合两者结果就能得到流传日本的宁波方志情况。

通过普查，基本掌握了宁波旧志在日本的存藏机构、存藏种类及数量。日本国立国会图书馆、东洋文库、东北大学图书馆、静嘉堂文库、东京大学东洋文化研究所、京都大学人文科学研究所、一桥大学图书馆、九州大学图书馆、早稻田大学图书馆、爱知学院大学图书馆、国立公文书馆、国士馆大学图书馆、宫内厅、前田育德会等十四家藏书机构共藏有八十六种宁波旧方志。所藏旧志包括府县志、乡镇志、卫所志、山水志，涉及鄞县、宁海、象山、奉化、镇海、慈溪、余姚、定海各县志，收藏最早的志书为乾道《四明图经》、最晚的为民国《鄞县通志》。从收藏数量来看，京都大学人文科学研究所收藏最多，有三十四种，其次东洋文库三十三种，再次东京大学东洋文化研究所十九种，接下来是国会图书馆十七种，一桥大学图书馆和静嘉堂文库各十种，爱知学院和国立公文书馆各五种，东北大学图书馆三种，前田育德会、宫内厅、内阁文库、国士馆大学图书馆、早稻田大学图书馆各一种。日藏宁波方志馆藏分布有两个特点，第一，藏书地非常集中。藏书最多前四家机构已经囊括了日藏宁波方志品种的七十三种，占比 84.88%。第二，收藏机构之间品种重复率高。同一种方志一般都有 2 个以上机构收藏，这里的调查结果只著录日本大型收藏机构，还有不少机构未曾著录。而且日藏宁波方志没有孤本，这些方志在中国均有机构收藏。具体可见表 1。

表1 日藏宁波方志分布简表

书名、卷数	纂修者	版本	日本馆藏地①
嘉庆《保国寺志》二卷	清余兆灏著述，陆启藩纂修，敏庵和尚编辑	冯氏伏跗室抄本	爱知图书馆
《芦山寺志》九卷	清释宗尚撰	清抄本	爱知图书馆
《五磊寺志》十卷	清冯蔚舒、洪昆编	冯氏伏跗室抄本	爱知图书馆
民国《南田县志》三十五卷首一卷	吕耀钤、厉家祯修，吕芝延、施仁纬纂	民国十九年(1930)铅印本	爱知图书馆、京都研究所
《禅悦寺志》	释实振辑	清抄本、清光绪抄本	爱知图书馆、京都研究所
《阿育王山续志》六卷	清释畹荃编	清乾隆年间刊本	东北大学图书馆
《四明丛书》	张寿镛编	民国四明张氏约园刻本	东洋研究所
《象邑公田总簿》二卷	清倪劢撰	清道光七年(1827)刻本	东洋研究所
民国《鄞县通志》五十一编	张传保修，陈训正、马瀛纂	民国二十二年(1933)修	东洋研究所、东洋文库
《余姚六仓志》四十四卷首一卷末一卷	杨积芳纂	民国九年(1920)铅印本	东洋研究所、国会图书馆
光绪《余姚县志》二十七卷首一卷末一卷	清周炳麟修，邵友濂、孙德祖纂	清光绪二十五年(1899)刻本	东洋研究所、一桥大学图书馆
大德《昌国州图志》七卷首一卷末一卷	元冯福京修，郭荐纂	清乾隆间《四库全书》本、清咸丰四年(1854)徐氏烟屿楼刻本	东洋文库
光绪《慈溪县志》五十六卷附编一卷	清杨泰亨、冯可镛纂	清光绪稿本、清光绪二十五年(1899)德润书院刻本、民国三年(1914)重印本	东洋文库
弘光《雪窦寺志略》	明释履平撰	弘光二年(1646)刻本	东洋文库
《三茅普安寺志》二卷	清释无柱修	民国二十四年(1935)三茅普安寺铅印本	东洋文库
《雪窦寺志》十卷	清释行正纂	清木活字印本	东洋文库
同治《明州系年录》七卷	清董沛撰	清光绪四年(1878)刻本	东洋文库
《南田山志》十四卷首一卷	刘耀东撰	民国二十四年(1935)启后亭铅印本	东洋文库

① 日本京都大学人文科学研究所简称京都研究所，东京大学东洋文化研究所简称东洋研究所，爱知学院大学图书馆简称爱知图书馆。

续　表

书名、卷数	纂修者	版本	日本馆藏地
乾隆《奉化县志》十四卷首一卷	清曹膏、唐宇霈修，陈琦等纂	清乾隆三十八年（1773）刻本、清光绪间活字本	东洋文库
咸丰《鄞县志》三十二卷首一卷	清张铣修，周道遵纂	清咸丰六年（1856）刻本	东洋文库
嘉靖《东山志》十九卷	明谢敏行纂	清道光六年（1826）年刊本	东洋文库
乾隆《象山县志》十二卷	清史鸣皋修，姜炳章、冒春荣纂	清乾隆二十四年（1759）刻本	东洋文库、东洋研究所
道光《象山县志》二十二卷首一卷	清童立成、吴锡畴修，冯登府等纂	清道光十四年（1834）刻本、民国四年（1915）张鹏霄活字本	东洋文库、东洋研究所
道光《甬上水利志》六卷	清周道遵纂	清道光二十八年（1848）刻本、民国张氏约园刻《四明丛书》本	东洋文库、国会图书馆
《剡源乡志》二十四卷首一卷	清赵霈涛纂	清光绪二十八年（1902）刻曲草堂木活字本、民国五年（1916）铅印本	东洋文库、京都研究所、东洋研究所
崇祯《宁海县志》十二卷	明宋奎光纂修	明崇祯五年（1632）刻本	东洋文库、一桥大学图书馆
光绪《宁海县志》二十四卷首一卷	清王瑞成、程云骥修，张浚等纂	清光绪二十八年（1902）刻本	东洋文库、一桥大学图书馆
雍正《慈溪县志》十六卷	清杨正笋修，冯鸿模等纂	清雍正八年（1730）刻本、清乾隆三年（1738）许炳增刻本	东洋文库、一桥大学图书馆
万历《海防纂要》十三卷图一卷	明王在晋撰	明万历四十一年（1613）刻本	宫内厅、东洋文库
雍正《宁波府志》三十六卷首一卷	清曹秉仁等修，万经等纂	清雍正十一年（1733）刻本、清乾隆六年（1741）色超补刻本、清道光二十六年（1846）慈溪沈氏介祉堂刻本	国会图书馆
天启《慈溪县志》十六卷	明李逢申修，姚宗文等纂	明天启四年（1624）刻本	国会图书馆
民国《象山县志》三十二卷首一卷	罗士筠修，陈汉章等纂	民国十四年（1925）稿本、民国十六年（1927）铅印本	国会图书馆

续 表

书名、卷数	纂修者	版本	日本馆藏地
道光《招宝山志》二卷	陈景沛纂，周道遂修校	道光年间刊本、民国二十六年(1937)铅印本	国会图书馆
崇祯《天童寺志》六卷	明释通布纂	崇祯六年(1633)刊本	国会图书馆
同治《鄞县志》七十五卷首一卷	清戴枚修，张恕、陈劢、徐时栋、董沛等纂	清同治十三年(1874)稿本、清光绪三年(1877)刻本	国会图书馆、东洋研究所
万历《新修余姚县志》二十四卷	明史树德修，杨文焕等纂	明万历三十一年(1603)刻本	国会图书馆、东洋文库
《镇海县新志备稿》二卷	董祖义纂	民国二十年(1931)上海蔚文印书局铅印本	国会图书馆、东洋文库、京都研究所
光绪《镇海县志》四十卷	清于万川修，俞樾等纂	稿本、清光绪五年(1879)鲲池书院刻本	国会图书馆、东洋文库、静嘉堂文库
乾隆《鄞县志》三十卷首一卷	清钱维乔修，钱大昕等纂	清乾隆五十三年(1788)刻本、清道光二十六年(1846)刻本	国会图书馆、京都研究所
万历《象山县志》十六卷	明吴学周修，陆应阳等纂	明万历三十六年(1608)刻本	国会图书馆、一桥大学图书馆、东洋文库
《先觉寺志略》一卷	清释照机纂	康熙四十四年(1705)刻本	国立公文书馆
《甬上耆旧诗》三十卷	清胡文学、李邺嗣编	清康熙十五年(1676)胡氏敬义堂刻本	国立公文书馆
康熙《宁海县志》十二卷首一卷	清崔秉镜修，华大琰纂	清康熙十七年(1678)刻本	国立公文书馆
康熙《奉化县志》十四卷首一卷	清张起贵修，孙懋赏、刘鸿声纂	清康熙二十五年(1686)刻本	国立公文书馆、东洋研究所
《阿育王山志》十卷	明郭子章撰	明天启四年(1624)刻本	国立公文书馆、东洋文库
乾隆《镇海县志》八卷首一卷	清王梦弼、邵向荣纂修	清乾隆十七年(1752)刻本、清乾隆四十五年(1780)周樽增补印本	国立公文书馆、静嘉堂文库
康熙《姚江逸诗》十五卷	明黄宗羲、倪继宗辑	康熙六十一年(1722)刊本、清乾隆四十一年(1702)刻本	国士馆大学图书馆
康熙《四明山志》	明黄宗羲撰	康熙四十年(1701)刻本、民国二十五年(1936)张寿镛约园《四明丛书》本	京都研究所

续　表

书名、卷数	纂修者	版本	日本馆藏地
《敬止录》四十卷	明高宇泰纂，清徐时栋编次	清道光十九年（1839）徐氏烟屿楼钞本	京都研究所
康熙《续姚江逸诗》	清倪继宗辑	清康熙六十年（1721）倪继宗小云林刻本	京都研究所
嘉靖《观海卫志》四卷	明周粟纂	清抄本、四明张氏约园抄本	京都研究所
民国《定海县志》不分卷	陈训正、马瀛纂修	民国十三年（1924）旅沪同乡会铅印本	京都研究所
民国《七塔寺志》八卷	陈寥士修	民国二十六年（1937）铅印本	京都研究所
《姚江书院志略》二卷	清邵廷采纂	康熙三十年（1691）刻本、乾隆五十九年（1794）刻本	京都研究所
嘉庆《四明古迹记》	清陈之纲撰	清嘉庆二十二年（1817）刊本、民国张氏约园刻《四明丛书》本	京都研究所、东洋研究所
嘉靖《象山县志》十五卷	明毛德京修，杨民彝、周茂伯纂	明嘉靖三十五年（1556）刻本、隆庆五年（1571）增刻本	京都研究所、东洋研究所
成化《宁波府简要志》五卷	明黄润玉纂，黄溥续纂	明刻本、清抄本、民国张氏约园刻《四明丛书》（第三集）本	京都研究所、东洋研究所、东北大学图书馆
乾隆《鄞志稿》二十卷	清蒋学镛纂	民国张氏约园刻《四明丛书》（第三集）本	京都研究所、东洋研究所、东北大学图书馆
光绪《奉化县志》四十卷首一卷	清李前泮修，张美翊等纂	光绪三十四年（1908）木活字本	京都研究所、东洋研究所、国会图书馆
《宋元四明六志校勘记》三十一卷	清徐时栋纂，陈子湘补纂	清咸丰四年（1854）徐氏烟屿楼刻本	京都研究所、东洋文库
《岱山镇志》二十卷首一卷	汤浚纂	民国十六年（1927）定海汤氏一棵轩活字本	京都研究所、东洋文库
天顺《宁波郡志》十卷	明张瓒修，杨寔纂	明成化四年（1468）刻本、清抄本、民国张氏约园抄本	京都研究所、东洋文库
民国《镇海县志》四十五卷首一卷	洪锡范、盛鸿焘修，王荣商、杨敏曾纂	民国二十年（1931）上海蔚文印书局铅印本	京都研究所、国会图书馆

续 表

书名、卷数	纂修者	版本	日本馆藏地
《四明尊尧集》十一卷	陈瓘撰	清光绪刻本	京都研究所
《溪上遗闻集录》十卷别录二卷	清尹元炜撰	道光十八年(1838)抱珠楼刊本	京都研究所
《四明谈助》四十六卷首一卷	清徐兆昺撰	清道光八年(1828)木活字印本	京都研究所
《续甬上耆旧诗》一百二十卷首一卷	清全祖望辑	清鄮峰草堂钞本、民国七年(1918)四明文献社铅印本	京都研究所
民国《天童续志》二卷首一卷	释莲萍编	民国九年(1920)天童寺刻本	京都研究所
淳祐《四明它山水利备览》二卷	宋魏岘撰	清抄本、民国张氏约园刻《四明丛书》本	京都研究所、东洋研究所
《四明文献集》五卷	宋王应麟撰,明郑真辑	清抄本、民国张氏约园刻《四明丛书》本、民国二十四年(1935)约园铅印本	静嘉堂文库
泰定《甬东山水古迹记》一卷	元吴莱撰		静嘉堂文库
《甬上族望表》二卷	清全祖望撰	清嘉庆十九年(1814)刻本	静嘉堂文库
康熙《天童寺志》十卷首一卷	清闻性道、释德介纂	康熙五十一年(1712)刻本	静嘉堂文库、东洋研究所
乾道《四明图经》十二卷	宋张津纂修	抄本、清咸丰四年(1854)徐氏烟屿楼刻本	静嘉堂文库、东洋文库
宝庆《四明志》二十一卷	宋胡榘修,罗浚、方万里等纂	明钞本、清抄本、清咸丰四年(1854)徐氏烟屿楼刻本	静嘉堂文库、东洋文库、京都研究所
开庆《四明续志》十二卷	宋吴潜修,梅应发、刘锡等纂	宋开庆元年(1259)刻本、清抄本、清咸丰四年(1854)徐氏烟屿楼刻本	静嘉堂文库、东洋文库、京都研究所
至正《四明续志》十二卷	元王元恭修,王厚孙、徐亮纂	明抄本、清咸丰四年(1854)徐氏烟屿楼刻本	静嘉堂文库、东洋文库、京都研究所
光绪《定海厅志》三十卷首一卷	清史致驯修,陈重威、黄以周纂	清光绪十一年(1885)黄树藩刻本、清光绪二十八年(1902)补刻本	九州岛大学图书馆、京都研究所
道光《四明形胜赋》一卷	清张得中撰	清光绪七年(1881)刻本	前田育德会

续 表

书名、卷数	纂修者	版本	日本馆藏地
康熙《象山县志》十六卷	清李郁纂修	清康熙二十一年(1682)刻本	日本京都研究所、内阁文库
延祐《四明志》二十卷目录二卷	元马泽修,袁桷、王厚孙纂	清抄本、清咸丰四年(1854)徐氏烟屿楼刻本	一桥大学图书馆、东洋文库
嘉靖《定海县志》十三卷	明何愈修,张时彻等纂修	明嘉靖四十二年(1563)刻本	一桥大学图书馆、东洋文库
《临山卫志》四卷	明朱冠、耿宗道纂	民国三年(1914)活字本	一桥大学图书馆、国会图书馆
《明州岳林寺志》六卷	清戴明琮辑	清乾隆二十六年(1761)刻本、清咸丰七年(1857)刻本	一桥大学图书馆、京都研究所
《忠义乡志》二十卷首一卷	清吴文江纂	清光绪二十三年(1897)瓶醁楼稿本、清光绪二十七年(1901)刻本	一桥大学图书馆、京都研究所、东洋研究所
嘉靖《宁波府志》四十二卷	明周希哲、曾镒修,张时彻等纂	明嘉靖三十九年(1560)刻本、民国张氏约园抄本	早稻田大学图书馆、国会图书馆

日本之所以藏有大量的宁波方志文献,这与宁波自古至今是中日文化交流活动的中心有关。自唐以来,宁波港一直作为“海上丝绸之路”的重要港口,沟通中国与东亚各国尤其是同日本的交流。宋元时期,尤其是在元丰三年(1080),宋廷规定去日本的商船必须由宁波签证,“非明州市舶司,而发过日本、高丽者,以违制论”①,宁波港一度成为唯一一个进行中日文化贸易交流的港口。入宋僧人圆尔辨圆于 1235 年从宁波港入宋,先后在天童、净祠、灵隐等处学法,在 1241 年回国时携带数千卷典籍,在他编纂的《普门院经论章疏语录儒书目录》中可知,他带回去的典籍中就有宁波刊本《六臣注文选》二十一册、《汉隽》二册。

自明洪武二年(1369)实行“海禁”以来至清乾隆时期,宁波港成为中日勘合贸易的唯一港口,入港贡船及使者只能在宁波登陆,并按规定路线、地点进行活动;宁波港成为向日本输出书籍的主要港口。德川幕府时期,日本也奉行锁国政策,长崎一港,出岛一隅成为中日贸易的中心。中国的书籍依然源源不断流向日本。这一时期僧侣已经不再是书籍东传的主要推动者,中日两国间的商船贸易成为汉籍输入日本的主要途径。不少“宁波船”携带

① (宋)苏轼撰,孔凡礼点校:《苏轼文集》,中华书局 1986 年版,第 890 页。

有关于宁波的"地情书"前往日本,以供日常销售。而这一时期如朱舜水等人在日本的活动,更激起了日本上层人士对宁波的好奇,从而推动了宁波"地情书"的东播。如享保五年(1720)德川吉宗开始向在长崎的中国书商订购地方志,根据《商舶载来书目》和《各省方志持渡年表》统计:在享保十年至十一年(1725—1726)间日本共输入地方志一百七十九种,以口船出发地浙江为多,浙江地区就有四十八种,几乎占了总量的三分之一,包括宁波地区的地方志五种:《宁波府志》、《慈溪县志》、《奉化县志》、《象山县志》和《定海县志》。

在清嘉庆之前,宁波地方文献是通过文化交流、商贸采购而流入日本。而到了晚清民国时期,包括宁波方志等中华典籍流入日本,则是在日本学人和财阀巧取豪夺下,侵占或低价大肆收购而去。京都大学人文科学研究所高田时雄先生提及:"两研究所在研究进行之中当然需要大量汉籍,但日本国内往往难以提供,因此几乎均自中国购入。"[①]日本东方文化学院则通过文求堂、琳琅阁、松云堂、汇文堂这样一些专业中文典籍书店从中国大批输入地方志。1933年6月,东京所通过东京琳琅阁购得嘉靖《宁波府志》、宝庆《会稽志》等多部方志。另外,东方文化学院几乎每年都有学者、学生到中国来,如1933年就有冢本善隆、能田总亮、小川茂树、长广敏三、仁井田陞、青山定雄、桂太郎、滨一卫等到中国内地考察、旅行。他们在华期间,各地书肆多是要去的场所,一部分地方志可能是他们通过收集而得到的。京都研究所的吉川幸次郎1928年春到1931年春在北京大学留学,留学期间常去琉璃厂购书。

因此,日藏宁波方志的来源比较复杂,具体在巴兆祥《中国地方志流播日本研究》一书中已有详细论述,此处不再赘述。

美国也是宁波旧方志海外流向的重要宿地。美国汉籍没有如日本那样建立全国统一的目录数据库,只能根据《美国国会图书馆藏中国方志目录》、《美国国会图书馆藏中文善本书续录》、《美国哈佛大学哈佛燕京图书馆藏中国旧方志目录》、《普林斯顿大学葛思德东方图书馆中文善本书志》、《柏克莱加州大学东亚图书馆中文古籍善本书志》、《美国匹兹堡大学东亚图书馆中文古籍书录》、《美国哈佛大学哈佛燕京图书馆藏民国时期图书总目》、《加拿大多伦多大学东亚图书馆藏中文古籍善本提要》等方志目录统计,尽管不能全面准确了解馆藏情况,但也能得其大概。

《普林斯顿大学葛思德东方图书馆中文善本书志》、《柏克莱加州大学东

① [日]高田时雄:《近代日本之汉籍收藏与编目》,《2004年古籍学术研讨会论文集》,辅仁大学2004年版,第8页。

亚图书馆中文古籍善本书志》、《美国哈佛大学哈佛燕京图书馆藏民国时期图书总目》、《美国国会图书馆藏中文善本书续录》、《加拿大多伦多大学东亚图书馆藏中文古籍善本题要》未收录宁波方志，《美国芝加哥大学远东图书馆馆藏中国地方志目录》、《美国匹兹堡大学东亚图书馆中文古籍书录》尚未查阅。仅见《美国国会图书馆藏中国方志目录》著录宁波方志三十种，《美国哈佛大学哈佛燕京图书馆藏中国旧方志目录》著录宁波方志二十六种。剔除美国国会图书馆和哈佛大学哈佛燕京图书馆重复收藏，共计馆藏宁波方志三十八种，两馆也是收藏宁波方志最多的美国文献收藏机构。下面就美国主要藏宁波方志的情况和来源作些介绍。

美国国会图书馆的中文藏书始于 1869 年。1867 年美国国会通过了国际书籍交换法案，1868 年美国政府赠书予中国清政府，1869 年同治皇帝回赠包括《本草纲目》和《梅氏丛书》等 10 种共 933 册中文古籍，成为美国国会图书馆最早的中文收藏机构。而有关中国方志的收藏，主要得力于施永格(Wlater Tennyson Swingle，1871—1952)。施永格在研究中国植物时，发现方志中关于土壤和植物的记载对他的研究极为有用，因而力倡国会图书馆搜集中国方志。1910 年起，施永格为国会图书馆建立中文典藏，并在 1913 年至 1937 年间，数次前往中国和日本搜集中日文书籍，其中包括大量中国方志。1928 年国会图书馆成立东方部，第一任主任恒慕义和著名学者约瑟夫·洛克等继续大力搜购中国方志。第二次世界大战结束后，美国占领军没收了日本外务省、陆军省、海军省、内务省等机构收藏的大量文献资料，其中南满洲铁道株式会社东京分社、东亚经济调查局、东亚研究所、蒙古研究所、参谋本部文库、陆军文库、陆军士官学校及海军机关学校等总数达十余万件的图书数据，由美国政府陆续转交国会图书馆保存，其中又包含大量中国方志。经过几代人百余年的不懈努力，美国国会图书馆成为境外收藏中国方志数量最多的文献机构，中国方志总数不下五千余种。

哈佛燕京图书馆是哈佛大学的重要组成部分，隶属于哈佛燕京学社和哈佛文理学院图书馆，具有世所罕见的中文馆藏。“目前馆藏中文古籍十五万册，其中善本古籍就有六万余册，特藏中有宋版十五种，元版二十五种，明版一千三百二十八种，清乾隆时期前之版本有一千九百六十四种，另有抄、稿本一千二百十五种，拓片五百余张，法帖三十六种三百〇一册。”①“其中有不少在国内已失传的秘本。珍本如：元至正十四年(1354)鄞江书院刻本《增

① 张凤：《哈佛心影录》，上海文艺出版社 2000 年版，第 258 页。

广事联诗学大成》,宋明州奉化王公祠堂刻本《大般若波罗蜜多经》存五卷。"[①]目前存世的中国古代方志约有八千三百多种,哈佛燕京图书馆就藏有三千九百种。其中明刻本有二十八部,乾隆前刻本有六百二十五种,其中康熙《常熟县志》有翁同龢批点,很是珍贵。

1928 年,哈佛燕京学社成立,并创立"哈佛燕京学社和汉图书馆",中国人裘开明博士被聘为东亚图书馆首任馆长。创馆之初,裘开明就非常重视征购中国古籍,并亲往北平监督购书事宜,同时委托燕京大学洪业教授及顾廷龙先生代为选购中国古籍。1937 年 8 月 13 日"八·一三"事变后,在中国古旧书市场高价收购善本古籍,为哈佛燕京学社打下了坚实的馆藏基础。抗战期间,哈佛燕京学社又大肆低价收购汉籍。郑振铎在《西谛书话》上记载了他抗战期间坚守上海孤岛,冒着生命危险为祖国抢救古籍善本,费尽心机与敌伪周旋,与哈佛燕京学社角逐的情形:"美国哈佛及国会诸图书馆,对于'家谱'、'方志'尤为着意收购,所得已不在少数。尽有孤本秘笈入藏于其库中。余以一人之力欲挽狂澜,诚哉其为愚公移山之业也!杞人忧天,精卫填海,中夜彷徨,每不知涕之何从!"[②]

1945 年中国抗战胜利后,哈佛燕京学社派人大量收购日本散出的公私藏汉籍,收获很大。曾经担任过哈佛燕京学社社长的东方语言学系教授克利夫斯(F. W. Cleaves)在日本不仅收集到了大量中、日、藏、蒙、满等多种语言文字的珍本图书、族谱、碑帖、墓志(其中以清代阮元收藏的铭石拓本、吴大澂收藏的墓志二千余种最为珍贵),而且还发现了许多珍贵的日本抄本,包括明代《广舆全图》、陈祖绶、罗洪先的《职方地图》等。日本各地散出的典籍文献流入哈佛的不可尽言。

除了国会图书馆和哈佛燕京图书馆外,斯坦福大学东亚图书馆也藏有稀见宁波方志。20 世纪 80 年代,浙江大学陈桥驿教授访问美国,获得美国斯坦福大学图书馆藏有康熙二十一年(1682)刊本《象山县志》的信息,并于 1988 年 1 月经乐祖谋帮助复制成胶卷带回中国。邵东方、薛昭慧在《斯坦福大学东亚图书馆及其地方志、地方文献的典藏和利用》中介绍东亚图书馆为数不多的 130 多部中文善本书里,就有宁波的旧方志——《四明山志》。康熙《四明山志》九卷本由黄宗羲撰、李暾等订、黄炳等校,卷前有朱彝尊序、靳

① 沈津:《美国哈佛大学哈佛燕京图书馆中文善本书志》,上海辞书出版社 1999 年版,第 429、476 页。

② 郑振铎:《西谛书话》,生活·读书·新知三联书店 2005 年版,第 273 页。

治荆序、康熙辛巳(1701)宋定业序、黄宗羲序、康熙辛巳(1701)黄宗裔序。首卷卷端下题“遗献黄宗羲辑　甬上后学李暾订　侄炳男百家仝校”。国内多以《四明丛书》本流传,康熙刻本非常罕见。

斯坦福大学东亚图书馆收藏汉籍的历史并不久远,从1945年才开始收集关于近现代中国和日本的资料文献,最开始由著名的汉学家芮玛丽(Mary Wright)作为胡佛研究所在中国的主要代表收集中文资料,甚至到延安收集了很多中国共产党的资料。东亚图书馆以地方志、地方文献收藏为主,华东地区、西南地区的地方志一直是该馆重点收藏的对象。目前,东亚图书馆收藏中文书籍差不多有四十万卷,还有大量缩微胶卷和期刊,也是海外收藏中国共产党公开出版物最全的图书馆。

美国各大图书馆收藏宁波方志情况具体见表2。

表2　美国藏宁波方志分布简表

书名、卷数	纂修者	版本	美国馆藏地
宝庆《四明志》二十卷	宋罗浚辑	宝庆三年(1227)辑,清咸丰四年至光绪五年(1854—1879)《宋元六志》本	国会图书馆
成化《宁波府简要志》五卷	明黄润玉辑	成化五年至十三年(1469—1477)辑,民国二十四年(1935)《四明丛书》本	国会图书馆
大德《昌国州图志》七卷首末各一卷	元冯复京、郭建辑	大德二年(1298)辑,《宋元六志》本	国会图书馆
道光《象山县志》二十二卷卷首一卷附文类二卷	清童立成、吴锡畴修,冯登府纂	道光十三年(1833)刻本	国会图书馆、燕京图书馆
光绪《慈溪县志》五十六卷	清杨泰亨、冯可镛纂修	光绪二十五年(1899)修,民国三年(1914)重印本	国会图书馆、燕京图书馆
光绪《定海厅志》三十卷	清史致训修,陈重威纂	光绪五年(1879)修,光绪十一年(1885)刻本	国会图书馆、燕京图书馆
光绪《奉化县志》四十卷首一卷	清李前泮修,张美翊等纂	清光绪三十二年至三十四年(1906—1908)刻本	国会图书馆、燕京图书馆
光绪《宁海县志》二十四卷首一卷	清王瑞成、程云骥等修,张浚等纂	清光绪二十八年(1902)刻本	燕京图书馆
光绪《剡源乡志》二十四卷卷首一卷	清赵霈涛辑	光绪二十七年(1901)辑,民国五年(1916)丹山赤水洞天剡曲草堂重印本	国会图书馆、燕京图书馆

续 表

书名、卷数	纂修者	版本	美国馆藏地
光绪《鄞县志》七十五卷三十四册	清戴枚修，张恕、董沛纂	光绪三年(1877)刻本	国会图书馆
光绪《余姚志》二十七卷首一卷末一卷	清周炳麟修，邵友濂、孙德祖纂	清光绪二十五年(1899)刻本	燕京图书馆
光绪《镇海县志》四十卷	清于万川修，俞樾纂	清光绪五年(1879)刻本，鲲池书院藏板	国会图书馆、燕京图书馆
嘉靖《宁波府志》四十二卷	明张时彻纂修，周希哲订正	明嘉靖三十九年(1560)刻本	燕京图书馆
开庆《四明续志》十二卷	宋梅应发辑	开庆元年(1259)辑，清咸丰四年至光绪五年(1854—1879)宋元六志本	国会图书馆
康熙《定海县志》八卷	清周圣化修，缪燧续修	康熙五十四年(1715)刻本	国会图书馆
康熙《宁海县志》十二卷首一卷	清崔秉镜修，华大琰纂	清康熙十七年(1678)刻本	燕京图书馆
民国《岱山镇志》二十卷首一卷	汤浚辑	民国八年(1919)、民国十六年(1927)木活字本	国会图书馆、燕京图书馆
民国《定海县志》十六卷首一卷	陈训正、马瀛纂修	民国十三年(1924)铅印本	国会图书馆、燕京图书馆
民国《南田县志》三十五卷卷首一卷	吕耀钤、厉家祯修，吕芝延、施仁纬纂	民国十九年(1930)华达印刷公司铅印本	国会图书馆、燕京图书馆
民国《象山县志》三十二卷卷首一卷，二十册	李洣修，陈汉章纂	民国十五年(1926)铅印本	国会图书馆
民国《鄞县通志》五十一编	张传保、赵家荪修，陈训正、马瀛纂	民国二十六年(1937)鄞县通志馆铅印本	国会图书馆、燕京图书馆
民国《镇海县新志》备稿二卷	董祖义辑	民国十三年(1924)辑，二十年(1931)铅印本	国会图书馆、燕京图书馆
民国《镇海县志》四十五卷卷首一卷	洪锡范、盛鸿焘修，王荣商、杨敏曾纂		国会图书馆
民国《镇海县志》四十五卷首一卷附图一册	洪锡范、盛鸿焘修，王荣商、杨敏曾纂	民国二十年(1931)上海蔚文印刷局铅印本	燕京图书馆
《明州系年录》七卷	清董沛撰	清光绪四年(1878)石印本	燕京图书馆

续 表

书名、卷数	纂修者	版本	美国馆藏地
乾道《四明图经》十二卷	宋张津辑	乾道五年(1169)辑，清咸丰四年至光绪五年(1854—1879)《宋元六志》本	国会图书馆
乾隆《奉化县志》十四卷	清曹膏、唐宇霈修，陈琦纂	乾隆三十八年(1773)刻本	国会图书馆、燕京图书馆
乾隆《象山县志》十二卷	清史鸣皋修，姜炳璋冒、春荣纂	乾隆二十三年(1758)刻本	国会图书馆、燕京图书馆
乾隆《鄞县志》三十卷卷首一卷	清钱维乔修，钱大昕纂	乾隆五十三年(1788)刻本	国会图书馆、燕京图书馆
乾隆《鄞志稿》二十卷	清蒋学镛纂修	乾隆二十一年至六十年(1756—1795)修，民国二十四年(1935)《四明丛书》本	国会图书馆
乾隆《余姚志》四十卷	清唐若瀛修，邵晋涵纂	清乾隆四十六年(1781)刻本	燕京图书馆
乾隆《镇海县》志八卷	清王梦弼纂修	乾隆十七年(1752)刻本	国会图书馆、燕京图书馆
同治《鄞县志》七十五卷	清戴枚修，张恕、董沛纂	光绪三年(1877)刻本	燕京图书馆
咸丰《鄞县志》三十二卷卷首一卷	清张铣修，周道遵纂	咸丰六年(1856)刻本	国会图书馆、燕京图书馆
延祐《四明志》二十卷	元袁桷辑	延祐七年(1320)辑，清咸丰四年至光绪五年(1854—1879)《宋元六志》本	国会图书馆
雍正《慈溪县志》十六卷	清杨正笥修，冯鸿模纂	雍正八年(1730)修，乾隆三年(1738)补刻本	国会图书馆、燕京图书馆
雍正《宁波府志》三十六卷卷首一卷	清曹秉仁、万经纂修	雍正九年(1731)修，乾隆六年(1741)补刻本	国会图书馆 燕京图书馆
至正《四明续志》十二卷	元王元恭辑	至正二年(1342)辑，清咸丰四年至光绪五年(1854—1879)《宋元六志》本	国会图书馆
康熙《象山县志》	清李郁纂修	康熙二十一年(1682)刻本	斯坦福大学东亚图书馆
康熙《四明山志》	明黄宗羲撰	康熙四十年(1701)刻本	斯坦福大学东亚图书馆

综上所述，海外所藏宁波旧方志是海外中国方志文献的重要内容，更是是宁波古文献的重要组成部分。由于诸多原因，学界对它们了解或利用得

很不够。在中外学术交流与合作关系日益密切的今天，可利用购买、文献互换或赠与等方式实现散佚海外的宁波方志原件回流，或通过合作数字化、合作缩微化、合作出版等方式实现文献复制件回归。旧志回归，既可丰富文献典藏，更有利于对其加以整理、研究和利用。

第二章　春秋至五代时期:孕育诞生

第一节　发展演变

原始社会时,因生活需求,人们将山川、天象刻画成图,以供外出劳作时参考。所以那些刻画于山洞中的图形,可以视为地方志的开端和遗存。早在七千年前,宁波所在的宁绍平原东部已有人类活动,河姆渡文明已达到了很高的水平。夏时,宁波所在地称为鄞。商以后的历史较为清楚,甲骨文、金文的记载很多,金文中就常有"图"字出现。金文的"图"字,在"□"里便是都城的图形。周武王伐商时就有图版,后来成为国家的祭器。这种图虽不能说完全等同方志,但它毕竟包含有方志的某些重要内容,可以作为方志的雏形。从这些事实可以看出,秦以前尽管没有方志的名称,但方志的工作是在做的,而且受到了相当的重视。不过,由于当年的文化中心在黄河流域,长江流域的记载叙述较少,因此江浙一带尚未发现有什么实物遗存。

根据《尚书》中《夏书·禹贡》记载的古九州,宁波属于扬州。春秋时,宁波地域属越国,战国中期以后成为楚国辖地。秦王政二十四年(前223),秦灭楚,地归于秦。秦王政二十五年(前222),实行郡县制,现宁波境内设鄞、鄮、句章三县,属会稽郡。汉承秦制,成为又一个大一统的封建国家。面对如此大的疆土,要实行中央集权的治理模式,必须了解各地的情况。此时,一种新的记载地情资料的文献——方志就孕育产生了。汉代方志发展的一个重要体现是地记和图经的繁荣。地记记载地理与人文方面的内容;图经是地图和地理书的结合。《汉书·地理志》是以西汉地区郡县为纲,人口、山川、物产为目,首创的全国性地理总志,资料详备、内容丰富,是先秦以来地理图书发展的总结。图经则出现在东汉,方志发展又向前进了一步。现在所知的最早图经是《巴郡图经》,此书早已不存在,只在《华阳国志》中保存了它的一段文字。大致在西汉末年至东汉初年,九江郡寿春(今安徽寿县)人梅福(字子真)隐居四明山区,作《四明山记》。此书属于山志,应归为地方志,是宁波历史上最早的地方志书。至东汉光武帝时(25—57),袁康、吴平编撰《越绝书》。《越绝书》所记载的内容以春秋末年至战国初期吴越争霸的历史事实为主干,上溯夏禹,下迄两汉,旁及诸侯列国,对这一历史时期吴越地区的政治、经济、军事、天文、地理、历法、语言等多有所涉及,它是浙江最早的带有方志性质的书籍,被誉为"地方志鼻祖"。因宁波地域在春秋至战国初年属于越国,此书亦可看作记载宁波历史的方志文献。此后,东汉史学家、文学家赵晔(? —约83)撰成《吴越春秋》,全书上下两卷,记吴越两国兴亡始末。书中保存了大量历史资料,也被看作一部地方志著作,书中有云:"县有赤堇山,故加邑为鄞",乃是现今鄞州区的地名来源。

东汉后期,国家趋向分裂,黄河流域经受多年战乱,加之北方少数民族南移的压迫,居住中原的华夏贵族携带家人、部属逃到南方。三国时(220—280),宁波地域属吴国。280 年,西晋灭吴,归属晋朝。316 年,匈奴灭亡西晋。广川(今河北景县)辞赋家木华所作之《四明山记》,其资料为后人所引用。317 年,琅琊王司马睿在南渡过江的中原氏族与江南氏族的拥护下,在建康称帝,国号仍为晋,史称东晋。晋代之前,宁波地区人口相当稀少。东晋时,大批北方移民迁移到江南地区,这些移民将北方先进的农耕经验带到南方。刘宋时期,山阴县(今绍兴县)大量农民迁移到余姚县、鄞县和鄮县,围垦湖田,促进了宁波的农业生产。长江中下游地区得到开发,经济迅猛发展,政治上出现魏晋南北朝长达近 400 年的分裂局面,可幸文化并没有受到过分摧残,尤其是史志方面。由于贵族阶层利益驱动,竟还得到了长足发展。一是贵族南逃过程中跋山涉水,对地理山川有了新的认识和深入了解;再者,魏晋时人重郡望,逃难过程中财物、田舍丢弃了,唯一能使他们重立于贵族社会的是姓氏和郡望。能够反映家族姓氏的郡书之类的方志材料必然得到社会重视。鉴于上述两个原因,体例完备的方志在这一时期出现也是自然的。

魏晋南北朝时期,从东汉开始,私人撰写地志(地记)的数量大增,而且形成一种风气,改变了由史官操笔修志的定例。参与私人修志的人多了,产生的著作也相应增多。据《中国古方志考》所录,此一时期地方总志多达五十七种,而且卷帙浩繁。如挚虞《畿服经》一百七十卷,陆澄《地理书》一百四十九卷。这些著作中具有代表性的是北方的《十三州志》和南方的《地记》。《十三州志》共十卷,保存了东汉州郡的历史变化资料;《地记》共二百五十二卷,主要是增益前人记述,纂为地理资料汇编。这些文献虽多已亡佚,但在方志史上发挥过一定作用。魏晋南北朝各种志体书籍异彩纷呈之际,宁波地区亦有《四明山记》问世。

隋开皇九年(589),并句章、鄞、鄮、余姚四县为句章县,设治小溪。唐武德四年(621),原句章、鄞、鄮三县地置鄞州。这是宁波历史上建州之始。同年,改会稽郡为越州,划出句章县部分地方及余姚县故地置姚州,并复置余姚县。武德七年(624),废姚州,划入余姚县,归属越州。武德八年(625)改鄞州为鄮县,属越州。武周永昌元年(689)宁海县复建,属台州。开元二十六年(738)设明州,辖鄮、慈溪、奉化、翁山 4 县,州治小溪(今宁波市鄞州区鄞江镇)。唐神龙元年(705),置象山县,初隶台州,广德二年(764)划隶明州。元和四年(809)置望海镇(今镇海区和北仑区地域)。至此,宁波市和市辖各县基本成形。宁波地域也从人烟稀少的会稽郡的边缘地带发展成为经济相对发达的沿海港口城市。伴随着港口的兴起,对外交流与贸易随之日益繁荣。隋唐时期,大一统局面形成,经济繁荣,文化昌盛,为方志事业的发展创造了良好的基础条件。中央集权的政府为加强对地方的控制,建立了一整套定期编纂呈送图经的制度,为方志体例进一步完善和修编制度的确立,奠定了坚实的基础。

隋炀帝时,颁布诏令,要求各州郡定期向尚书省上缴记载当地风俗、物产、地图等内容的图经。唐袭隋制,延续了定期修编图经的制度,要求各州每三年上缴一次图经给尚书省,后改五年一送,以此作为政府颁布法令时的参考。这是我国历史上最早由朝廷颁布修志法令,标志着官修方志制度的确立。唐代尚书省中兵部还特设职方郎中一名,掌管地图事宜,可被看作我国早期专职掌管志书的官员。在朝廷的重视下,各地方志修编逐渐兴盛起来。唐代书法家徐浩所著的《古迹记》也在此间问世,为现存鄞县志书目录中最早的志书。据《太平御览》、《太平寰宇记》记载,唐朝末年明州已编有图经。清光绪《鄞县志》著录的《四明图志》及《宋元四明六志校勘记》中提及的《明州图志》,是在宋朝诏令修编州郡图经以前编纂,或为唐末。宁波地方志在隋唐时期正式诞生了,这是历史发展到一定阶段必然产生的,有着其特定的历史原因。笔者认为有以下原因:

第一,建立稳固统治的需要。秦汉以来,中央集权制度逐步确立,为建立有效的统治秩序,需要对各地的自然、政治、经济、文化、社会等方面情况进行了解。尤其从东晋以来,大多数统治者都来自北方。北方的贵族跋山涉水来到南方,要建立稳固的统治,必须对地理环境、人文风貌要有全面的认识和深入的了解,所以能够反映地情的方志书籍必然得到朝廷的重视。

第二,地方官施政的需要。为了强化中央集权,使中央的政令、法令的执行不受地方干扰和阻碍,汉武帝刘彻建立回避制度,即异地为官制度。此后一直延续下来。回避制度保证了朝廷政令的畅通,减少了官场腐败,澄清了吏治。但同时也带来异地上任的官员不了解任职地的风土人情、历史文化,以致影响行政效率发挥的新问题。为官者要充分了解当地的自然风貌、民生民情,地方志成为最便捷的途径,其修编必然受到重视。

第三,经济发展的需要。从远古至西晋,中国北方经济无论是农业、手工业还是商业的发展水平都远远超过南方。从西晋末年"八王之乱"至南朝末年,由于北方自东汉末年以来战乱不断,经济衰退。而江南环境相对稳定,北方民众为逃避战火纷纷南迁,为南方农业生产增加了大批劳动力,特别是带来先进的生产工具和技术。到南朝末年,南方经济开始赶上北方。到唐中晚期,南北经济发展水平基本持平。安史之乱后,北方因为受藩镇割据、契丹崛起和南侵的影响,生产遭到破坏,而南方又相对安定,北方人口开始大量向南迁移,大量人口来到宁波沿海生产生活。北方人来到南方,对地情不了解,为发展农业生产和工商业,需要对地情有全面的认识,因地制宜发展地方经济,这也催生了地方志的诞生。

鉴于上述的三个原因,体例完备的方志在这一时期诞生是历史发展的必然结果。此后,官修地方志成为一种制度。这种组织方式的优点非常明显,一是执行力强。官修方志能在短时间内集中人力、物力,提供广泛齐全的素材,成书周期短而资料丰富。二是连贯性强。官修方志受朝廷法令制约,志书能形成定期编纂的制度,保持了连续性。三是全面性强。官修方志是一项全国性的系统工程,遍及所有州县,不会因地处僻远而有所遗漏。

第二节 典籍考录

汉《四明山记》

汉朝寿春人梅福撰写,为宁波出现的最早志书。此书已散佚。清黄宗羲撰写《四明山志》、全祖望撰写《句余土音》时,皆引用过此书。晚清徐时栋在《宋元四明六志校勘记》卷九中亦提到过此书。

晋《四明山记》

晋朝广川人木华撰写。此书已散佚。《宋元四明六志校勘记》卷九中提到宋僧赞宁所作之《笱谱》中,曾经引用过此书。

《古迹记》

唐代书法家徐浩所著,全书一卷,为现存鄞县方志典籍中最早的。

第三节 修志人物

梅福

梅福(前44—44),汉代仙人,字子真,九江寿春(今属安徽)人。少学于长安,为郡文学,汉成帝时补南昌尉。居家以读书养性为事,汉平帝元始(1—5)年间,王莽专权,梅福弃妻子,离九江出游,传以为仙去。而后居留会稽,游历四明山,作《四明山记》,为浙江现知最早的山水记。变姓名为呈市门卒,修仙求道。后世江南多地存有梅福修仙遗迹。南宋绍兴二年(1132),高宗赵构赐封梅福为“吏隐真人”,建“吏隐亭”。

木华

木华(生卒年不详),字玄虚,广川(今河北景县)人,约晋惠帝初年(290)前后在世。西晋辞赋家。曾为太傅杨骏府主簿。他曾作《四明山记》,但已失传;擅长辞赋,但今存仅《海赋》一篇,被梁代萧统《文选》选录。

虞预

虞预,东晋会稽余姚人。字叔宁,少好学,有文章。历任县功曹、主簿、佐著作郎、领著作郎等职。其憎恶玄虚,雅好经史。其所著叙述会稽历代名人的地方志书《会稽典录》是东晋较有名气的方志。还有《诸虞传》十二篇、《晋书》四十余卷。

虞世基

虞世基(？—618)，隋代书法家，文学家。字茂世，一作懋世，余姚(今慈溪市观海卫镇鸣鹤场)人。幼沉静，喜愠不形于色，博学有高才，能写书法，尤善草隶。因谄媚隋炀帝，先后任光禄大夫、内史侍郎。大业初年，内史舍人豆卢威等撰《区宇图志》，属辞比事全失修撰之意。隋炀帝遂令重修，由虞世基总检。世基先命学士各序一郡风俗，奏拟请体式。蜀郡、吴郡、京兆、河南四郡先成，奏上，敕付世基择善用之。乃拟《吴郡序》以为体式，及图志第一副本新成八百卷奏之。隋炀帝以部秩太少，更遣重修，成书一千二百卷，为我国第一部官修地方志。《隋书·经籍志》著录为一百二十九卷，今已佚。卷头有图，叙山川则卷首有“山川图”，叙郡国则卷首有“郭邑图”。大业十四年(618)，宇文化及弑杀炀帝，虞世基等也被诛杀，虞世南欲代兄死而不得。著有《茂世集》五卷。

徐浩

徐浩(703—782)，字季海，越州(今浙江绍兴)人。出身于名门望族。其祖父师道、父峤之都是当时著名的书法家。徐浩自幼精通经术，精于书法。著有《古迹记》、《法书论》。其中《古迹记》是最早记载鄞地的方志著作。

第三章　宋元时期:发展完善

第一节　发展演变

北宋太平兴国三年(978),吴越国纳土归宋。南宋绍熙五年(1194),明州改为庆元府。宋代,明州经济有了进一步发展。北方边境战事频仍,对外交流受阻。明州港作为江南港口,地位凸显。随着以王安石为代表的一批文人官员的到任,明州的文化教育开始发展。1127年,靖康之乱以后,大批北方望族南迁,众多名门望族的到来使得宁波拥有了大批优秀人才。伴随着江南的开发,以及邻近首都的地理优势和长期的贸易传统,明州(庆元)的对外贸易和港口进一步发展。1279年,蒙古人建立的元朝灭亡了南宋。元朝的海外贸易异常发达。2002年发掘的永丰库遗址证实,宁波在元代已成为南北货物集散地和重要的对外贸易港口。经济和文化的发展,促进了方志修编的繁荣,宁波地方志的编纂得到发展完善。

北宋和南宋共300多年,虽然国家积贫积弱,但经济繁荣、文化昌盛。宋太祖立国之初,便把方志编纂作为巩固政权、加强统治的重要手段,开宝四年(791)即命重修天下图经,其后300年间朝廷始终重视这项工作。两宋时期方志不仅数量大,种类多,而且体例完备。宋真宗景德年间(1004—1007),《明州图经》修编完成。此书虽已失传,但清光绪《鄞县志》卷七十五、民国《象山县志》卷十八都有著录。又据《宋元四明六志校勘记》、《西湖引水记》,北宋景德或祥符年间曾有《州图经》(名为景德《明州图经》或祥符《明州图经》)。从景德年间后,约隔一百年左右,即“大观元年(1107),政府设九城图志局,命各州郡编纂图经,于是茂诚纂此书”[①]。这是我国设立志局的最早记载,这里所说的“此书”,就是大观年间(1107—1110)明州曹职官李茂诚所纂的《明州图经》。南宋乾道《四明图经》在“序言”中详细记述大观《明州图经》的编纂情况,并继承了其主要内容。乾道《四明图经》是浙江省现存最早的宋代方志之一。此后修志连绵不绝,而且周期短。两宋时浙江省修编方志一百九十七种,宁波占十六种。全国共有南宋传世方志二十八种,宁波占四种。两宋期间,方志不但数量多,而且种类也不断丰富。州府志有:乾道《四明图经》、宝庆《四明志》、开庆《四明续志》;县志有:李璜《鄞县记》;山川志有:朱翌《鄞川志》、《四明山记》;张即之《桃源志》是现今可考的最早乡镇志;绍定年间(1228—1233)魏岘撰写的《四明它山水利备览》是宁波最早水利志,也是中国著名的古代地方水利著作。就记载的区域而言,明州(庆元府)所属各县(鄞县、定海、慈溪、象山、昌国)在府志中皆有单独的篇目加以记载。当时归属会稽郡管辖的余姚县在《会稽志》中有相应篇目记载;归属台州府管辖的宁海也在《赤城志》中有相应篇目记载。各县内容独立成篇,为以后县志单独成书创造了条件。

乾道《四明图经》是宁波现存最古老的一部志书。修于宋孝宗乾道五年(1169),同年告竣。由右朝散大夫兼主管沿海制置司公事、知明州张津等修纂。乾道《四明图经》十二卷,卷首有序言和目录,卷一总叙明州,卷二鄞县,卷三奉化,卷四定海,卷五慈溪,卷六象山,卷七昌国,卷八至十一诗文,卷十二太守题名记、进士题名记。从它的内容、体例来看,证明图经发展到南宋已基本完成了向方志的过渡,以致图经与志可以并称,故也有学者把乾道《四明图经》列为名志。

随后的宝庆《四明志》是图经向方志过渡并定型的典范,属于南宋时期修纂的州志中的名志。它修于南宋宝庆三年(1227),由知府胡榘修,罗浚等纂,共二十一卷,卷首有序言,扼要叙述乾道《四明图经》成书经过和方志取代图经的变化过程。前十一卷为郡志,分叙郡、叙山、叙水、叙产、叙赋、叙兵、叙人、叙祠、叙遗九门,各门又分立四十六个子目,第十二卷以下,分别为鄞县、奉化、慈溪、定海、昌国、象山各个县志。绍定以后的事迹系后人增补。志中附有地图十二幅。其特点有三:第一,地图保存完整。虽然乾道《四明图经》修编时间最早,但地图没有保存下来。宝庆《四明志》则保存了许多珍

① 乾道《四明图经》黄鼎“序”。

贵的地图,有《府境图》、《府治图》、《郡圃图》以及《鄞县境图》、《鄞县治图》、《鄞县罗城图》、《奉化县境图》、《奉化县治图》、《定海县境图》、《定海县治图》、《昌国县境图》、《昌国县治国》等。这些地图不仅是现今考证古代遗址遗迹的重要依据,而且为后世学术研究提供了重要的资料。第二,门类完整。全书分门别类地记述郡建制、山水、物产、赋税、兵役、人口、宗祠、文物,随后记述所属各县,全书合计有八十余条目,门类已相当完备,是方志成熟阶段的典范。因此,研究地方志的许多学者都把宝庆《四明志》作为我国南宋时期方志定型的典型。第三,内容丰富。该书资料搜集详尽,记载具体。建制沿革、行政区域、风俗习惯、学校科举、城郭街坊、山脉河流、地方物产、户口赋税、兵役军队、先贤人才、神庙寺院、地方掌故皆有记载,而且信息含量大。比如夏税、秋税、酒税、商税等目,都极详尽地作了记载;关于宋代宁波对外贸易,则记叙了当时的对外贸易机构的置废、官员人事变动,通商国家(地区)、商品等。志书记载的历史资料不但是研究古代宁波的政治、经济、交通、文化诸方面不可多得的史料,而且对浙东、乃至全省全国的研究都有重要的史料价值。

元世祖忽必烈统一全国后,为了全面掌握各地情况,巩固其统治,继续号令和督促各地修志。元朝国土超过汉唐,地方行政部门与今日相似,行省确立就是从元朝开始的。当时有十个行省,为了统治这样庞大的封建帝国,元世祖忽必烈采纳了大臣提出的"宜为书明一统"的建议,遂命扎马拉鼎、虞应龙等于至元二十八年(1291)编成《大一统志》七百五十五卷。十余年后,成宗大德七年(1303)再编成《大元大一统志》一千三百卷。在如此短暂的时间编成卷帙浩繁的志书,可见当时对方志的重视程度。在朝廷的重视下,各地纷纷编纂志书。

元代庆元地方志书的修纂,继续有所发展,进入了一个稳定的发展时期。从 1279 年元灭南宋到 1355 年方国珍占据庆元府的七十六年间,先后三次修四明志书,即延祐《四明志》、至正《四明续志》和大德《昌国州图志》。这三部四明志书,历来闻名,与宋代其他三部志书:乾道《四明图经》、宝庆《四明志》、开庆《四明续志》加在一起,统称《宋元四明六志》。县志有元初赵与萁纂《古鄞志》,舒津、陈著、任士林纂元至元《奉化县志》,鲁花赤冀宁木八剌修皇庆《奉化州志》,马称德纂延祐《奉化州志》。与此同时,还修纂了不少山水志、古迹志、游览志。如《三茅山志》(二卷,元鄞县丰灼纂)、《甬东山水古迹记》(元浦江吴莱撰)都有著录和存书;鄞人叶晋修撰的《余姚海堤集》是记载浙江海堤的最早志书。

元代方志经元末动乱、明末战乱散失不少。现今全国共有元代传世方志十一种，宁波占三种：大德《昌国州图志》七卷、延祐《四明志》二十卷、至正《四明续志》十二卷。这三志中，以延祐《四明志》为元代庆元（宁波）所修方志的代表作。

延祐《四明志》二十卷，马泽修，袁桷、王厚孙纂。成书于延祐七年（1320），惠宗至元六年（1340）刊。分为沿革、风土、职官、人物、山川、城邑、河渠、赋役、学校、祠祀、释道、集古十二考，各考之下又详分子目。以考为类目名称，系受马端临《文献通考》的影响。这种模仿史书、政书的形式，以书、志、考、略、典为名设目的方志，自元代出现后，逐渐流行，遂成为方志的一种类型。延祐《四明志》是宋元四明六志的第四种，然其体例与前三种迥异，乾道《四明图经》、宝庆《四明志》郡、县事分述，体例介于图经与方志之间，开庆《四明续志》虽合郡县一编，但设目混乱，不得要领。延祐《四明志》以郡为纲，事以类聚。如沿革考分辨证、境土两目，城邑考分城、公宇、堂宅、亭、楼阁、台榭园圃、递铺、社、乡都、镇、市、坊巷、桥道等十四目，分类恰当。王元恭在至正《四明续志》“序言”中称是书“盖变体也。文富事明，气格标异，诚为奇特，乃大掩前作”。

元代庆元修纂方志比宋代有稳步的发展。总体来说内容比较丰富，记载较翔实，体例也趋于完备，而且叙述一般明晰，历来受到修志者、点评家的好评。《宋元四明六志》中，元代三部志书与宋代三部志书比较，又有了发展和进步。把宝庆《四明志》、开庆《四明续志》与元延祐《四明志》加以对比考察，不难发现有三个明显的进步：第一，门类更齐全。元延祐《四明志》二十卷，均分门别类记载庆元郡的古今人、事、物，各门类都按顺序排列，相当齐全。第二，体例更完备。体例前后一致，秩序井然。而南宋宝庆《四明志》虽然门类也相当完备，但体例却不尽统一。第三，内容更丰富。志书记载的内容，一般都应有疆界、地理、沿革、山川、建置、物产、户口、民情、风俗、人物、古迹、艺文等内容。宝庆《四明志》没有建置及相关内容，明显较延祐《四明志》为少。开庆《四明续志》则所载更少，全志十二卷，前八卷既已由赋役和税赋占去大部分，后四卷又用于专载艺文。

第二节　典籍考录

《四明图志》

纂修人名氏不可考,书亦不传。修于唐或北宋初。光绪《鄞县志》第七十五卷《旧志源流》转引清鄞县学者徐时栋《宋元四明六志校勘记》中的考证云:宋真宗咸平四年(1001),通判苏为所作的《善政侯祠堂记》中提到:在举行曾任鄮县令的琅琊人王元暐册封善政侯典礼的时候,《图志》记载已经完备。当时朝廷修编图经的诏令尚未下达,明州已有志书可供查考引用。因而不但同宋元四明六志一样在全国引以为豪,其渊源也很古。此书或为唐朝旧书,或为宋朝初年新修,已无从考证。此书久已失传。

景德《明州图经》

纂修人名氏不可考,书亦不传。修于唐或北宋初,亦称祥符《明州图经》。光绪《鄞县志》第七十五卷《旧志源流》转引清鄞县学者徐时栋《宋元四明六志校勘记》中的考证:宋真宗景德四年(1007)二月,诏令各路向朝廷上交图经。因体例与朝廷要求不统一,遂重新修编。至大中祥符三年(1010)十二月修成。又诏令各州谨慎保管。此诏令在《宋会要》、《宋实录》中皆有记载。另外更能证明的有,北宋大学士舒亶在《西湖引水记》中明确指出:“按《州图经》,鄞县南二里有小湖,唐贞观中,令王君照修也。”此文作于宋徽宗建中靖国元年(1101),在李茂诚修纂的大观《明州图经》成书之前。由此推断舒亶所引之书为景德《明州图经》。

大观《明州图经》

北宋明州职曹官李茂诚纂修。此书修于北宋大观年间(1107—1110),书已散佚。光绪《鄞县志》第七十五卷《旧志源流》转引清鄞县学者徐时栋《宋元四明六志校勘记》中的考证:根据黄鼎所作之乾道《四明图经》“序言”中所述,大观元年(1107)朝廷设立九域图志局,诏令各州郡编纂图经。于是,李茂诚修成此书。此书分为地理、户口、物产、贡赋、人物、古迹、释氏、道流、山林、江湖、桥梁、坊陌等门类。物产记载颇细,又分羽毛、鳞介、花木、果蔬、茶茗、器用等子目。南宋孝宗乾道年间(1165—1173),明州知州张津重修《四明图经》时,曾访得此书,以其为蓝本重修。

乾道《四明图经》

知州张津纂修，修于南宋乾道五年(1169)，与乾道《临安志》同年纂修，同为浙江现存宋代最早志书。该书以大观《明州图经》为蓝本重修，共十二卷：卷一总叙明州、卷二鄞县、卷三奉化、卷四定海、卷五慈溪、卷六象山、卷七昌国、卷八至十一诗文、卷十二太守题名记、进士题名记，卷首设有序言和目录。原书已佚，今传本清咸丰四年徐氏烟屿楼《宋元四明六志》本，辑自明朝李孝谦编纂的《四明文献录》，遗憾的是，部分内容已经散失，图也不复存在。

宝庆《四明志》

知府胡榘修，罗濬、方万里等纂，修于南宋宝庆三年(1227)。全书共二十一卷，卷首刊罗濬撰写的序言，扼要叙述乾道《四明图经》成书经过和方志取代图经的变化过程。前十一卷为郡志，分叙郡、叙山、叙水、叙产、叙赋、叙兵、叙人、叙祠、叙遗九门，各门又分立四十六子目，第十二卷以下，分别为鄞县、奉化、慈溪、定海、昌国、象山各个县志。绍定以后的事迹系后人增补。志中附有地图十二幅。该志统计数字详细，记载了明州、庆元府、县的户口、赋税、外贸商品和通商国家、地区。对研究宋代宁波的经济、外贸具有重要价值。《四库全书》对这部志书的评价是“叙述谨严，不失古法”，后来的修志者“据为蓝本，多采用焉”。今传本有宋绍定二年(1229)刻本、清《四库全书》本、清《宋元四明六志》本。宋绍定二年(1229)刻本现存国家图书馆，是浙江方志文献中最早、最完整的古刊本和海内孤本。

开庆《四明续志》

知府吴潜修，梅应发、刘锡等纂，修于南宋开庆元年(1259)。为续宝庆《四明志》而修。全书共十二卷，内容分为三十七子目，山川、疆域等前志已有者，不再重记。其内容多载知府吴潜政绩、诗文，显系因人修志，与一般地方志书体例不同。但所载吴潜治理史实及其诗文，也有补充正史之作用。今传本有宋开庆元年(1259)刻本、清《四库全书》本、清《宋元四明六志》本。

延祐《四明志》

庆元路总管马泽修，袁桷、王厚孙纂。成书于延祐七年(1320)，惠宗至元六年(1340)刊。全书共二十卷，以门目体分设沿革考、土风考、职官考、人物考、山川考、城邑考、河渠考、赋役考、学校考、祠祀考、释道考、集古考等十二考。每考以小序述著作要旨，先总考州郡，后分考各县，将所属鄞、慈溪、定海、象山四县及奉化、昌国二州的内容，列于总目之下。该志今仅存十七卷，卷九城邑考下、卷十河渠考上、卷十一河渠考下已佚。今传本有抄本《宋元四明六志》本。

至正《四明续志》

庆元路总管王元恭修，王厚孙、徐亮纂，至正二年(1342)成书。全书共十二卷，内容续补延祐《四明志》，沿用原书体例，充实内容，增补延祐年间以后事及前志所缺失的内容，在原有十二考的基础上，新增土产一门，因此内容及体例都比前志完备。今传本有明抄本、《宋元四明六志》本。

《四明山记》

撰写人氏已不可考。此书散佚。《通志·艺文略》、《宋史·艺文志》、《国史经籍志》、乾隆《鄞县志》卷二十一皆有著录。乾道《四明图经》、宝庆《四明志》曾引用此书。《宋元四明六志校勘记》卷九中亦曾提到此书。

《四明风俗赋》

撰者已不可知。全书一卷。《宋史》卷二百四《志》第一百五十七、乾隆《鄞县志》卷二十一皆有著录，但书今无存。

《明越风物志》

宋朝姜屿撰，全书七卷，已散佚。以明州本越地，故曰"明越"。宋宝庆《四明志》曾引用此书。《文献通考》、《明史·艺文志》中皆有著录。

《四明文献考》

国家图书馆善本部有一部无名氏编纂的《四明文献考》，二十四册，十二行二十二字，蓝格，蓝口，四周双边，已经收入《北京图书馆古籍珍本丛刊》第二十八册。明朝高宇泰认为其作者可能是李孝谦。宁波大学钱茂伟教授考证此书成于南宋乾道五年(1169)。①

《四明尊尧集》

宋陈瓘撰。全书十一卷，分为八门，曰《圣训》、《论道》、《献替》、《理财》、《边机》、《论兵》、《处已》、《寓言》。《四库采进书目》依据浙江范懋柱家天一阁进献本，但今未见传本。

《甬东山水古迹记》

元朝著名文学家和经史学家吴莱撰，全书一卷。元泰定元年(1324)六

① 钱茂伟：《国图藏〈四明文献考〉作者即李孝谦考》，《文献》2012年第1期。

月，吴莱到舟山游玩，将“下东霍、觅岱山、寻桃花”、“漂泊沧海三月”的所见所闻撰成此书。现有清刊《说郛》本传世。雍正《浙江通志》有著录。徐时栋在《宋元四明六志校勘记》卷九中云：“此记乃其在庆元游昌国时所作，其文具载《渊颖集》中。”部分诗作为民国《定海县志·艺文志》摘录。

《鄞县记》

宋朝李璜纂。此书失传很久，详细情况未知。南宋学者王象之长于地理学，节录当时数以百计的各地方志、图经编纂《舆地纪胜》，对各种方志、图经中的山川、景物、碑刻、诗咏，一概收录，而略于沿革，以符合“纪胜”的要求，至宋理宗宝庆三年(1227)全书纂成，是南宋中期的一部地理总志。每一府、州，一般分为府州沿革、县沿革、风俗形胜、景物、古迹、官吏、人物、仙释、碑记、诗、词等门类。卷十一庆元府风俗形胜，曾引用李璜《鄞县记》一条。

《鄞川志》

朱翌(1097—1167)晚年留居鄞县时，作《鄞川志》五卷。《宝庆四明志》卷八云：“翌世家安庆府怀宁县，晚卜居于鄞。”《延祐四明志》卷四云：“朝廷悯其饥寒，计贬所十四年衣俸悉与之，遂卜居鄞。”南宋陈振孙所撰《直斋书录解题》卷十一著录：“《鄞川志》五卷，朱翌撰”，云朱翌“寓居四明，故曰鄞川”。

《桃源志》

宋鄞县张即之纂。此为现今可考的最早的乡镇志，今已佚。清徐时栋所作《宋元四明六志校勘记》卷九记载，纂者居鄞县西部林村，时属桃源乡，曾作乡志。

《四明它山水利备览》

宋朝魏岘撰写。该书是中国第一部水利志著作。全书分上下两卷，约二万字。上卷二十七小节是对它山堰的记录，下卷是文献，收录了六篇碑记和十六首诗歌。内容涵盖鄞州水利特点、主要任务、水源、水系、流量、筑堰史、维修史、工程规制、原理、工程配套、水利环境变迁史、治沙要点、工程实施经验、水政管理、经济核算直至有关历史文献，还包含魏岘在治水中的心得体会，表现了作者资治致用的指导思想。《四明它山水利备览》第一次提出了它山堰工程对于流量有效控制的概念，可以看作中国系统水利理论出现的第一个信号。

元《三茅山志》

元朝鄞县人丰灼纂。全书二卷，未见传本。晚清徐时栋在《宋元四明六志校勘记》中曾提到此书的简要内容和序言。三茅山在鄞县与奉化交界之处,也称茅山。

《大梅山护圣寺重建记》

元末明初天渊清浚撰。清浚,金峨山古鼎祖铭弟子,曾住持万寿寺、灵谷寺。洪武(1368—1398)初召为左觉仪。

宋《慈溪县志》

作者已不可考。修于南宋宝庆(1225—1227)以前。宋宝庆《四明志·张齐芳传》注引有慈溪旧志史料,可证明此志宋宝庆时还在。后亡佚。

《古鄞志》

元初,奉化松林人,赵与葺纂。与葺(1264—1297),字君理,奉化松林人。清徐时栋《宋元四明六志校勘记》卷九云:"此其所作奉化县志也,亦名《鄞城志》。"元陈观撰《资福庙记》多引是志。书早佚。

至元《奉化县志》

元至元二十九年(1292)知县高邮人丁济主修,奉化舒津、陈著、任士林同纂,共十卷。钱大昕《补元史艺文志》有著录。雍正《浙江通志》卷二百五十三载教谕严德元序云:"丁侯为邑,识大体,人多归焉。乡先生舒公津、陈公著,以先朝宿望退老于家,丁侯有以致之,朝夕琴堂之上,搜罗故实,作为邑志……疏为十卷,列七图其首,目曰《奉化志》。"徐时栋《宋元四明六志校勘记》卷九云:"任士林同撰者也。"书早佚。

皇庆《奉化州志》

元皇庆二年(1313)州达冀宁人鲁花赤木八剌纂修。雍正《浙江通志》卷二百五十三著录。书早佚。

延祐《奉化州志》

延祐六年(1319)州守广平人马称德纂修。明嘉靖时尚有刊本流传。嘉靖《奉化县志》钱璠序云:《奉化州志》"虽仅得于民间,而多蠹残脱裂"。雍正《浙江通志》卷二百五十三有著录。书已佚。

北宋《宁海县志》

修纂人失考,修于宋代,书已失传。由王象之编纂,成书于南宋嘉定、宝庆间的地理总志——《舆地纪胜》卷十二台州沿革,曾引该志一条。此志或修于北宋大中祥符年间(1008—1016)。

《赤城风土志》

宋朝宁海人胡融撰写，今已散佚。《千顷堂书目》卷七、弘治《赤城新志》卷二十一、《台州经籍志》卷十五均有著录。嘉定《赤城志》卷一地理门叙州曾引用此书。

《宁海土风志》

南宋嘉定年间(1218—1224)，宁海文人胡融撰写。《千顷堂书目》、弘治《赤城新志》、雍正《浙江通志》均有著录。光绪《宁海县志》称其为《土风志》。书已散佚。

第三节 修志人物

李茂诚

李茂诚，籍贯不详，北宋大观年间(1107—1110)为明州职曹官①。大观元年，朝廷诏令各州郡编纂图经，李茂诚遂编纂《明州图经》，后称大观《明州图经》。

陈瓘

陈瓘(1057—1124)，字莹中，号了斋，谥忠肃，沙县城西劝忠坊人(今福建三明)。自幼聪明，二十三岁中探花，曾担任礼部贡院检点官、越州和温州通判、左司谏等职务。他在当政时，面对蔡京等奸臣，敢于斗真，敢于说真话，不畏权势，心胸坦荡、清正廉洁。正是由于他的一生正气和全力保护，许多能仁志士免遭杀害，许多文化书籍才得以保存。为太学博士时，阻止蔡卞毁《资治通鉴》版，力挽狂澜保护文化典籍。为官四十二年间，调任二十三次，经八省历十九州县。著有《了斋集》、《了斋易说》、《四明尊尧集》、《论六书》等。

朱翌

朱翌(1097—1167)，字新仲，号潜山居士、省事老人，舒州怀宁(今安徽潜山)人。政和八年(1118)，同上舍出身，为溧水主簿。南渡后，为秘书少

① 宋代州郡设置幕职、诸曹官作为行政属僚，辅佐长官治理州政。在职事官体系中，作为州郡属官，诸曹官分掌户籍、赋税、仓库出纳、议法断刑等政务。

监、敕令所删定官、秘书省正字,试起居舍人,纂修徽宗皇帝《实录》。绍兴十一年(1141),擢中书舍人,以言事忤秦桧,责授将作少监,韶州安置。绍兴二十五年(1155),秦桧死,起充秘阁修撰。绍兴三十年(1160),知宣州,移平江府。罢平江后,居于鄞县,作《鄞川志》五卷。朱翌著有文集四十五卷,诗三卷、今存三百六十余首,不论古今律绝,皆立意新奇、语言自然、属对精切,化用巧妙之感,深得时人赞誉。

胡融

胡融(1131—1230),宁海人,南宋隐士,字子化,又字少瀹,号四朝老农,世居宁海县城,终身隐居南塘不仕。与刘倓、李撰、王度、周仲卿等同游天台山,有联句诗。现存诗多登临游览、凭吊古迹之作,表现其"喜与冥寂士,共谈秋水篇"的兴致。《全宋诗》卷二千五百二十录其诗十四首。《全宋文》卷六千三百六十收有其文。著有《菊谱》、《赤城风土志》、《历代蒙求》等。

张津

张津,字子向,乾道三年(1167)以右朝散大夫直秘阁,知明州兼主管沿海制置司公事。乾道五年(1169),修乾道《四明图经》,为浙江现存宋代最早志书之一。

高似孙

高似孙(1158—1231),字续古,号蔬寮,明州鄞县人。方志学家和目录学家。南宋孝宗淳熙十一年(1184)进士,历任绍兴府会稽县主簿,庆元五年(1199)任秘书省校书郎,庆元党禁时,著《道学之图》,又献九锡诗为韩侂胄祝寿。庆元六年(1200)出倅徽州通判,嘉泰三年(1203)知信州,被弹劾。开禧二年(1206)四月知严州。嘉定十六年(1223)任秘书郎,嘉定十七年(1224),为朝议大夫,除秘书省著作郎。宝庆元年(1225)以礼部侍郎知处州时,因挟妓被抨击,贪酷尤甚。升中大夫,任建康提举,进崇禧观祠禄。晚年迁居余姚县。卒赠通议大夫。著有《子略》四卷、《史略》六卷、《纬略》一卷、《骚略》三卷、《蟹略》四卷、《剡录》十卷、《砚笺》四卷、《文选句图》一卷、《文苑英华钞》四卷、《删定桑世昌兰亭考》十二卷等书。其中,《剡录》开创了县志大事记和记载本地人著述书目的体例,在方志发展史上有重要意义。

胡榘

胡榘(1163—1244),字仲方,庐陵(今江西吉安)人,祖籍青州,历任至龙图阁学仕、正奉大夫、兵部尚书沿海制置使。乾定四年(1226),被委以焕章阁学士、通议大夫、知庆元府。在庆元主政时，浚东钱湖、兴办教学、修建郡城、发展交通，促进内外经济贸易，惠政泽民，民立庙祭祀。乾定五年(1227)，胡榘读乾道《四明图经》后，认为尚有不详之处，成书时间也已过了近六十年，决定另行修纂《四明志》。他请同里罗浚和方万里一起辑纂，历时两年多，到1229年宝庆《四明志》付印。宁波著名史学家徐时栋撰有《胡尚书传》，对胡榘的生平事迹进行过系统考证。

罗浚

罗浚，宋朝庐陵人，为赣州录事参军，受庆元知府胡榘之邀，参与编写宝庆《四明志》。

方万里

方万里，字子万，严州(今建德)人。南宋嘉定四年(1211)中进士。十一年(1218)，为江阴军教授。1227年至1229年，受庆元知府胡榘之邀，参与编写宝庆《四明志》。绍定五年(1232)知江阴军。《全宋诗》卷二千九百五十八录其诗二首。

张即之

张即之(1186—1263)，宋代书法家。字温夫，号樗寮，历阳(今安徽和县)人，参知政事张孝伯之子，生于鄞县桃源乡(今浙江省宁波市鄞州区横街镇)，曾作《桃源志》，为史上最早乡镇志。官至司农寺丞，后知嘉兴县，以言论罢归。此后再次起用，授太子太傅、直秘书阁。书法精良，学米芾而参用欧阳询、褚遂良的体势笔法，尤善写大字。

吴潜

吴潜(1195—1262)，字毅夫，号履斋，宣州宁国人。南宋嘉定十年(1217)举进士第一，授承事郎，迁江东安抚留守。淳祐十一年(1251)为参知政事，拜右丞相兼枢密使，封崇国公。次年罢相，开庆元年(1259)元兵南侵攻鄂州，被任为左丞相，封庆国公，后改许国公。被贾似道等人排挤，罢相，谪建昌军，徙潮州、循州。吴潜在担任庆元知府兼沿海制置使期间，在巩固边防、发展经济的同时，尤其重视平民教育。主持修编开庆《四明续志》十二卷，现已成为了解宋、元时期边防、边贸、教育的重要历史文献资料。吴潜还是南宋有名的词作家，与同时代的文人骚客多有诗词唱和往来，著名词人吴文英即出其门下，任其幕僚。吴潜存世词作共计二百六十八首，《全宋词》收有其词二百五十六首，在南宋词坛占有重要地位。

梅应发

梅应发，字定夫，广德人。宝祐元年（1253）进士。开庆元年（1259）为庆元府教授，编纂开庆《四明续志》。景定五年（1264）知福州。咸淳六年（1270）为宗学博士。官至直宝章阁、太府卿。入元不仕，卒年七十八岁。著有《宝章阁余稿》三十二卷，今存《艮斋余稿》残本。

魏岘

魏岘（生卒年不详），鄞县人。嘉定元年（1208），以朝奉郎提举福建路市舶。三年（1210），擢通直郎、任抚州通判。九年（1216），罢知广德军。绍定元年（1228），为都大坑冶司。淳祐二年（1242），知吉州。著有《四明它山水利备览》传世。《全宋诗》卷二千九百十三录其诗二首。其文收入《全宋文》卷七千四百七十五。

刘锡

刘锡，字自昭，永嘉人，宝祐年间（1253—1258）以奉议郎添差沿海制置大使，编纂开庆《四明续志》，后任镇江府通判。

马泽

马泽，字润之，任丘人，延祐年间（1314—1320）以太中大夫任庆元路总管，聘袁桷修志，延祐七年（1320）书成。

舒津

舒津（1213—1293），字通叟，奉化人。南宋景定三年（1262）进士及第，迁太学博士，累官知平江府，莅事勤敏。吏治之暇，雅志读书，尝博采传记，著《续蒙求》。至元二十九年（1292）知县丁济聘请其编纂至元《奉化县志》，陈著、任士林同纂。著有《续蒙求》、《尚书解》、《春秋集注》、《十七史纲目》等书。

陈著

陈著（1214—1297），字子微，一字谦之，号本堂，鄞县人，寄籍奉化。南宋宝祐四年（1256）进士，初监饶州商税，调光州教授。景定元年（1260），为白鹭洲书院山长。庆元知府兼沿海制置使吴潜荐之于朝，因其不登贾似道门，仅授安福令。历监三石桥酒库、芜湖茶官。四年（1263），除著作郎，上疏乞罢公田，忤贾似道，出知嘉兴县。咸淳三年（1267），知嵊县。七年（1271），任扬州通判，寻改临安府签判，转运判官，擢太学博士。十年（1274），以监察御史知台州。除秘书监，不就。宋朝灭亡后，隐居四明山中，自号嵩溪遗耄。能诗词文，时人评价甚高。至元二十九年（1292）知县丁济聘请其与舒津、任士林同纂《奉化县志》。著有《历代纪统》、《本堂文集》。

陈耆卿

陈耆卿，字寿老，号篔窗，南宋浙江台州临海人。嘉定七年(1214)进士，历任青田主簿、庆元府学教授、国子司业。嘉定十六年(1223)，纂《赤城志》，著名于世。被称为文章法度俱有师承，叙述咸中体裁。其纂志态度严谨，考诘甚详。

林表民

林表民，字逢吉，宋江台州临海人。嘉定十六年(1223)，陈耆卿主纂《赤城志》，林表民参预其事。四年以后，林表民先后纂城《赤城续志》、《赤城三志》。淳祐八年(1248)编《赤城集》。其父师蒧编《天台前集别编》，表民又编《续集别编》。

王应麟

王应麟(1223—1296)，字伯厚，晚号深宁老人，南宋鄞县人，宋朝著名学者，对方志也有研究。少年时通六经，淳祐元年(1241)进士，历任衢州、西安主簿，扬州教授，浙西提举常平茶盐主管帐司及四朝史修编官，遭诬罢官。1526年举"博学鸿词科"，获首选，添差浙西安抚使任事，继主三省枢密院架阁文字，历迁太常寺主簿、台州通判、太常博士、秘书监兼沂靖惠王府教授、著作佐郎。咸淳元年(1265)度宗嗣位，授礼部郎官，起草《百官表》。继迁秘书少监，为权相贾似道所恶。后历官起居舍人、秘阁修撰、起居郎兼吏部侍郎、中书舍人兼给事中、同修国史实录院修撰兼侍读、礼部侍郎兼中书舍人等职，终与左丞相留梦炎不合辞归。后诏授翰林学士，见国事日非不赴，宋亡后闭门著述以终，涉猎经史百家、天文地理，熟悉掌故制度，长于考证，著有《困学纪闻》、《玉海》、《通鉴答问》、《深宁集》、《诗地理考》、《汉艺文志考证》、《通鉴地理考》、《三字经》等。尤以《困学纪闻》考订精详，为世所重。其中《三字经》旧时流传甚广，20世纪80年代被联合国教科文组织定为世界性的启蒙教材。所著《玉海》辑录了大量地方志书，如《元和郡县图志》、晋《十三州志》等；也记载了不少宋代朝廷诏修地方志书的规定，为后人研究方志的起源、发生、发展提供了重要依据。

胡长孺

胡长孺(1240—1314)，字汲仲，永康人。南宋咸淳年间(1265—1274)随舅父赴四川铨试，名列第一，授迪功郎，监重庆府酒务。未久，兼总领湖广军马钱粮所佥厅。宋亡后隐匿永康中山。元至元二十五年（1288）被召入京，任翰林修撰。因不能取悦于宰相，贬扬州教授。至大元年（1308）以将仕佐郎任宁海主簿，其间作《宁海漫钞》，保存了大量珍贵史料。长孺于宁海政治多所贡献，明方孝孺称其为良吏。后转调两浙都转运司长出盐场司丞，升将仕郎，称病不赴，隐居杭州虎林山以终。

赵与葺

赵与葺（1264—1297），字君理，奉化松林人，著有《古鄞志》。

任士林

任士林，字叔实，奉化人。早慧，六岁能属文，祖父亲授古文。父死，建庐墓旁，读书其中，诸子百家无不周览，乡里子弟多从其学。元朝至元二十九年（1292），知县丁济聘请其与舒津、陈著同纂县志。元大德年间（1297—1307），廉访使委其筹建文公书院，书院落成，又授上虞县教谕。此后讲学会稽，授徒钱塘。至大元年（1308），中书左丞郝天挺因事至钱塘，举荐任士林为湖州安定书院山长。因长子病重，未赴职。任士林虽早有文名，通晓经学，但一生困顿，被称为“山林一老儒”，未见用于时。赵孟頫曾获读任士林所撰碑文，十分倾慕，两人定交于杭州。任士林病故，赵孟頫为其撰写墓志铭。著有《松乡文集》、《中易》等。

袁桷

袁桷（1266—1327），字伯长，元庆元路鄞县人。少为丽泽书院山长，荐为翰林院国史检阅官，累迁侍讲学士。袁熟习掌故，长于考据，精于史学。其时朝廷制策，勋臣碑铭，多出其手。曾奉诏修成宗、武宗、仁宗三朝大典，知制诰参修宋、辽金史。延祐七年（1320），纂成延祐《四明志》。《四库全书总目》谓其考核精审，条理简明，最有体要。在中国方志发展史上占有重要地位，备受后人赞誉和模仿，为一代名志。

王元恭

王元恭，字居敬，元真定蠡州（今河北蠡县）人，累官潮州路总管。至元六年（1340），迁庆元路总管，兴文教，宽民力，延请王厚孙续袁桷之延祐《四明志》，成至正《四明续志》十二卷。

吴莱

吴莱（1297—1340），为元朝著名文学家和经史学家，字立夫，浦阳人。七岁能文，早年有志于政事，延祐年间（1314—1320）复科举，以《春秋》贡于乡，试礼部不第。泰定元年(1324)游历甬东山水，将所见所闻撰成《甬东山水古迹记》，现有清刊《说郛》本传世。徐时栋在《宋元四明六志校勘记》卷九中云："此记乃其在庆元游昌国时所作，其文具载《渊颖集》中。"归后居同县陈士贞家。后以茂才荐，署饶州路长芗书院山长，未行病卒。著有《尚书标说》、《春秋世变图》、《古职方录》、《楚汉正声》、《乐府新编》等书。

王厚孙

王厚孙(1300—1376)，字叔载，晚号遂初老人，鄞县人，王应麟之孙。历郡学训导、直学，迁象山教谕，梓行祖父王应麟遗书，又纂成至正《四明续志》，调浦江教谕，后授福建儒学副提举，不赴。因王厚孙是王应麟的孙子，袁桷是王应麟的弟子，故王厚孙比袁桷低一辈。王厚孙在撰写延祐《四明志》之时，与袁桷合作甚为融洽，后袁桷因女儿亡故而退出，王厚孙接替袁桷担任主编之职。袁桷在乡期间，常与王厚孙切磋诗文，关系甚好。

马称德

马称德，字致远，河北广平人。元朝延祐六年(1319)以奉议大夫任奉化知州。任内廉明勤政，尊崇孔道，建尊经阁、斋鹿、仓库、厨房等百余楹；选生员百名入学，请宿儒授业；整顿学廪，革除积弊，出资倡率，增养士田民立祠竖碑颂其德。延祐六年(1319)修编延祐《奉化州志》。

清浚

清浚(1328—1392)，字天渊，别号随庵，出生于黄岩县。幼年时就学于乡校，颖悟特异，然不甘处俗，十三岁时出家。次年受具，从此随侍妙明大师多年，阅《楞严》、《圆觉》、《楞伽》、《维摩》等经，皆深究义趣，了然于心。中年以后，回到四明一带，在今宁波东部逗留五年，作《大梅山护圣寺重建记》。1368年，被当地郡守邀请住持万寿寺。1371年，元朝残余势力基本肃清，大规模的战争结束，为慰祭无数在战争中丧生的人和在国内制造和平气息等多种原因，明太祖在蒋山(今钟山)亲设普度大会，召全国有道沙门十人，清浚名列其中。洪武十五年(1382)，设置僧录司(掌管全国对内对外僧教事务的最高机构)，召其任职左觉义。洪武十九年(1386)，清浚受命任灵谷寺住持，明太祖亲制《山居诗十二首赐灵谷寺左觉义清浚》。

第四章　明清时期:全面繁荣

第一节　发展演变

明洪武元年(1368)改庆元路为明州府,辖鄞县、慈溪、奉化、象山、定海、昌国(1384年废)六县。洪武十四年(1381),为避国号讳,取“海定则波宁”之义,更名为宁波。这一地名一直沿用至今。明朝重视经济的发展,农业、手工业继续发展,促进了宁波商业贸易的繁荣。作为明朝重要的沿海城市之一、海上丝绸之路起航地的宁波是中国开放的港口之一,朝廷设立市舶司专门管理对外贸易。经济的发展反作用于教育,宁波成为浙江各府中考取进士最多的地区,造就了一批又一批的人才。黄宗羲、全祖望等闻名全国的大学者创立浙东史学,对后世产生了巨大影响。清朝时,宁波商人作为十大商帮中的重要组成部分,开始影响全国。1842年8月,中英《南京条约》签订。1844年元旦,宁波正式开埠,中外交流以迥异于先前的另一种方式展开。西方殖民者在宁波江北建立领事馆、医院、印刷所和教堂。江北成为中国最早的外滩。1862年,美国旗昌轮船公司在宁波建造码头,开通沪甬轮船航线。这些设施一定程度上促进了宁波的近代化。随着西方商品的倾销,传统农业和手工业衰落下去,具有资本主义色彩的工商业兴起,宁波成为浙东地区经济中心城市。明清时期宁波经济的进一步发展,浓厚的文化氛围和人才的集聚,使得方志修编进入全面繁荣时期。

明初,统治者对方志修编工作予以高度重视。洪武二年(1370)编成《人明志书》,这是明代历史上产生最早的全国总志。明成祖即位后,为了统一规划方志体例内容,明永乐十年(1412)和十六年(1418),明成祖朱棣两次颁布《纂修志书凡例》,对志书中建置沿革、分野、疆域、城池、山川、坊郭镇市、土产、贡赋、风俗、户口、学校、军卫、郡县廨舍、寺观、祠庙、桥梁、古迹、宦迹、人物、仙释、杂志、诗文的编纂均作了具体规定。这是现存最早的关于地方志编纂的政府条令。永乐十六年(1418),诏令天下郡县编纂志书,命户部尚书夏吉、翰林学士杨荣、金幼孜总领其事。明代政府大规模修编全国一统志是在景泰、天顺年间,《寰宇通志》和《大明一统志》便成书于这两个时期。

明代宁波方志修编数量庞大,府志先后五次修纂。1381年宁波更名之前,修有洪武《明州府志》。永乐年间(1403—1424),纪宗德、李孝廉修纂永乐《宁波府志》。鉴于旧志冗杂繁碎,黄润玉于天顺初(1457)纂成《宁波府简要志》。润玉卒后,其孙黄溥又增天顺六年(1462)以后事,全书五卷,分舆地、山川、城镇、河防、官府等十五门,不设细目,分门直书,此书是明代浙江唯一以"简志"命名的志书。成化四年(1468),张瓒修、杨实纂《宁波郡志》完成修纂,全志重于考证,共二十考,分十卷。嘉靖三十八年(1559),周希哲修、张时彻纂嘉靖《宁波府志》完成,次年刻印。文人戴鲸自嘉靖二十九年(1550)归鄞后,致力于方志著述,纂成《四明志征》,以续成化(1465—1487)以后宁波历史。

县志作为一个独立的正式品种批量出现。洪武年间(1368—1398),宁海方孝孺纂《宁海县志》。永乐年间(1403—1424),《鄞县志》、《奉化县志》修成。正统(1436—1449)之前,《象山县志》亦修成。正统年间,《定海县志》、《慈溪县志》、《余姚县志》三部县志先后问世。景泰年间(1450—1457),陈关修、汪纶纂有景泰《奉化县志》。弘治年间(1488—1505),徐绍先修、汪纶再纂弘治《奉化县志》;张邦佐修纂弘治《宁海县志》。正德年间(1506—1521),周旋、陆绅纂成正德《慈溪县志》;戴显修、张辅纂成正德《宁海县志》。嘉靖年间(1522—1566),何愈修、张时彻纂嘉靖《定海县志》;顾存仁等修,杨抚、岑源道等纂嘉靖《余姚县志》;钱璠修、谢滙纂嘉靖《奉化县图志》等陆续成书;明嘉靖三十五年(1556),知县毛德京设修志馆,聘杨民彝、卞乾、俞澜、周茂伯,创修《象山县志》。万历年间(1573—1620),史树德修、杨文焕等纂万历《新修余姚县志》;曹学程纂修万历《宁海县志》;吴学周修,陆应阳、邵景尧纂万历《象山县志》等陆续成书。天启年间(1621—1627),李逢申修、姚宗文纂天启《慈溪县志》完成,为现存最早的《慈溪县志》。崇祯年间(1628—1644),高宇泰纂成鄞县志,取名《敬止录》,军事资料尤详;宋奎光纂修崇祯

《宁海县志》完成。

除府志、县志之外,明代寺院普遍自行组织修纂志书。譬如杨德周修《延庆寺纪略》、《天王寺志》,李桐纂《柳亭庵志》,朱献臣纂《杖锡寺志》,董剑锷撰《南山寺志订》,左宗郢纂《麻姑洞天志》,傅灯修《延庆寺志》,通布和白山相继修《天童寺志》,郭子章纂修《阿育王山志》,圆复修《延寿寺志略》,等等。

在修志繁荣的同时,志书的收藏也兴盛起来。私人藏书楼纷纷兴建,其中规模最大的当推天一阁。创始人范钦曾任职多个省份,所到之处必搜罗志书,于嘉靖四十年(1561)建成私家藏书楼,名为天一阁,收藏明代的省、府、州、县志书四百三十五种,其中嘉靖时所修的有二百六十九种。后成为全国收藏地方志最多的藏书楼,目前为中国现存创建最早的私人藏书楼,规模位居国内第一。私人藏书的兴起,为志书的传承做出了不可忽视的贡献。

明代方志的进步主要体现在体例变化上,采用纲目式二级分类或三级分目的志书日益增多,单列门目的志书渐次减少。宋元时期,不少志书采用平列门目,分类琐碎,列目众多,因而明代以来,多数方志均在大类之中,细分小目,有的还于小目内再分子目,这样,就形成二级、三级分目形式。方志内容记载大都注重掌故,广采文献,不但资料丰富,而且引用原始档案较多,保存了大量地方史料。这为后人研究当时的地理环境、行政建置、经济生活、地方物产和风俗习惯、知名人物、文化著述带来极大的方便。

清代是方志发展的鼎盛时期,地方志编纂取得了以往不可比拟的成绩,名志佳作颇多。一统志的修纂达到极盛。康熙十一年(1672),《大清一统志》开始筹备组织编纂。雍正七年(1729),诏修一统志,令各地搜集资料。朝廷设置一统志馆,以搜集、核查各省上交的资料,编辑成书。这项工作一直延续到乾隆八年(1743),终于大功告成,首次修成《大清一统志》,共计三百四十二卷。乾隆四十九年(1784)增修《大清一统志》,成书时增至五百卷。增补后的志书相比之前,更能反映当时的地理、人文、经济状况。道光二十二年(1842),又修成第三部一统志,以其纂修始于嘉庆年间(1796—1820),且增辑事迹止于嘉庆二十五年(1820),故称嘉庆《重修一统志》,计五百六十卷。由于清代一统志是在各地通志成书之后修成,广采博辑,增删厘定,所以内容丰富、资料精确,是我国官修总志中质量最好的。由于清朝官府重视和大力提倡修志,各地修志蔚然成风。宁波形成府有府志,县有县志,以至镇乡、山水、寺观皆有其志,尤以康熙、乾隆两朝为最盛。

府志在清代有过三次修纂。康熙十三年(1674),知府邱业修,万斯选、万斯同等纂康熙《宁波府志》三十卷，可惜的是此书为稿本，未刊，今已失传。康熙二十二年(1683)，知府李廷机修，左臣黄、姚宗京纂康熙《宁波府志》三十三卷。雍正九年(1731)，知府曹秉仁等修，鄞县万经等纂雍正《宁波府志》，全志三十六卷，门类比较齐全，户赋、盐政、物产、兵制、职官等记载详细。另有包旭章纂于乾隆年间的《四明志补》，徐时栋撰、陈励补的《宋元四明六志校勘记》九卷。

清代宁波府属各县都修县志，编纂频繁持久，卷幅浩博而佳作接踵而至。修志者在不同的编纂思想的指导下，志书不但在质量和数量上都超过以前，而且风格迥异。从顺治到光绪，每一朝都有志书修成，现在有据可考的累计达三十九部，尤其以康熙、乾隆、同治、光绪四朝为盛。顺治年间(1644—1661)，知县王奂始修，知县孙成名续成，项斯勤总纂，宋启灵、项彭仲、舒纯甫、梁令吹分辑的顺治《奉化县志》完成。此后，康熙年间(1662—1722)，鄞县、镇海、慈溪、余姚、奉化、宁海、象山七县都有县志修成。其中鄞县、镇海、余姚两度修志，象山三度修志。雍正年间(1723—1735)，慈溪县先后修成两部县志；象山县修成一部县志。乾隆年间(1736—1795)，乾隆《鄞县志》、乾隆《鄞志稿》、乾隆《镇海县志》、乾隆《余姚县志》、乾隆《奉化县志》、乾隆《象山县志》修成。同治、光绪年间(1862—1908)，志书修成数量多，而且质量普遍较高，尤以同治《鄞县志》声誉最佳。该志在资料选取、史实考证等方面均属上乘。

宁波清代所修的乡镇志、山志、水志、海防志、专志、寺志、书院志、杂志计四十余部。著名的有杜德祥修、臧麟炳纂《桃源乡志》，黄宗羲纂《四明山志》，姚燮纂《四明它山图经》，王荣商纂《东钱湖志》，德介修《天童寺志》，畹荃修《续明州阿育王山志》，陈景沛纂《蛟川备志》，周道遵纂《甬上水利志》、《招宝山志》。嘉庆时，甬上地理历史学家徐兆昺致力于乡邦地理，仿《剡录》著《四明谈助》，以地志随记人物，郡县沿革、山川险胜、旧迹掌故、世族盛衰等均可考见。

清代私人藏书楼收藏方志数量亦大。尤其值得肯定的是，一代鸿儒徐时栋建烟屿楼于月湖西，藏书六万卷。他一生校勘文献甚多，尤其致力于地方文献，校刻《宋元四明六志》，考异订讹，著《宋元四明六志校勘记》，使六志得以流传后世。现存《宋元四明六志》即为徐氏烟屿楼刻本。收藏地方志的水北阁今为天一阁博物馆南园，成为中国地方志珍藏馆。

清代宁波地方志修编的繁荣昌盛是空前的，考究其主要的特点，有以下四项：第一，数量和广度空前。从顺治帝入关统治全国开始，历经康熙、雍正、乾隆、嘉庆、道光、咸丰、同治、光绪各朝，朝朝有修志。宁波府属各县都修县志，有的县一朝两修甚至三修。除了府、县志外，乡镇志、山水志、海防志、寺观志、书院志及其他志书的修编遍地开花，呈现百花齐放的局面。第二，知名学者修志。学者修志是清代方志界的一大特色，也是成就清代方志鼎盛的坚实基础。因清代大兴文字狱，大批文人为避祸，从经世治国转到志书修纂中来。这些文人学者所纂志书体例完备、修辞严谨，以致清代方志水平总体上远远高于以往。也是在他们手上，志书开始收录艺文，以保存各时期的经典文章，这对方志的发展也是一个有益的肇始。学者闻性道以学问渊博著称，于康熙十七年(1678)被推荐考博学鸿词科。力辞得免后，潜心修成《宁波府志》，又受鄞县县令汪源泽之请，主纂《鄞县志》。后再受天童寺僧远庵等之请，相继纂成《天童寺志》、《大慈寺志》、《延福寺志》、《东寿昌寺志》、《海会寺志》、《候涛山寺志》、《保庆寺志略》等一批寺志及《纂附昌国县遗志稿》、《东岇志略》，成为鄞县历史上参与修志最多的学者。浙东学派的代表人物万斯同、万斯选纂有康熙《宁波府志》。万经、全祖望纂雍正《宁波府志》，且以浙东学派“经世致用”的思想作宗旨，将宁波的山川河流、地形险要、人情风俗，一一辩证释明，扼要载入志书。乾隆时考据大家钱大昕主持乾隆《鄞县志》编纂，志书备列所引书目，辩证考据，精细详备，以严谨、朴实享誉一时。徐时栋、董沛纂成光绪《鄞县志》，增设外国物产、兵制、海防、方言等类别，全志以内容宏富，考辨精良而成一代佳志。第三，学术性进一步强化。清代方志不但在内容、广度上超过明代，而且在辑录古代史料，进行考证研究方面有很大的进展。作为佳作之一的光绪《鄞县志》是近代浙江地方志中考订比较严谨的一部县志，参考了一千六百多种图籍。纂者张恕、徐时栋、董沛都是熟悉地方文献、精于考订的学者。张恕在“序”中提到，该志在总纂时补充疏漏，订正考证错误。这些都说明该志的学术性超过前志。第四，学者私人修志繁荣。作为官修志书的有益补充，私人修编地方志异常繁荣。明鄞县高宇泰纂的《敬止录》，考证讲究，旁征博引。包旭章的《四明志补》，徐时栋撰、陈励补《宋元四明六志校勘记》，蒋学镛纂《鄞志稿》，徐兆昺著《四明谈助》，周道遵纂《甬上水利志》、《招宝山志》，董沛纂《明州系年录》等都是清代私人修志的佳作。这些志书，不但扩充了志书编纂的领域，也保存了大量珍贵的历史资料。

第二节 典籍考录

洪武《明州府志》

撰修人姓名已失考。洪武年间修，无传本存世。《文渊阁书目》卷十九旧志类著录，共两册。从名称上推断，应修于洪武十四年(1381)，明州府更名为宁波府之前。

永乐《宁波府志》

明鄞县人纪宗德、李孝谦纂修。永乐年间初修，专为《永乐大典》而修，已成稿，但未刊印。清初，全祖望从《永乐大典》中辑出。[①] 今传世的永乐《宁波府志》，就是靠全祖望传抄才得以保存下来的。

成化《宁波郡志》

知府张瓒修，杨实纂，明天顺年间(1457—1464)修，刊于成化四年(1468)。全志共十卷：卷一沿革考、分野考、土风考、城池考；卷二山川考；卷三河防考；卷四闾里考、土产考、贡赋考、户口考；卷五兵卫考、廨舍考；卷六学校考、祀典考；卷七职官考、科贡考；卷八人物考；卷九寺观考；卷十集古考(诗文)。有原刻本及张寿镛《四明丛书》刊本流传。

成化《宁波府简要志》

鄞县人黄润玉初纂，记叙至天顺六年(1462)。成化十三年(1477)，黄润玉去世后，其孙黄溥续纂，增加天顺六年后之史料。全志五卷，为现存府志中篇幅最小的一部。卷一舆地、山川、城镇、河防，卷二官府、学校、祠坛、赋役，卷三邮驿、墟场、食货，卷四人物，卷五寺观、古迹、艺文。有清抄本及张寿镛《四明丛书》刊本流传，其中以后者为佳。

《四明志征》

明代鄞县人戴鲸纂于明嘉靖年间(1522—1566)，为续成化《宁波郡志》而作。雍正《浙江通志》、雍正《宁波府志》、乾隆《鄞县志》都有著录。今无完整传本存世。杭州市余杭区图书馆藏有明抄本《校录四明志征》(共二十七卷)之二十六、二十七卷一册，已收入《全国善本目录》，相当珍贵。

---

① 民国《鄞县通志·文献志》，宁波出版社2006年第2版，第1991页。

嘉靖《宁波府志》

知府周希哲、曾镒修，张时彻等纂，嘉靖三十九年(1560)成书。全书共四十二卷，卷一舆地图(含郡境图、郡治图、鄞县境图、慈溪境图、慈溪县治图、奉化县境图、奉化县治图、定海县境图、定海县治图、威远城图、舟山境图、象山县境图、象山县治图)、沿革表，卷二秩官表，卷三选举表，卷四至六疆域志(含分野、形胜、风俗、山川)，卷七至十经制志(含官制、学校、公署、兵卫、城隍、邮舍、都鄙、秩祀)，卷十一至十三物土志(含土壤、物产、贡赋、徭役)，卷十四至二十一杂志(含吉祥、坛庙、第宅、冢墓、寺观、古迹、遗事、艺文)，卷二十二至二十四书(含海防、河渠、兵政、田赋)，卷二十五至四十二传(含名臣、理学、文学、忠节、死事、孝友、淳德、义行、情操、隽异、隐逸、流寓、列女、特艺、仙释)。有原刻本、张寿镛约园抄本、《中国方志丛书》本等版本流传。天一阁博物馆藏本系 1964 年藏家张孟契所献，原缺五卷，后从国家图书馆誊抄，得以补全。

康熙《宁波府志》

清代宁波府知府湖北省安陆县人邱业主修。鄞县人万斯同、万斯选、赵时赟分纂。作于康熙十三年(1674)，共三十卷。邱业在“序”中说，凡三月而成，可知修得很仓促。曹秉仁、万经在雍正《宁波府志·序》中说，宁波郡志，“虽经国朝邱、李二郡守之续修，皆未成书”，可知此书实未修完。咸丰《鄞县志》述及郡志源流时说，此书“未及刊行，其抄本郡中藏书家有之”。20 世纪 60 年代前，此志抄本在宁波民间亦有私人收藏，但历经“文化大革命”浩劫之后，已不复存在。

康熙《宁波府志》

清代知府沈阳人李廷机修，鄞县人左臣黄、慈溪县人姚宗京纂。康熙二十二年(1683)修，抄本未刊行。全书共三十三卷，国家图书馆现存抄本三十一卷(缺卷七、卷十三)。其中卷一地图、沿革、疆域，卷二分野、形势、风俗、物产，卷三山川，卷四学校，卷五公署、城郭、都鄙，卷六、七赋役，卷八兵制，卷九秩官，卷十名宦传，卷十一、十二选举，卷十三、十四鄞县列传，卷十五慈溪列传，卷十六奉化列传，卷十七定海列传，卷十八象山列传，卷十九理学传，卷二十忠义传，卷二十一孝友传，卷二十二文学传，卷二十三隐逸传(附流寓)，卷二十四淳德传，卷二十五艺术传，卷二十六列女传，卷二十七坛庙，卷二十八寺观，卷二十九第宅、冢墓、古迹，卷三十遗事、纪异、祥程，卷三十一艺文，卷三十二田赋书、河渠书，卷三十三仙释、存疑。书中附有府境图、郡治图、鄞县境图、慈溪县境图、慈溪县治图、奉化县境图、奉化县治图、定海县境图、定海县治图、威远城图、舟山境域图、象山县境图、象山县治图。

雍正《宁波府志》

清宁波知府曹秉仁修，清代学者、鄞县人万经纂。雍正十一年(1733)刻印，乾隆六年(1741)补刊，道光二十六年(1846)重刊。全书正文三十六卷，加首册一卷。卷首为天章(指御制、宸翰)，其次为舆图、建置、星野、疆域、形胜、风俗、山川、城隍、学校、坛庙、公署(附邮舍)、户赋、盐政(附物产)、河渠、兵制(附海防)、秩官、选举、名臣一、名臣二、鄞县人物、慈溪人物、奉镇象定人物、忠节、孝义、儒林、文苑、特行、隐逸、列女、流寓、艺术、仙释、寺观、古迹、艺文、逸事(附祥异)，共三十六个门类。此志门类较齐全，户赋、盐政、物产、兵制、秩官等记载尤详。有原刻本流传，通行本系清道光二十六年(1846)刻本和同治六年(1867)补刻本。

《四明志补》

清包旭章纂，成书于乾隆年间(1736—1795)。乾隆《鄞县志》卷二十一有著录，台湾有抄本流传。美国斯坦福大学有胶卷，乃根据抄本复制。

《宁波府志列传》

修于清朝(1644—1911)，编者无考。今有抄本流传。

《宋元四明六志校勘记》

清代徐时栋撰，陈励补，共三十一卷。咸丰四年(1854)刻本，九卷，同治年间补刻至三十一卷。所载内容包括乾道《四明图经》、宝庆《四明志》、开庆《四明续志》、大德《昌国州图志》、延祐《四明志》、至正《四明续志》、《四明它山水利备览》等珍贵志书及杂录、作者、余考等，其中郡志类(三种)、州县类(八种)、乡镇类(二种)、山川类(七种)、古迹类(二种)、杂记类(九种)。该书收集了许多珍贵的方志典籍，属宁波流传最早的地方史料。

《四明胜览》

明代鄞县人董天晟撰写。乾隆《鄞县志》卷二十一有著录，但未见传本。

《四明山古迹记》

不著撰人名氏，亦无序跋。全书五卷，为浙江巡抚采进本。据考证，其为黄宗羲所撰《四明山志》的稿本。《四库全书总目》曾作提要介绍：黄宗羲《四明山志·自序》曰：'壬午岁，余作《四明志》，亡友陆文虎欲刻之而未果。癸丑岁尽，偶展此卷，文虎评校之朱墨，如初脱手。然其间凡例不齐，词不雅驯。重为窜改，始得成书。’其序作于康熙十一年。所称壬午，盖明崇祯十六年也。此书不署年月，亦无文虎姓名题识，而中有朱墨数处，与宗羲‘序’合。殆即文虎评校之本欤？其第三卷、四卷、五卷内有黄时贞添注四条。其一条称壬辰六月识，又一条述老人谈天启间事，当在顺治九年以后。或时贞得此稿本，又以意为订正耶？《四明山志》既有成书，此未定之草，固可置而不论矣。”[①]有传本存世。

《四明山志》

清末思想家黄宗羲撰写的《四明山志》是其所有著作中唯一的地方志著作，也是现存有关四明山这一浙东名山的唯一专志。初稿辑成于 1642 年，名《四明山古迹记》，定稿于 1673 年，改为现名。全书九卷，分为名胜、伽蓝、灵迹、题考、丹山图咏、石田山房诗、诗括、文括、撮残九大门类。作者亲足履山，博采诸书，详考严辨，订伪补缺。通过阅读该志，不仅有助于了解黄宗羲的治学之风，追踪他的生活足迹，而且更有助于探究他对地方志编纂的独特见解和方法，以及此书对后世方志特别是浙东地区方志编纂产生的影响。

《四明山游录》

清代余姚人黄宗会撰。作为明末清初浙东学派代表文人之一，黄宗会在明崇祯十五年(1642)创作的《四明山游录》有着颇高的艺术价值。其主要特色体现在景观描写的求奇尚异、自然情理的内在体验、多样性的艺术手法综合运用三个方面，同时也展现出作者异于常人的山水之心。

《四明古迹记》

清代陈之纲撰。清嘉庆二十二年(1817)刊本，中国科学院收藏。道光二年(1822)亦楼袁氏刻本，收入民国时期刊印的《四明丛书》第四集。

《四明形胜赋》

清张得中撰，一卷，道光年间夏夔堂刻本，浙江图书馆有收藏。

《四明水利图说》

明代时，婺源人应乾撰写。《千顷堂书目》、雍正《浙江通志》卷二百五十四有著录，但未见流传。

《甬上水利志》

清鄞县人周道遵纂写。道光二十八年(1848)木活字本，复旦大学图书

---

① 洪焕椿：《浙江方志考》，浙江人民出版社 1984 年版，第 642 页。

馆有收藏。另有《四明丛书》本、成文出版社(台北)影印本、《中国地方志丛书》本流传。

《疏浚郡河清册》

清张绎等编纂。有咸丰六年(1856)河工局刊本。冯贞群编《宁波府属各县方志目》有著录。

《郡城浚河征信录》

清上元宗源瀚编辑。全书五卷,有光绪七年(1881)河工局刊本传世。

《宁郡城河丈尺图志》

作者不详。有光绪十四年(1888)河工局刊本存世。

《城南志》

明代范洪文纂,已佚。

《海防纂要》

明太仓人王在晋撰写。全书正文十三卷,图一卷。现有明万历四十一年(1613)刻本,共五册,卷首有图。中山大学所收藏为清曾钊面城楼藏书本。

《海寇前后议》

明代万袁撰写,全书二卷。书已散佚,仅见于清雍正《浙江通志》卷二百五十四著录。

《备倭考》

明代宁波人李贤撰。清雍正《浙江通志》卷二百五十四有著录,但无传本。

《海防图》

清代江西省宜黄县人黄爵滋编,全书二卷表一卷。《清朝续文献通考》卷二百二十六卷有著录,并记载清道光年间坚守定海,曾向朝廷敬献《海防图》。但未见传本存世。

《四明文献录》

明代鄞县人黄润玉撰。全书一卷,《四库全书》收录此书时依据的是浙江范懋柱家天一阁藏本,但今已不传。《四库全书总目》著录:“是编成于成化丙戌年(1466)。以《四明文献》分为二类,一曰‘乡先生’,自汉夏里黄公以下三十五人,皆四明产也;一曰‘乡大夫’,自周文种以下九人,皆官于四明者也。人各有传，并系以赞。据卷末其孙溥跋，盖原本尚有诸人小像。后莫息重刊，以非真本削除之。跋又称是书未出以前，有伪本托润玉之名以行，润玉知而毁之。其本前无序，后无赞云。"①

《四明文献集》

明代鄞县人郑真辑。全书十卷，清钞本。国家图书馆有收藏。

《四明文献志》

明代鄞县人李堂撰。全书十卷，明嘉靖刻本。《明史·艺文志》有著录，辽宁省图书馆有藏。

《四明文献录》

明代鄞县人戴鲸撰。明代余有丁撰写的《戴先生墓志铭》中提到，戴鲸"尝辑《四明文献录》"。但未见传本存世。

《句章摭逸》

清代郑辰纂。全书十卷，附一卷。有民国间鄞县张寿镛约园抄本流传，共四册。

《明州纪略》

清代天台人齐召南纂。全书一卷。项士元《台州经籍志》卷十五据《天台耆旧传》有著录。

《明州系年录》

晚清鄞县人董沛撰，成书于清同治五年(1866)。此书以编年体记周代至清代同治二年明州(宁波)一郡(府)建置、兵戎、赈恤、祥异、贡市等大事。传本较多。

《四明谈助》

清代徐兆昺撰，始写于嘉庆十八年(1813)前后，成稿于道光三年(1823)，道光八年(1828)刊印成书，由桂心仪、周冠明先生等人点校的《四明谈助》于2000年在宁波出版社出版。全书共四十六卷，以地志随纪人物，经纬分明，辞义赅博，于郡县沿革、山溪险夷、旧迹原委、门阀盛衰皆可考见。徐兆昺摆脱历来地志体例的羁索而另辟蹊径，创造了一种新的体例。他既吸收了游记的脉络框架，以堪舆龙脉为载体，又"以山为经，以人物为纬"，以

① 洪焕椿：《浙江方志考》，浙江人民出版社1984年版，第740页。

清代宁波府属六邑即鄞、慈、镇、奉、象、定为主，旁及当时绍兴府的剡（嵊）县、上虞、余姚三县。所谓“儒学、名臣、孝子、悌弟、山人、墨客、仙佛、鬼怪、衙署、祠庙、坊表、市井、宅里、寺观、庵刹”均随地理而述录，并随文附录有关咏景吟诗的诗文。

《四明谈助校语》

《四明谈助》刊行后，颇受追捧，但也不免有些许差错，鄞县人陈励为之作《四明谈助校语》一卷，《藜照庐林氏藏书目录》有著录，抄本传世。

《四明谈助正伪》

吴文莹撰写。《藜照庐林氏藏书目录》有著录，手稿本传世。

《甬东轶事》

明鄞县人李堎撰，今佚。《千顷堂书目》、乾隆《鄞县志》卷二十一有著录。

《甬上耆旧诗》

清代胡文学编。李邺嗣尝撰《甬上耆旧传》，记其乡先哲行事颇详。文学因即其传中之人搜录遗诗，论定编次，而各以原传系之。始自周文种、汉大黄公，终于明季诸家，凡四百三十人，得诗三千余首，本四十卷。甫授梓而文学即世，其子得迈因以前三十卷先刊行之。每卷之首，俱有小序，略依其才品名位高下为次，使各以类从。而不尽以时代为断，于支派极为详晰。

《续甬上耆旧诗》

清代著名学者全祖望晚年选辑。书中收录明末清初甬上诗家近七百余人的古今体诗近一万六千余首，短文近百篇。该书分上、中、下三册，作者小传由全祖望亲撰，其中很多传记未刊于《鲒埼亭集》，且对各诗人之诗予以评论，是研究全祖望史学、文学思想的重要资料；甬上诗人或宦游四方，或浪迹天涯，以所见所闻，笔之于书，其内容有东南倭乱、天灾重税、东林党争、闽粤海盗、明清激战、海上朝廷、山寨义兵、日本乞师、迁界海禁等，极具史料价值。该书汇辑明末清初甬上诗社及文会诗人之诗，以及浙西海宁地区和台湾地区遗民之诗，是研究明清之际文人会社，特别是黄宗羲兄弟友人和弟子活动不可或缺的重要文献。

《甬上族望表》

清代著名史学家、文学家、鄞县人全祖望（1705—1755）所撰，嘉庆十九年（1814）刊印，宁波出版社 2008 年再版。全书共涉及二百二十九个甬上氏族,其中卷上有九十五个氏族,卷下有一百三十四个氏族,共计四百八十九个“望”。

《东南海岛图经》

清代末年学者、古文家、人称“浙江三杰”之一的张美翊考录,有清光绪二十六年(1900)上海石印本,全书六卷。

永乐《鄞县志》

修纂者姓名已不可考。修于明成祖永乐年间(1403—1424)。该志没有刊印。《文渊阁书目》、《千顷堂书目》都有著录,明代末年鄞县高宇泰撰《敬止录》和清初鄞县闻性道纂《宁波府志赘》中皆有提及,称其篇幅巨大、内容详备。

《敬止录》

明代末年高宇泰撰,清代徐时栋辑。此书编于明末清初(1644年前后),记载自宋代至明末七百余年间的鄞县史事,但没有刊印。清鄞县徐时栋根据残本再次编写,“灾异考”记载延伸至顺治三年(1646)。全书分为一百卷,内容涉及沿革、疆域、城池、山川、坊里、街巷、谷土、灾异、岁时、学校、寺观、方言、海防、武卫等诸方面。现有清烟屿楼抄本及《北京图书馆古籍珍本丛刊》中的影印本等版本流传。

康熙《鄞县志》

知县朱士杰与宁波府学校教授沈增修纂,支可培等参校,修于康熙十一年(1672),全书二十卷,未有传本存世。光绪《鄞县志》卷七十五称其内容涉及建置沿革、疆域区划、城池街坊、市镇村庄、风俗习惯、地方物产、公共设施、山脉河流、兵制户赋、庙墓寺观、职官明臣、选举、人物、艺文、古迹轶事。此志内容多为康熙年间闻性道纂《鄞县志》所沿袭。

康熙《鄞县志》

知县汪源泽修,鄞县人闻性道纂,亦简称《闻志》。清康熙二十二年(1683)朝廷着手修编《大清一统志》,诏令各地上缴志书。知县汪源泽聘请闻性道总纂县志,康熙二十四年(1685)成书。全书正文二十四卷,首册一卷,内容考订详细,分为十二考:总识、经制、形胜、利济、治化、敬仰、选举、品行、修辞、特艺、方外、杂记,下设条目八十六个。今有清康熙二十五年(1686)刻本传世。

乾隆《鄞县志》

知县武进人钱维乔修，嘉定人钱大昕等纂，亦简称《钱志》。清乾隆五十年(1785)始修，五十二年(1787)成书。道光年间，因战乱刻板损毁，县人郑增捐资重刊。钱大昕为清代著名史学家、考据学家，本志由其总纂，为清代方志之佳构。全书正文三十卷，首册一卷，内容分为天章、建置沿革、城池、山川、水利、学校、公署、田赋、兵制、海防、坛庙、职官、选举、名臣、人物、孝义、艺术、寓贤、列女、仙释、艺文、金石、古迹、冢墓、寺观、杂识、物产、土风、辩证、旧志源流等。今有清乾隆五十三年(1788)刻本、道光二十六年(1846)重刻本流传。

乾隆《鄞志稿》

清鄞县人蒋学镛纂。清乾隆年间，蒋氏参与《鄞县志》编纂，后因议论不合而离去，独自编辑此稿，初名《甬上旧闻》，有列传、忠义、文学、隐逸、孝友等类目，后又改为《甬上先贤传》，乾隆《鄞县志》中列传部分即采用此志稿内容。当时未曾刊行，民国二十四年(1935)，张寿镛将此稿刊入《四明丛书》第三集中，凡二十卷，其中《甬上先贤传》十九卷，《水利考》一卷。现有上海图书馆藏稿本和《四明丛书》本流传。

咸丰《鄞县志》

清知县云南蒙化县人张铣修，鄞县周道遵等纂，亦简称《周志》。咸丰六年(1856)修成。内容上承接乾隆《鄞县志》，体例略同。全书共十六册，分为三十二卷。内容分为建置、沿革、山川、水利、学校、赋役、兵制、海防、坛庙、职官、选举、人物、艺文、古迹、金石、寺观、物产、杂识、土风、旧志源流等，并附有县境图、城池图、县署图、学宫图、分都图、城中水利图、四乡水利图、海防图、东钱湖图、月湖书院图、天一阁图等，对于研究鄞县历史变迁有很高的史料价值。今有清咸丰六年(1856)刻本流传。

同治《鄞县志》

知县戴枚修，董沛、徐时栋、张恕纂。创修于同治七年(1868)，同治十三年(1874)编成，光绪三年(1877)刊印。全志七十五卷，三十四册。张恕、徐时栋、董沛均为乾嘉以后熟悉史学、谙于地方掌故、精于考订之学者，故该志论在资料选取、史实考证等方面均属上乘。全书分为建置表、星野、疆域、风俗、乡里、城池、公署、坊表、山川、水利、户赋、学校、书院、兵制、海防、坛庙、大事纪、职官表、选举表、武卫表、名宦传、人物传、列女传、寓贤传、仙释传、艺文、金石、古迹、冢墓、寺观、祥异、外国物产、方言、土风、旧志源流等部分。此志浩博详备,繁简得当。现有清光绪三年(1877)刻本和抄本流传。

《鄞西桃源志》

明代张桃溪、杜思泉合纂,编于隆庆二年(1568),全书五卷,原刊本未见,仅有抄本流传。南京图书馆、上海图书馆藏有康熙二十七年(1688)传抄重刊本。

《桃源志》

明代水静编纂,无传本。

《桃源乡志》

清臧麟炳、杜璋吉纂,清康熙二十七年修(1688),原刊本不传。后有民国十三年(1924)影印手抄本、民国二十三年(1934)影印油印本、1959年的传抄本流传。2006年4月,鄞州区横街镇出资影印民国二十三年油印本并加以点校,由方志出版社出版。全书八卷一册,详细记载了桃源乡的天文地理、特产人文、民情风俗、人文景观、典籍文献等内容。

《竹溪小志》

明代朱金芝纂,已佚。

《光溪志》

清代陈廷恩纂,未见传本。

《小溪志》

清代柴望撰修,共八卷。详细记述了鄞西地区历代沿革、史事人物、山川古迹、风俗物产。书稿修成未曾刊印,有抄本传世。2009年,由鄞州区鄞江镇出资影印抄本,宁波出版社出版。

《四明它山图经》

清镇海人姚燮撰写。该书一直未见刻印本,偶见传世的都是抄本。2009年出版的《鄞州山水志选辑》本是根据伏跗室抄本影印。洪可尧先生曾经通过辨认笔迹作鉴定,以为此底本由冯孟颛先生亲笔所抄。该书分为山、水两部分,每部分又分上下,所涉范围基本以鄞州为主,因山脉水系推宗溯源而旁及邻县。它的最大特点是以山水为经纬,记录了大量相关的地方史事、掌故、碑文、著录,这些内容中有相当一部分是一般人所未见过或见不到的,因而从保存地方史料的价值上说,极为珍贵。

《它山小志》

明代杨德周纂，未见传本。

《它山水利考》

陈明辅纂，未见传本，民国《鄞县通志》有著录。

《双湖小志》

清代全祖望纂，未见传本。

《东钱湖志》

清王荣商总纂，民国五年(1916)刻印，嘉兴图书馆有馆藏。《东钱湖志》是中国为数不多的湖志中的一部，或许是其中最晚出的一部，却又是东钱湖自唐至今唯一的一部志书。全书四卷。卷一记东钱湖水利，包括图说、山水、塘堰、碶闸、湫、阙、桥、坝、湖流去向等。卷二记沿湖祠庙、古迹、冢墓、寺观、物产等。卷三记述名宦、乡贤、技艺、贞烈等人物和艺文等文献。卷四记述东钱湖疏浚始末等工程。

清《三茅山志》

清代鄞县人何尔昌增辑。晚清徐时栋的《宋元四明六志校勘记》卷九有著录，称其记载宋元时期的事迹和诗文特别详细、齐全。

《续修三茅山志》

清陆海纂，已佚。

《阿育王山志》

明代天台县人释传灯纂。全书六卷，未有传本存世。《台州经籍志》卷十四根据《幽溪别志》著录，注云：今存。阿育王山在鄞县(今鄞州区)东部，因阿育王寺负有盛名。

《阿育王山志》

明郭子章撰，全书十卷。明万历四十年(1612)刊行，南京图书馆、浙江图书馆有收藏。清乾隆年间曾重刊。《四库全书》根据两淮马裕家藏本作存目。《四库全书总目》介绍：阿育王山在浙江宁波府，去府治四十里。山有阿育王寺舍利塔，相传为地中涌出，因以名寺，遂因以名山。该志分地舆融结、舍利缘起、塔庙规制等十卷。

《阿育王山续志》

清代释畹荃编，全书六卷。内容附刊于明万历《阿育王山志》后。清乾隆年间刊本,浙江图书馆有收藏。

《天童寺集》

明代鄞县人杨明修,释无忧、万怀等编,嘉靖十四年(1535)修,《四库全书》根据两淮马裕家藏本作存目,《四库全书总目》中称原书七卷,传世仅两卷。有明嘉靖三十八年(1559)刻本流传。天童禅寺始建于晋朝,位于鄞州区东部太白山麓,号称“东南佛国”。

《天童寺志》

明代释白山、余姚张廷宾等撰。全书五卷,《鄞县通志》有著录。

《天童寺志》

明代释通布修。崇祯六年(1633)刊,全书六卷。

《天童寺志》

明代黄毓祺撰。崇祯十四年(1641)刊本,全书十卷,《鄞县通志》有著录。

《天童寺志》

明末清初著名学者仇兆鳌纂,未见传本。

《天童寺志》

清代闻人介、黄毓奇辑。《八千卷楼书目》、《清朝续文献通考》有著录,但未见传本存世。

《天童寺志》

清代鄞县人闻性道、释德介纂。有康熙五十一年(1712)刻本存世,浙江图书馆收藏。又有雍正年间重刊本,南京图书馆收藏。全书十卷,首册一卷,分为山川、建置、先觉、盛典、云踪、法要、塔象、表贻、辖丽、附余等十考,书首有山图、寺图、凡例、序言等内容。

《天童续志》

清代释莲萍编。有民国年间(1912—1949)刊本,复旦大学图书馆收藏。

《延寿寺纪略》

明代鄞县释圆复撰。全书一卷,《四库全书总目》、《续通志》、《续文献通考》皆有著录。主要介绍知礼禅师本末及宋相曾公良置买庄田事宜。

《四明看经寺志》

清代徐畹撰。全书十卷,《宁波府属各县方志目》著录,有抄本流传。

《东寿昌寺志略》

清闻性道修。全书二卷,《宁波府属各县方志目》有著录,有刊本。

《大慈寺志略》

清闻性道修。全书二卷,《宁波府属各县方志目》有著录,有刊本。

《延福寺志》

清闻性道修。全书二卷,《宁波府属各县方志目》有著录,有刊本。

《天井寺志略》

清僧通新等修。全书六卷,附录一卷,《宁波府属各县方志目》著录。有刊本。

《禅悦寺志》

清释实振辑。《宁波府属各县方志目》有著录。有伏跗室钞本传世。

《保庆寺志略》

清闻性道辑,有康熙年间(1662—1722)刻本流传,全书五卷。

《延庆寺志》

修于明代,纂者不可考,未有传本。延庆寺位于宁波市海曙区灵桥路,寺院始建于五代后周太祖广顺三年(953),时称报恩院,北宋大中祥符三年(1010)改今名,为天下讲宗五山之第二山。

《延庆寺志》

明代释传灯纂。全书八卷,有天启三年(1623)刊本传世,《鄞县通志》有录。

《延庆寺记略》

明代僧圆复撰。全书一卷。

《广洞寺志》

明代释音纬纂,有明刻本流传。

《柳亭庵志》

明代李桐辑,全书二卷。有明弘光元年(1645)刻本传世,编入《中国佛寺志丛刊》(白化文主编,广陵古籍刻印社 1996 年版)。弘光元年刻本所刻书名极为混乱,有“柳亭志”、“柳亭庵志”、“柳亭庵志略”数种,卷次也时作“上卷”、时作“卷上”。古代宁波长春门内外多庵观寺院,城内戒香寺(今月湖盛园带河巷附近）和城外柳亭庵尤其引人注目。柳亭庵是一座历史悠久的古刹。唐天复年间（901—904），明州刺史柳使君建造柳亭别业，后效前人舍宅为寺之举，将柳亭别业改为柳亭庵，寺僧鸿绍住持，又建柳亭塔院，历代高僧聚骨其中，号称“城南古刹”。

《天王寺志》

明代杨德周修，全书一卷。

《四明鹤岭志略》

清代张儋之纂，全书五卷，有清抄本流传。

《黄山小志》

清代蒋坦著，写于咸丰庚申（1860）。慈溪杨家驹署检，光绪甲午（1894）活字板排印。黄山古村，位于今宁波江北区慈城。东西长约2公里，南北宽1公里有余。东有东浦，西有西浦两条河流。南、北有两座小山，曰前黄山、后黄山。

《黄山小志补略》

清王慈纂，未见传本。

《杖锡寺志》

清代朱献臣编，全书二卷。杖锡寺唐龙纪元年（889）建，位于鄞州区章水镇四明山麓。

《海会寺志略》

清代闻性道修。全书一卷，《宁波府属各县方志目》著录。

《翠山寺志》

清代僧德介修，全书四卷，未见传本。翠山寺位于鄞州区横街镇庄家溪上流的新洞山村，旧名翠岩境明院，始建于唐乾宁元年（894）。此寺盛于宋，宋大中祥符元年（1008）赐“宝积禅院”额，号称西乡首寺。

《鄞县锡山宝严寺志》

清代曾鲁辑，全书二卷，有清康熙二十九年（1690）刻本传世。

《大清寺志》

清代时期修纂，纂者无考，未见传本。

《先觉寺志略》

清代释照机纂，全书一卷。编入《中国佛寺志丛刊》（白化文、张智主编，广陵书社2011年版)第八十三册。

《法海寺志》

清康熙年间释性标纂,全书十二卷,共二册,原刻本藏天一阁。

《董孝子庙志》

清代董秉纯编,全书八卷,乾隆年间崇本堂刻。董孝子庙位于宁波市海曙区尹江路279号,为海曙区文物保护单位。董孝子,名黯,字叔达,东汉人,家住慈城,为西汉大儒董仲舒六世孙,因慈孝而闻名后世。

《纯德征君庙志》

清代董允霖纂,未见传本。纯德征君庙即董孝子庙。

《真隐观志》

清代全祖望纂,未见传本,民国《鄞县通志》有著录。

明初《定海县志》

纂修人姓名不可考,修于明初。《文渊阁书目》第二十卷新志类有著录,已失传。

正统《定海卫志》

定海卫指挥李怡修于明正统年间(1436—1449)。全书分为山川形势、城池台堠、戎资战舰、肄练之方等若干卷。此书已失传,民国《镇海县志·艺文》载有此书名。

正德《定海县志》

明知县闽县人郑余庆修,薛俊纂。明正德年间(1506—1521)修。清雍正《宁波府志》第十八卷郑余庆传中提到,郑聘请薛博士(即薛俊)纂辑县志,亲自裁定。此书已失传。

嘉靖《定海县志》

明知县何愈修,鄞县张时彻纂。嘉靖四十二年(1563)修成。全书十三卷。卷一舆地图、海图说,卷二沿革表,卷三秩官表,卷四选举、疆域志,卷五经制志,卷六至十二人物,卷十三列女、流寓、仙释,卷末有何愈后序。该志体例完备,史料翔实,为明代方志之佳作。天一阁、国家图书馆有刻本收藏。

康熙《定海县志》

清康熙六年(1667)知县王元士始修,二十二年(1683)知县郝良桐续修。稿成未刊。全志十七卷,镇海区方志办有抄本五至十七卷。浙江图书馆藏有《续定海县志》残钞本二册,没有主修编人署名和年代。其内容所载,始于嘉靖四十三年(1564),止于康熙六年(1667)。由此推断,此志为续修嘉靖《定海县志》,为王元士所修县志残本。

康熙《定海县志》

清康熙三十四年(1695)知县福建南平人黄宫柱首修,知县安徽歙县人唐鸿举修,定海人薛士学、陈梦莲纂。书成未付印,原稿已散佚,仅谢兆昌所作的序言尚存,光绪《镇海县志》卷三十一有收录。乾隆十七年(1752)修志时还可见,并为乾隆《镇海县志》所引用。

康熙《定海县志》

清康熙五十四年(1715)刊印。缪遂修,陈琯纂。全书八卷共四册,天津图书馆收藏有刻本,为国内稀有方志。

乾隆《镇海县志》

知县河南商丘人王梦弼修纂,姚江人邵向荣订正。始修于清乾隆十二年(1747),十七年(1752)修成刻印。乾隆四十五年(1780)周樽增补刊印,同时附录周氏自己纂写的《同善院志》一卷。全书正文八卷,首册一卷。

嘉庆《镇海县志》

清陈景沛纂。此志修于嘉庆年间(1796—1820),未刻印。全书共二十二卷,但今未见传本。光绪《镇海县志》卷三十一有著录。浙江图书馆藏有《镇海县志备修》部分稿本,没有分卷。

光绪《镇海县志》

清知县于万川修,德清县人俞樾总纂,鄞县人刘凤章协修。同治九年(1870)创修,光绪五年(1879)刊印。全书十六册四十卷,传本较多。卷首列镇海舆图十八幅,正文详叙建置沿革、星野、疆域、形胜、风俗、城池、公署、山川、水利、户赋、学校、兵制、海防、坛庙、职官、选举、名宦、人物、孝义、列女、寓贤、仙释、艺文、金石、古迹、物产、方言等二十九门,其中水利、户赋、兵制、海防、方言五门史料价值较高,可资考证清代东南沿海地区政治、经济、军事、文化等情况。有光绪五年(1879)刻本传世。1975 年台北成文出版社有影印本,收入《中国方志丛书》。

光绪《重订镇海县志稿》

清镇海人张锡钟修。自光绪八年至十五年(1882—1889)稿成,未刊印。原为补正光绪《镇海县志》,后改为重修。稿已散佚,民国《镇海县志》多取材于此稿。全书共四十卷，未见传本，民国《镇海县志》卷四十五有著录。

《清湖小志》

清光绪年间，张宗禄纂，张统镐续纂。全书正文八卷，首册一卷，保存了镇海区骆驼街道清水湖村的历史、地理、经济、文化等方面的史料。复旦大学图书馆存有稿本。

《蛟川备志》

清嘉庆十二年(1807)，镇海县人陈景沛纂。有手抄本传世，共五十卷。此书又称《蛟川文献》。镇海区地方志办公室有抄本，但不全。

《蛟川备志举要》

清代陈景沛纂，清嘉庆十年(1805)修，全书二十一卷，有稿本流传，浙江图书馆有收藏。

《蛟川续志》

清代谢允昌纂，未有传本存世。

《招宝山志》

清代镇海县人陈景沛撰。全书二卷，有道光年间(1821—1850)刊本、民国二十六年(1937)铅印本，天一阁有藏。

《灵峰山志》

清代李昌裔纂，全书三卷，《鄞县通志》有著录，未见传本。灵峰山在东汉年间(距今已有2000余年)就已经是有名的“佛教道场”。

《侯涛山志》

清代张懋建编，未有传本。招宝山位于镇海城东北部，古称侯涛山，又名鳌柱山。

正统前《余姚县志》

纂修者名氏不可考，修于明正统(1436—1449)以前。全书卷数不详。已佚。《文渊阁书目》卷二十新志类有著录。

嘉靖《余姚县志》

知县江苏长洲人顾存仁等修，余姚人杨抚、岑源道等纂，修于嘉靖十四年(1535)，二十一年(1542)刻印。全书正文十七卷，外记一卷。可惜的是，卷一建易记、卷二区域记、卷三山川记之一、卷四山川记之二均已失传，现存卷五至卷十七，外记一卷。上海图书馆有清光绪间会稽徐氏铸学斋抄本。

宁波天一阁旧有写本，今流至内蒙古图书馆。中国科学院图书馆藏有缩微胶卷。

万历《新修余姚县志》

明知县史树德（金坛人）修，余姚杨文焕等纂。修于万历二十九年（1601），刊于三十一年（1603）。全书六册二十四卷，因编纂时间短，一共只有七个月，除依据史料编写外，考证及实地调查采访缺乏，但仍为万历前余姚历史保存了有价值的资料。国家图书馆、中国科学院图书馆、日本国会图书馆等有藏本。

康熙《余姚县志》

清知县辽东人李成化修。卷数不详，未见传本。修于康熙二十二年（1683）。后县令康如琏修康熙《余姚县志·序》云："姚之志，癸亥间前李令尝修之。"

康熙《余姚县志》

清知县安邑人康如琏纂修。修于清康熙三十二年（1693），同年刻印。全书二十五卷，北京图书馆有藏本，上海图书馆有胶卷。据《梨洲先生年谱》记载，此志底稿除人物一门外均为黄宗羲撰写。

乾隆《余姚县志》

清知县三原人唐若瀛修，余姚人邵晋涵等纂。修于乾隆四十三年（1778），四十六年（1781）刻印。全书八册四十卷，刊本十册，分为二十五个门类，附有余姚图八幅。体例周全，记载翔实。国家图书馆、北京大学图书馆、天津图书馆、南京图书馆、上海图书馆及宁波天一阁、余姚梨洲文献馆均有藏本。

光绪《余姚县志》

清知县广东南海人周炳麟修，余姚人邵友濂、会稽人孙德祖等纂。始修于光绪十九年（1893），二十五年（1899）成书。全书十六册，正文二十七卷，卷首卷末各一卷。此志人物传多取材于嘉庆时余姚人吴大本所编《名宦乡贤忠义祠传辑》。现有清光绪二十五年（1899）刻本、民国二十四年（1935）铅印本、《中国地方志集成》本传世。国家图书馆、天津图书馆、南京图书馆、宁波天一阁均有藏本。

《临山卫志》

明代朱冠、耿宗道纂，明嘉靖四十三年（1564）纂，全书四卷，记载从卫所设立至明嘉靖四十三年(1564)的历史,尤其对卫所制度方面的记述尤为详细。从建置分野到物产艺文,一共设有四十九个门类。原刊本不传,民国三年(1914)活字本较为常见。

明《东山志》

明代余姚人谢敏行纂,全书十九卷,有存本传世。

清《东山志》

清代余姚人谢起龙纂,全书十卷,有存本传世。

《牟山湖志》

清刘福升编撰,有存本传世。

《余姚乡土地理历史合编》

清代谢葆濂纂修,共一册,原为当时的乡土史地教育课本,门类齐全,层次分明,文字通俗易懂,有一定史料价值。有光绪三十二年(1906)诚意学堂石印本传世,国家图书馆、天津图书馆有收藏。

《浒山志》

清代高杲、沈煜纂,有清道光十一年(1831)活字刊印本传世,全书八卷。内容考证精细,记载翔实,是了解浒山历史、地理、经济、文化等史料的一本不可多得的志书。

《观海卫志》

明代周粟纂,成书于明嘉靖四十一年(1562),全书四卷,有清抄本、四明张氏约园抄本传世,后收入《四明丛书》。书中记载疆域、星土、形势、建置、艺文多方面内容,共分四十一个门类。

《石步志》

清代叶维新纂,清乾隆年间(1736—1795)修,全书一卷,有抄本传世。

《余姚海堤集》

明代鄞县人叶翼辑,全书四卷,《浙江采集遗书总录》有著录,但未见传本。

《姚江书院征略》

清代余姚人俞长明辑,乾隆《绍兴府志》有著录,但未见传本。

《姚江书院志略》

清代余姚人邵廷采纂,成书于康熙二十八年(1689),全书二卷。

《姚江逸诗》

清代黄宗羲、倪继宗辑，康熙六十一年（1722）刊。《四库全书》根据浙江巡抚采进本收录，全书十五卷。《四库全书总目》云：是编皆录余姚一邑之诗，自南齐迄明，以时代为叙。其方外、闺秀、仙鬼，则总汇于末卷。每人各为小传，颇足以补史事之阙。然第十五卷韩应龙传，末云："梨洲先生选《逸诗》，广极搜辑，不解何故遗此。"则此卷为后人所续无疑，非宗羲（梨洲其号）之原书，不知何以混而一之。又刘妙容事……尤为无理，亦必非宗羲之旧也。

《续姚江逸诗》

清代倪继宗辑，清康熙六十一年（1722）与黄宗羲《姚江逸诗》合刊。全书十二卷。

《姚江小志》

清代叶维廉编，未见传本。

《圣庙志辑要》

清代鹿嗣宗等辑，清嘉庆十九年（1814）刻印。

正统《慈溪县志》

修编人士姓名已不可考。修于明正统间（1436—1449），《文渊阁书目》卷二十新志类有著录。至明正德时，已佚失。

正德《慈溪县志》

明正德六年（1511），慈溪人周旋、陆绅修，全志二十卷，又名《慈溪志草》，由时良弼校正，现已失传，仅留周、陆跋文各一篇。周"跋"云："凡山川、土俗、里社、贡赋之类，与夫古今人物，族书而类别之，五积岁始成。"可略见该志端倪。

天启《慈溪县志》

明天启甲子年（1624），县令李逢申延聘姚宗文纂成县志十六卷，是为现存最早的慈溪志。名士秦舜昌、向衮、冯元仲等同修。该志对于研究慈溪的地方历史文化具有非常重要的价值，分为舆地、沿革、分野、疆域、风俗、城垣、县治、儒学、山岭、河坊、闾里、土产、贡赋、户口、祀典、寺观、古迹、名宦、选举、人物、旧景、宸翰、艺文、题咏二十四门，另有附类五种，而人物门又析了目十八个。国家图书馆、天津图书馆、上海图书馆、南京图书馆、浙江图书馆均有藏，慈溪市方志办藏有台北成文出版社影印本和钢笔手抄复印本。

康熙《慈溪县志》

清康熙十一年(1672)，知县辽阳人吴殿弼修，姚宗京纂，刘国器、颜迈、周成孚同纂，卷帙不详。书成传抄于县中，对后志修纂有所助益，可惜今已失传。

雍正《慈溪县志》

雍正四年(1726)，知县河北真定人张淑郿修、史官鲁曾煜助其事，慈溪人林梦麒、蔡云鹏、裘彦良、周维棫等参与编纂。书成后张受荐离任，未刊，今无传本。

雍正《慈溪县志》

雍正七年(1729)，诏修全国一统志，令各地搜集资料。知县杨正荀遂于次年开馆重修县志，由冯鸿模任总纂，林梦麒、蔡云鹏、刘天相、俞声金、陈象曦等同纂。五月启馆，年底成书。书成后适逢杨令离任，由后任许炳于雍正九年(1731)考订刊行。全书十六卷，以门类齐全为人称道，当年曹秉仁撰序，曾以此志与同时期的《象山县志》相比较，谓社会、备荒、河渠、防海诸议皆《象山县志》所未及。有乾隆三年(1738)傅珏增刻本传世，十六卷，书中于原序及目录间，插入关乎管山亭的叙、序、考四篇，充作新增序文，全志主要内容系雍正九年版重印，故仍署雍正《慈溪县志》名。现有清雍正刻本、清乾隆增刻本、《中国地方志集成》本流传。

同治《慈溪县志稿》

清同治末年编，其中职官类记至同治九年(1870)，作者已不确定。梁启超评方志文明指为董沛、徐时栋合撰，以为“出于学者之手，斐然可列著作之林”，并将它和《鄞县志》等二十部志书列为县志之“最表表者”。现国家文物局图书馆藏有《慈溪县志》稿本，疑即此。光绪《慈溪县志》曹砺成“序”曰：“斯(光绪)志托始同治八年前令贺瑗奉檄肇修。”又，光绪丁酉年(1897)，时任宁波府太守的程云俶，为此志撰序指出：“余以同治癸酉(1873)摄令是邦，即与邑人士创议续纂，同治十二年(1873)书成未刊，后为光绪《志》之底本。”《鄞县志》于同治十三年(1874)成于董沛手，同治《慈溪志》如确系董、徐所撰，当与《鄞志》同进止。

光绪《慈溪县志》

清杨泰亨主修，冯可镛纂，陈继聪、孙德祖、刘凤章、费德宗、叶意深分编。光绪五年(1879)创修，光绪十四年(1888)纂成，因经费支绌而藏稿待梓。光绪二十三年(1897)，杨泰亨次君绳孙约请归乡比部刘沚芬，集资奉稿促县令忠满刊刻，遂于是年秋设修志局，经刘一桂校补，至二十五年(1899)刊行，附篇一卷为刘一桂纂。光绪志自创修至刊成费时二十五年，今传本尚多，有清光绪十四年修稿本、清光绪二十五年刘一桂校补本、德润书院刻本、《中国地方志集成》本。该志共二十四册计五十六卷附篇卷，资料丰富，二百年间慈溪史事藉以录存。全书分天文、建置、舆地、经政、职官、选举、仕籍、名宦传、列传、列女传、流寓方外传、旧迹、艺文、金石物产、前事风俗、丛谈十七门。其人物搜罗颇广，体例安排努力继承众志之长，选举仿《乌程志》，名录仿《华阳国志》，艺文仿《汉书·艺文志》，金石仿《嘉禾志》等，另外又独取仕籍、丛谈列卷，颇有用心。卷前附图注意实际测量，利于按图索骥，已似近代地图规制。

《溪上遗闻集录》

清慈溪人尹元炜撰。书中内容，"皆邑中数千百年来名贤事迹"。由于编者深憾于旧志"虞氏之世为句章凿凿可据，而都尉及喜、预、荔、寄外，六朝人物概不收入；明亡忠臣义士皆耿耿不可磨灭，而当时的拘于避忌，亦概不取载"之纰病，因而在采录工作中尤为重视。这对了解和研究虞氏望族衍徙兴衰及其背景嬗变，了解和研究明末清初的慈溪乃至浙东的动荡时局和抗清人物之活动，提供了大量极为可贵的文献资料，至今仍有参考价值。

《五磊寺志》

清代慈溪县人冯蔚舒、定海县人洪昆编。全书十卷。

清《保国寺志》

清代徐兆灏撰。修于嘉庆之前。全书二卷，《宁波府属各县方志目》有著录，天一阁伏跗室存抄本。

嘉庆《保国寺志》

清代人觉性辑，起修时间为乾隆五十六年(1791)，刻印于嘉庆十年(1805)，前后经历十四年。该志分上下两册，内容包括形胜、寺宇、碑文、古迹、香火、艺文等。

《慈湖志》

明代杨江纂，未有传本。

《杜白二湖全书》

清代王相能辑，有清嘉庆道光间刻本传世，国家图书馆有收藏，入选《中华山水志丛刊》。

《五磊寺志》

清代洪昆撰述，冯蔚舒辑订。五磊寺位于浙江慈溪五磊山，始建于唐文德元年(888)，至今有一千一百多年历史，虽历经兴废，但现今香火仍旺。2008 年 8 月浙江古籍出版社再版《五磊寺志》，由胡洪军校注，系《慈溪地方文献集成》第三辑之组成部分。

《香山寺志》

清代释续宗撰修，黄宗羲序。光绪《慈溪县志》有著录，刊本末见。

《芦山寺志》

清代释宗尚撰。全书九卷，《宁波府属各县方志目》有著录，天一阁存抄本。

《龙山清道观志》

清代刘天相编，原为嘉善县王之祥所藏，刻于清乾隆丁卯年(1747)，1954 年冯贞群抄录一册，今存于天一阁，光绪《慈溪县志》未见著录，为海内外孤本。

永乐《奉化县志》

永乐十八年(1420)修，刊本久佚，纂修者佚名。《文澜阁书目》卷二十新志类、《千顷堂书目》及雍正《浙江通志》卷二百五十三均有著录。

景泰《奉化县志》

景泰六年(1455)知县赣州人陈关修，奉化汪纶纂。未刊，无传本。《千顷堂书目》有著录。光绪《奉化县志·旧志叙录》云："知《景泰志》不特未尝梓行，亦可断为未成之书。至弘治间续修，乃为完本耳。则所称《景泰志》即《弘治志》也。"

弘治《奉化县志》

弘治五年(1492)知县蕲水人徐绍先修，奉化汪纶纂。十卷，刊本已佚。《千顷堂书目》、雍正《浙江通志》卷二百五十三有著录。徐绍先"序"云："谒邑之耆儒汪师古(纶)先生访焉，先生盖尚用心于此者，乃出其晚年手抄私稿，谓闻见增益，颇多于前，题《县志续考》。余喜而遍阅之，见其群分类例各有条理。于是币请搜检异同，编成十卷……捐俸命梓，以广其传。”

嘉靖《奉化县图志》

明嘉靖《奉化县图志》是嘉靖十一年(1532)，奉化县知县钱璠修，奉化谢瀹纂。全书共有十二卷，图十幅，分为四册。上海图书馆有收藏，国家图书馆仅存第六至十卷。2011年，奉化市档案馆征集到一套珍贵的嘉靖《奉化县图志》的胶片。胶片长18.5米，拍摄时间不详，但还是能很清晰地看到《奉化县图志》的全貌，基本无损坏。该馆通过胶片扫描方式，把整套书扫描进电脑，然后打印并装订成册。因宋、元时期修的奉化县志书都已佚失，故明嘉靖《奉化县图志》成为迄今为止现存于世的年代最久远的奉化志书。

顺治《奉化县志》

顺治十六年(1659)，知县安徽省南陵县人王奂始修，知县孙成名续成。奉化人项斯勤纂，宋启灵、项彭仲、舒纯甫、梁令吹分辑。清顺治十八年(1661)刊本，十六卷，首一卷。国家图书馆有收藏，上海图书馆有志书胶卷。

康熙《奉化县志》

康熙二十二年(1683年)知县辽东人张起贵始修，二十五年(1686)知县无锡人施剃曾续成。奉化人刘鸿声、孙懋赏纂，孙士价、舒顺方分辑校订。刊本十四卷，首一卷，八册。国家图书馆、中国科学院图书馆、南京图书馆收藏。内容记载详细，对康熙以前奉化县事物变迁、历史人物、民风民情皆有记载。

乾隆《奉化县志》

乾隆三十七年(1772)，知县山东省汶上县人曹膏修，知县唐宇霖续修完稿，安徽省桐城县人陈琦编辑，钱塘县人汪文濠校正。次年刊刻，全书十四卷，首册一卷。虽然志中凡例沿用旧志，但乾隆以前事物记载详细，保存了大量有价值的史料。国家图书馆、上海图书馆、天津图书馆、南京图书馆、浙江图书馆和奉化市文物管理委员会均有藏本。后有同治重刊本、光绪木活字重印本相继问世。

光绪《奉化县志》

光绪二十八年(1902)，知县湖南省湘乡县人李前泮创修，鄞县人张美翊等纂，1908年告成。刊本四十卷，首一卷，十二册。该志以嘉靖《奉化县志》、乾隆《奉化县志》为蓝本，内容较前志详细，多采用采访形式取得原始资料，可靠性强。有清光绪三十四年刻本、《中国地方志集成》本流传，浙江图书馆、宁波市图书馆、宁波天一阁、奉化市文物管理委员会等均有收藏。

《奉化县志辑略》

清光绪十三年(1887),戴熙芠纂,全书二卷,稿本二册,书中跋云原志十六卷,乾隆间修。

清《忠义乡志》

奉化人吴文江等编纂,光绪二十三年(1897)修成,1901 年刊刻,全书正文二十卷,首册一卷,共六册。1937 年重印。上海图书馆、天津图书馆、南京大学图书馆、浙江图书馆及奉化市文物管理委员会有收藏。稿本存吉林大学图书馆。另有上海书店出版的《中国地方志集成·乡镇志专辑》影印本。

清《剡源乡志》

奉化人赵霈涛纂,光绪二十七年(1901)纂成。次年剡曲草堂木活字本刊印,全书正文二十四卷,首册一卷。1916 年又有剡曲草堂铅印本,分四册。该志对乡土地理、人文历史记载详细,为乡镇志之精品。南京图书馆、中国科学院南京地理研究所及奉化市文物管理委员会有收藏。

明《雪窦寺志略》

明代释履平撰。弘光二年(1645)刻,一册。南京图书馆有收藏。奉化市志办公室藏有 1987 年上海古籍出版社出版的影印本。

清《雪窦寺志》

清代严行恂纂,释道岩撰。顺治十三年(1656)始编,康熙间定稿,乾隆年间(1736—1795)刊印。全书十卷,共四册。清刊本存南京图书馆、宁波市图书馆。奉化市地方志办公室藏有 1987 年上海古籍出版社出版的影印本。

《南山寺志》

清刘鸿声辑,董剑锷订,全书二卷。《宁波府属各县方志目》有著录,有钞本流传。

《南山寺志订》

清代董剑锷纂,未见传本。南山位于奉化城南,又名奉化山,奉化县名由此山得名。南山是奉化一座标志性的山,南山寺即位于南山。

《明州岳林寺志》

清代戴明琮辑。修成于康熙二十六年(1687),咸丰七年(1857)重刊。全书六卷一册。《藜照庐林氏藏书目录》、《宁波府属各县方志目》有著录。

清刊本存奉化市文物管理委员会。

《大觉寺志略》

清代释照机辑,一卷。《宁波府属各县方志目》有著录。钞本藏宁波冯氏伏跗室,现归天一阁。

洪武《宁海县志》

明初学者宁海人方孝孺纂,撰于洪武年间(1368—1398),书早已失传。清光绪《宁海县志》王显谟“序”曰:“邑自西晋析置以来,历千余年未有专志。至洪武间,方正学先生有创本,惜格于厉禁,不传。”

明《宁海县志》

纂修人名氏不可考,修于明代正统(1436—1449)之前。此书《文渊阁书目》卷二十新志类光绪《台州府志·经籍考六》有著录。

弘治《宁海县志》

明弘治年间(1488—1505)知县张邦佐纂修,久无传本。本志见光绪《宁海县志》卷十四、《台州经籍志》卷十三著录。

正德《宁海县志》

明知县江西省浮梁县人戴显修,宁海人张辅纂。正德二年(1507)修,刊本已佚。此书《千顷堂书目》有著录。雍正《浙江通志》卷二百五十三引万历《宁海县志》秦雷鸣“序”云:“正德初,邑令戴显修,本张辅所删定,地舆、风俗、人才、土产,纪载粗具。”《台州经籍志》卷十三摘引万历《宁海县志》石承芳“序”云:“宁海旧志,正德二年纂修,中多杂乱无序,或滥而罕征,或遗而罔究,识者病之。”

万历《宁海县志》

明知县全州曹学程纂修。本志创修于万历十八年(1590),二十年(1592)告成,全书十卷,可惜的是,刊本已失传。此书《千顷堂书目》、《内阁藏书目录》有著录。康熙《宁海县志》华大琰“序”略云:“宁邑之志,始纂于邑人张公辅,嗣修于邑侯戴公显,再修于邑候曹公学程,其版皆毁灭。”《台州经籍志》卷十三引曹学程“自序”云:“万历己丑冬,程来知宁海。下车即首访邑志。原板久毁,旧志亦罕存焉。……越一年,偶得旧志于民间,则又残缺未备,多半芜鄙,与信史背戾。乃博访旁搜,……公暇检视,粗得梗概。取其有关于宁者,分类手书,访之众论,断之独见。三年之间,凡四易其稿,视前志稍加删润,幸完斯编。为志凡有十卷。”

崇祯《宁海县志》

明知县江苏省虞山县(今常熟市)人宋奎光纂修。崇祯五年(1632)修成,在前志的基础上续修,约增加四成内容,共六册十二卷,有附图。有刊本存世,南京图书馆、浙江图书馆有收藏,国家图书馆残存卷八至卷十。

康熙《宁海县志》

清知县福建省宁德县人崔秉镜修,宁海人华大琰等纂。康熙十三年(1674)创修,十六年(1677)完成,次年刊刻,全书共十二卷,首册一卷。国家图书馆、南京图书馆、上海图书馆、浙江图书馆、南京大学图书馆均有藏本。

《缑城漫钞》

清代宁海教谕卢标编写的一本地方史料集,书成于道光十八年(1838),分二十一目。书系抄录而成,内容较杂,但对于宁海沿革考证较为细致,记载乡贤事迹较多。有道光年间刻本传世。

咸丰《宁海县志稿》

清宁海人钱翼衢纂修。咸丰十一年(1861)修,全书十四卷,稿成未刊。未见传本。此书见光绪《台州府志·经籍考六》著录。光绪《宁海县志》王显谟"序"略云:"咸丰间,邑人钱司训纂有《志稿》,家藏未梓。"《台州经籍志》卷十三注云:"稿存。"光绪《宁海县志》卷十六辑录该志钱翼衢"序",其中记载:"旧志缺略舛误为特甚。迨今一百八十余年,未有起而重辑者。……衢恐文献散佚,不揆固陋,辑为十四卷。"

同治《宁海县志稿》

清知县江苏省吴县人周祖升等修,宁海人邬凯之等纂。同治年间(1862—1874)修,全书十四卷,稿本未刊,未见传本。光绪《台州府志·经籍考六》有著录。光绪《宁海县志》王显设"序"云:"同治间,周令祖升复为倡修……"周祖升于同治八年(1869)任宁海县令,此稿应修于是年以后。据光绪《宁海县志》记载,该志分为地理、公署、学校(附祠祀)、秩官、名宦、庶政、军政、选举、人物、艺文、杂志等门。

光绪《宁海县志》

清知县江苏省江宁县人王瑞成等修,黄岩县人张浚等纂。光绪十八年(1892)修,次年书成,光绪二十八年(1902)刊行,全书正文二十四卷,首册一卷。民国四年(1915)黄墩丁建芳捐资重印一百部,台北成文出版社亦据此影印,编入《中国地方志丛书》。1983 年县文物管理委员会又据原藏版重印。

本志王巨韶“序”云:“壬辰王令瑞成询知前有同治稿,遂聘黄邑张大令浚主纂政,以显谟为旧同事,仍副其纂。自壬辰春至癸巳冬,阅两寒暑而稿甫脱,随呈赵守亮熙鉴定,发问付梓。嗣以柳令商贤再加厘订,于义例当不至悖谬矣。因思此志凡三缮稿,始事于咸丰间,越同治而成于光绪,更历三朝,迟至四十余年,今乃完。”

《宁海地理图说》

纂修人士已不可考。全书一卷,明朝《千顷堂书目》和清朝《台州经籍志》有著录,但未见传本。

《缑城杂志》

明代方孝孺纂,有明朝陶埏编纂的丛书《续说郛》本流传。宁海县城,俗称缑城。

《宁海人物记》

明代宁海人方孝孺撰写。《台州经籍志》卷十根据光绪《台州府志》有著录,称其为“未成之稿,今未见”。

明《象山县志》

明正统(1436—1449)年前,修有《象山县志》,纂修名氏不详,书见《文渊阁书目》中的著录,书已失传。

嘉靖《象山县志》

毛德京、杨民彝、周茂伯纂。明嘉靖三十五年(1556),知县广西富川人毛德京感“虽邑旧有志,芜废已久,事迹罔稽,欲览无由”,乃辟园峰庙为修志馆,聘县诸生杨民彝、卞乾、俞澜、周茂伯,创修《象山县志》。越二月,稿成,凡十五卷:卷一建置,卷二区域,卷三山川,卷四风物,卷五版籍,卷六学校,卷七礼秩,卷八兵卫,卷九官守,卷十至十一人物,卷十二至十三杂志,卷十四至十五艺文。毛在“自序”中称该志“博采往籍,收录散亡,稽名循实,诹访必悉,参之舆论,记载维核,详而有体,质而不佳,词无失繁,美无虚著”。明嘉靖三十五年(1556)刻,隆庆五年(1571)增刻。天一阁藏有明隆庆五年增补刻本,为国内孤本。此志为现存最早的象山县志。

万历《象山县志》

万历三十六年(1608),知县吴学周(江西省崇仁县人)到任,即修邑乘。同撰者陆应阳(江苏省青浦人)、县人榜眼邵景尧(翰林院编修),“引绳订墨,勒成一家言”,逾月告竣,成志十六卷。翌年刊刻,吴、陆、邵三人均有序。见

《澹生堂藏书目》、《千顷堂书目》著录，今国家图书馆藏有一至三卷、十四至十六卷残本。

康熙《象山县志稿》

清康熙十一年(1672)，知县马鲲(仪封人，今属河南省兰考县)聘县人周光春纂修县志。仅修四卷，适耿精忠、曾养性乱，副将罗万里叛降，马鲲被俘，志稿未刊，后稿本散佚。民国《象山县志》卷十八有著录。

康熙《象山县志》

康熙二十一年(1682)，知县李郁(云中人，今属山西省怀仁县)重修《象山县志》。其间，古今变迁，兵燹火劫，"事迹泯灭，载籍无所考，文献无所征，一时采风问俗，茫然无以对"，李氏几欲停修，但念及"天下郡县举修，象独可废乎？乃分局布曹，集名儒硕彦，搜得吴公志十六卷及马鲲未刻稿四卷"，"损益而补辑之，聊以成书"，总十六卷。今南京图书馆、北京师范大学图书馆收藏，美国斯坦福大学亦有藏本。

康熙《象山县志》

胡祚远修，姚廷杰纂。康熙三十七年(1698)，知县胡祚远(奉天贡生)，聘教谕姚廷杰(钱塘贡生)，依李志原版，于艺文、秩官诸卷，或更换数页，或挖补数行，成志十六卷。分区域、经制、物土、杂志四门，下设三十九细目。道光《象山县志》谓其为改头换面之作。此书见雍正《浙江通志》卷二百五十三著录，今北京师范大学图书馆、浙江图书馆均有藏本，但卷九贡赋已佚。

雍正《象山县志》

雍正七年(1729)，知县马受曾(溧阳人)主修《象山县志》，县人袁澄总纂，林文懋、王元佐、陈其璜、史在霖、钱鸿基、谢荣祚、史梁、钱式坚、袁士范为分纂。以明嘉靖年间毛德京所纂县志为范式，参考张时彻所纂嘉靖《宁波府志》，博采各家之长，成志四十二卷。今国家图书馆有残本，仅十七卷(卷九至二十，卷三十八至四十二)，上海图书馆根据国家图书馆残本制作胶卷，其余不见。

乾隆《象山县志》

乾隆二十一年(1756)四月，知县曹盘开局修志，聘县人姜炳璋(进士)总修，黄重(仁和人)、钱鸿基分修，王德嘉、周圣瑞分校。八月，曹令去官，志未成编。二十三年(1758)，知县史鸣皋(江苏如皋人)自昌化调任象山，至任伊始，参阅邑志，叹其岁久不修，而遗轶疏略颇多，乃复开局于丹山书院，聘姜炳璋主纂。适逢如皋人冒春荣来象山,亦为同纂。历八月,书成,共十二卷。分地理、经制、人物、艺文、杂志五纲,下设二十四目。宁绍台道范清洪、知府史尚廉俱有序。此志有乾隆二十四年刊本,今国家图书馆、上海图书馆、南京图书馆、浙江图书馆均有收藏。

道光《象山县志》

童立成、吴锡畴修。道光十一年(1831),知县童立成(崇明人)有感邑志修于乾隆,迄今七十余年,"锓版残啮,漫漶不可卒读,加以规制变易,时物兴替",亟想续修。遂聘郡学教授冯登府(嘉兴人)主纂,友赵庚吉(太仓人),邑人马丙书、倪励为分纂,开馆于蓬莱山下。翌年告成,十四年刊行。童君之先,邑令吴锡畴亦曾议修县志,会朝廷遣其采办滇铜,一切政事移童君。三年后事完回任,乃速付梓。因书"尚有择之未精,语之未详",多所舛误,又重新校订,得宁波知府吕仲英校正手定。乃成志二十二卷,加卷首、卷末文类二卷,分五十四目。民国四年(1915)重印木活字本,有张鹏霄重印序。今国家图书馆、上海图书馆、浙江图书馆均有收藏。

同治《象山县志》

同治七年(1868),知县黄丙堃邀鄞人江镜清,县人马嗣澄、虞峻、王莳兰、邓克旬、林曾安同纂象《山县志》。次年稿成,未刊。全志二十四卷,卷末附旧志考一卷,参照道光志而作。首页无序,亦不署撰人,只有张美翊题记。卷末有鄞人董沛"识语",其中说:"此稿寄来,柳翁约略阅过,原拟鄞志告竣,属为同勘,荏苒数年,赍志以殁。象山遗文轶事及脱漏选举、职官,曾令我辈留意采摭,可以补正此稿者不少,惜其未成书也。鄙意此志暂缓刊印,他日当代校之。"鄞人郭传璞亦谓,时应聘分纂象山邑志,因同事诸君议多不合,而总纂徐舍人师又复下世,至今尚未定稿。其赠邵宾谷诗说:"壮县唐年析海东,近遭兵焚据黑熊。史才青简编姚令,仙合丹砂饷葛洪。可恨至今无定本,得非谋始失佥同,使君他日刊梨枣,未要虚声采阿蒙。"抄本藏宁波市图书馆、南京大学图书馆。

道光《南田志稿》

清道光年间(1821—1850),嘉兴人冯登府纂《南田志稿》,不分卷,有叶景葵题识。稿本现存上海图书馆。

清《南田记略》

杨殿才编,清光绪元年(1875)纂。抄本传世,一卷,浙江图书馆有收藏。

光绪《南田县志》

清光绪年间(1875—1908)修,作者不可考。书不分卷,有《四明丛书》稿本流传,国家图书馆有收藏。

《蓬山清话》

清代象山县丹城人倪象占著,作于清乾隆三十一年(1766)至三十九年(1774),存稿本,全书十八卷,卷首有“自序”。2011年由象山县地方志编纂委员会编纂、中华书局出版的《象山县地方文献丛书》收有此书。

《蓬岛樵歌》

清乾隆年间象山县人钱沃臣撰。全书二卷,卷首有袁枚乾隆五十八年(1793)所作“序”及宋世荦“序”,有钞本传世,亦称《蓬岛樵歌注》。2011年由象山县地方志编纂委员会编纂、中华书局出版的《象山县地方文献丛书》收有此书。该书以一诗一注的形式,歌咏象山境内山川名胜、风土人情、山海珍错、名人轶事及历史掌故,是了解和研究象山人文历史的珍贵文献。

《尊乡集》

清乾隆年间象山县丹城人姜炳璋著,当时浙江学政宁化人雷宏为《尊乡集》写序。全书四卷。民国三十八年(1949)4月,县文献委员会搜集到手钞本,系从《姜氏宗谱》中辑出。

《象邑公田总簿》

清代倪励撰,道光六年(1826)刻本,全书二卷。浙江图书馆有藏。

《象邑夏王庙志》

清道光间倪励撰,有刻本藏在浙江图书馆。全书共四卷,其中志二卷,西城杂录二卷。

《咸丰象山粤氛纪实》

清光绪四年(1878)王莳蕙撰,亦名《辛壬脞录》。全书一卷,卷首有“自序”,浙江图书馆藏有钞本。

《邑志补遗》

清邑庠生王渭撰,卷数不详,已佚。

《象山寺志》

清代释续宗纂修,未见传本。

《南田县风土志》

太平司马杜冠英撰,成书于清同治九年(1870)。全书二册,卷首有“自序”。

《南田岛岙开垦图说》

清光绪元年(1875)石浦厅杨殿材根据南田开垦档案编录,全书一册。书中有全境形势图、嘉庆年间勘覆南田岛岙田地亩数节略并支图十八幅。张寿镛为其作序,约园藏有钞本,跋文载《约园杂著》,现藏天一阁。

《谨记簿》

宋重和元年(1118),象山县创东岳赛会,用簿记事。民国十五年(1926)尚存一本残本,记载道光二十二年(1842)至光绪五年(1879)之事,但今已佚。

第三节　修志人物

方孝孺

方孝孺(1357—1402),字希直,又字希古,号逊志,学界称缑城先生、正学先生,宁海人。孝孺少好学,人称“小韩子”,十五岁随父居济宁。及长,师事宋濂,以明王道、致太平为己任,曾修洪武《宁海县志》。洪武十五年(1382)以荐受朱元璋召见,1392年荐授汉中府学教授。蜀献王闻其贤,聘为世子师。洪武三十一年(1398),任翰林侍讲,次年迁侍讲学士,值文渊阁,常承命批答百官临朝所奏事,任《太祖实录》、《类要》总裁。不久改为文学博士,主持京考。建文三年(1401),燕王朱棣以“清君侧”为名起兵夺皇位,朝廷所议征讨诏檄,多出其手。又多方策划,以御燕兵。次年燕兵南下破京师(今南京),惠帝不知所终。朱棣命他进宫草拟登极诏书,披麻带孝恸哭至,骂不绝,拒草诏,疾书“燕贼篡位”,掷笔于地。朱棣怒,遂以“汝不顾九族乎”相威吓,他答:“便十族奈我何?”终遭磔死。受到牵连被诛十族(九族加其学生)近九百人,入狱谪戍者数千,以致村废,惨烈震惊朝野。孝孺葬于南京聚宝门外山上(今雨花台西侧山麓),死于宁海县城的方氏族人由义士收残骸投入井中,后称义井。其著作当时严禁,门人王稌暗辑为《缑城集》,后文禁渐弛,遂有《逊志斋集》、《秋崖集》行世,其文世称“醇深雄迈”。今宁海跃龙山仍存有方孝孺读书处。

郑真

郑真(约1322—?),字千之,鄞县人,明代文学家。洪武五年(1372)成乡贡进士,次年赴京候选,授临淮县儒学教谕。在临淮任职十余年,生活清贫。这一时期的创作数量颇丰,多为抒发乡情之作,风格苍凉沉郁。洪武十七年(1384)自临淮入觐,改授江西广信府儒学教授。研究六籍,尤长于《春秋》,并旁究百氏传记。撰目录学著作《四明文献录》五卷。洪武二十年(1387)以后致仕,终老于家。曾类聚格言,撰《集传》等编,其他著作有《集论》、《荥阳外史集》等。

黄润玉

黄润玉(1389—1477),字孟清,明宁波府鄞县人,明代初年学者、政治家,历永乐、洪熙、宣德、正统、景泰、天顺、成化七朝。曾讲学南山书院,人称南山先生。永乐十八年(1420)应顺天乡试中举,授建昌(在今江西省)府学训导,后改官南昌。宣德年间(1426—1435)升交趾道(今越南)监察御史。正统元年(1436)巡按湖广,裁退不称职官员百余名。后任广西按察司佥事,提督学政。后改任湖广按察司佥事,遭诬降安徽和州含山知县,浚麻湖,修水利,造福于民。晚年因年迈体衰辞官还乡,回到故乡后筑南山书院讲学,以程朱理学为宗。天顺初年(1457),他有感于《宁波府志》内容浩繁,太过冗长,乃删除繁赘,辑成《宁波府简要志》,简要地介绍了宁波的全貌,用门目体写成,分为舆地、山川、河防、城镇、官府、学校等十五门,为现存明代宁波三部府志之一,后人称此书厚不盈寸而体例简洁。著有《四明文献录》、《含山县图志》、《海涵万象录》、《经书补注》、《考定深衣古制》、《南山稿》等。

张瓒

张瓒,字宗器,湖北孝感人。正统十三年(1448)进士。授工部主事,迁郎中,历知太原、宁波二府,有善政。天顺年间(1457—1464)聘请杨寔修郡志,至成化四年(1468)成书。成化十年(1474),以右都御史巡抚四川。成化十五年(1479)起任左副都御史,总督漕运,兼巡抚江北诸府。

杨寔

杨寔(1414—1479),字诚之,号南里。正统六年(1441)中举,授安福训导,兼领龙泉学官。天顺年间(1457—1464)受聘修宁波郡志,至成化四年(1468)成书。

张辅

张辅(？—1507),字邦佐,健跳(现属三门县)人,先世以治兵有功,得统旗丁五十六,世守健跳,因籍宁海,成化丙午科进士,授单斤水教谕,未几,因丁外艰,居家修纂正德《宁海县志》。现存《送朝鲜崔校理序》一文,内有朝鲜宏文馆副校理崔溥漂海至健跳的记载,是目前我国已发现的有关崔溥漂海的唯一文献。

周旋

周旋(1450—1519),字克敬,明慈溪人。成化二十三年(1487)进士,任南京户科给事转北京兵科给事中。在科九年,屡上疏,论事剀切,后出参广藩。明正德六年(1511),修《慈溪县志》二十卷,又名《慈溪志草》。另纂《广西通志》六十卷。著有《西溪小稿》、《杜诗质疑》。

陆绅

陆绅,字荐绅,慈溪人,明弘治二年(1489)举人,以循吏著称。明正德六年(1511),修《慈溪县志》二十卷,又名《慈溪志草》。正德后百余年间,倭患频仍,县志于嘉靖三十五年(1556)罹兵燹,刊本遭毁。天启时收集,仅于民间得残卷一二。

李堂

李堂(1462—1524),鄞县人,字时升,号堇山。明成化二十三年(1487)进士。后任工部主事,监税芜湖,力禁中官非为减商税,严计簿。累官至工部右侍郎,总理漕河,整治水患。著有《正学类编》、《四明文献志》、《堇山文集》。

陈沂

陈沂(1469—1538),鄞县人,居金陵(今南京)。正德十三年(1518)进士,授翰林院编修,嘉靖年间,出为江西参议,又任山东参政和提学使,后以山西行太仆寺卿致仕。少好苏氏学,自号小坡。与顾璘、王韦称"金陵三俊",又称"弘治十才子"。陈沂善诗工画,尤擅隶篆,为当时"金陵三俊"之一,著有《维祯录》、《金陵古今图考》、《遂初斋集》、《石亭集》等。热心修志,纂有《金陵名山记》、《献花岩志》、《金陵志》、《山东通志》、《南畿志》。所纂志书质量较高,后人评价甚高。

戴鲸

戴鲸(1481—1567),明代鄞县人,字时鸣,号南江。明嘉靖二年(1523)

中进士，知番禺县，后官至福建左参议，治行卓著。性好学，手不释书，其书斋室名曰“东白楼”。他搜集地方文献，编成《四明志征》、《四明文献录》；著有《闽广集》、《东白楼稿》、《四明雅集》等书。

郑余庆

郑余庆，字崇善，闽县人。因明朝正德丁卯年(1507)乡荐，为定海县(今镇海县)县令。劳心抚字，不务繁苛。明嘉靖二年(1523)，“争贡事件”发生，宁波发生骚乱。他修缮城墙，加强军事防御，保障了宁波城的安全。在任期间，建闸作碶，灌溉民畴；修学置田，作兴士类，奖缪廉五世同居，以风顽嚚。岁饥，发廪，赈贫困。用积劳卒，民哀而怀之。在任期间，修正德《定海县志》，聘薛俊主纂。

薛俊

薛俊，明代定海卫城(今镇海城区)人，生活于正德、嘉靖年间，曾任常州州学训导，后任江西浮梁县教谕。正德年间，受定海县令郑余庆之请，编纂正德《定海县志》。明朝倭寇猖獗，为了解敌情，配合前沿斗争，他纂写了《日本考略》(亦称《日本国考略》)，是明代民间最早以防倭抗倭为目的的著作，同时也是明代最早以汉字记录日语语音的著作。该书于嘉靖二年(1523)初刊，并于嘉靖九年(1530)重刊。

周希哲

周希哲，字叔愚，号迪斋，四川威远县人。明嘉靖庚戌(1550)科进士，先后出任安庆知府、宁波知府。他在宁波知府任上，多有政声，修东津浮桥、重修天封塔。嘉靖三十八年(1559)，决心重修宁波府志，聘请鄞县人张时彻主纂。八个多月后，四十二卷的嘉靖《宁波府志》编成，并于嘉靖三十九年(1560)刻版付梓。明嘉靖《宁波府志》现被列入“国家珍贵古籍名录”。

张时彻

张时彻(1500—1577)，字维静，号东沙，又号九一，鄞县布政张家潭人。少时师从张邦奇。正德十五年(1520)中举，嘉靖二年(1523)中进士。历官南曹郎，以按察副使督江西学政，简汰甚严，适圣庙火灾，嫉者乘机劾为他虐诸生所致，被罢职。1533年复出，历任临清兵备副使、福建右参政、云南按察使、山东右布政使、四川巡抚。1547年，因镇压少数民族起义，升任兵部右侍郎。时四川饥荒，赈济有加。旋遭忌，解职返家。两年后复任江西巡抚、南京刑部侍郎等职，旋因北边告警，调任兵部侍郎。曾聚官伏阙为前都御史商大节讼冤,触怒世宗,被连降两级。嘉靖三十三年(1554),倭寇犯东南,出任南京兵部尚书,次年七月,倭寇自太平攻南京,闭城三日防御,遭御史弹劾,复受严世蕃排挤,遂辞职归里。居家著述,与范钦、屠大山主甬上一时文炳,人称"东海三司马"。他应宁波知府周希哲之邀,纂辑嘉靖《宁波府志》,后又编写了《定海县志》、《四明风雅》等著作二十余部,为后人留下了宝贵的文史遗产。其主张方志修编应效仿《史记》、《汉书》的体例,按纪、表、志、传、图分门别类,对于今人仍有参考价值。

曾镒

曾镒,安徽兴国人,明嘉靖三十二年(1553)癸丑科进士,参与修纂明嘉靖《宁波府志》。

郑光弼

郑光弼,字右君,明慈溪人。万历四十六年(1618)以贡授杭,升安吉州学正,后为太平府教授。著作颇丰,有《解弢集》一卷、《四书绪言》等,修编万历《宁海县志》。

宋奎光

宋奎光,字元实,号培岩,江苏常熟人。明万历四十年(1612)举人。崇祯四年(1631)任宁海知县,次年主修县志。全书分舆地、建置、食货、秩官、名宦、选举、人物、诰敕、艺文、流览等十二卷。该志为宁海县现存最早县志。他能诗文,工书法。著有《苏州志》、《常熟书画史汇传》等。

顾存仁

顾存仁(1502—1575),字伯刚,号怀东,明苏州府长洲人。嘉靖十一年(1532)进士,任余姚知县,后任礼科给事中。嘉靖十七年(1538)十一月,为民请命,上疏五事,得罪皇上,被廷杖六十,编管保安州(今河北涿鹿)。他在塞上生活了将近三十年。直到穆宗即位(1567),才被召为南京通政参议、太仆卿。但任职不久,他就要求辞官返乡。顾存仁困厄已久,却有急流勇退的精神,受到世人的赞赏。他还是著名的诗人和学者,著有《东白草堂集》四卷,并编撰有《太仆志》、《余姚县志》。

岑原道

岑原道,明余姚上林(今慈溪市匡堰镇)人。嘉靖间布衣。他编纂的地方志有两部:《会稽县志》,嘉靖间修,未成,稿已佚;《余姚县志》,嘉靖十四年(1535)修,与杨抚、胡膏同纂,嘉靖二十一年(1542)刊印。

范钦

范钦(1505—1585),字尧卿,号东明,明鄞县人。嘉靖十一年(1532)进士,知随州,有惠政,升工部员外郎。时大工程频兴,武定侯郭勋督工,专横跋扈。钦以事忤郭,郭进谗言,因受廷杖,出知袁州。袁州为严嵩故里,嵩子严世蕃仗势欲侵吞当地公产,他不畏权势予以阻止。后调任按察副使,备兵九江。继升广西参政,分守桂平。转福建按察使,进云南右布政使,迁陕西左布政使。因居父母丧去职。1559年再次启用,升任副都御史,巡抚赣南汀漳诸郡,镇压农民起义,又部署赣、闽、粤三省防倭措施。后晋兵部右侍郎,见朝政日衰,未赴任去职归里。一生爱书储书,历官各地,留心当地典籍,广求博收,所藏日富。1561年至1566年在月湖西建楼以藏,名"天一阁"。继遍购海内孤本异本,抄己所未有之书,又购入城西丰坊"万卷楼"火灾后的遗书,聚书七万余卷,列经、史、子、集四部,尤以明版地方志及登科录为世人所贵,被誉为浙东藏书第一家。晚年订立"代不分书,书不出阁"等训规,与辞归家居的南京兵部尚书张时彻、罢职归里的兵部侍郎屠大山相唱和,主甬上一时文炳,时称"东海三司马"。著有《四明范氏天一阁书目》、《奏议》、《抚掌录》、《明文臣爵谥》、《古今谚》等。校刊诸书三十一种,皆详《天一阁书目》中。曾孙范光文于清康熙四年(1665)又在阁前增构池亭,建造假山。后世子孙能承志护书、增书,历经四百余年,为国内最古老的私人藏书楼,系全国重点文物保护单位。天一阁现存二百七十一种明代方志中有二百十六种由上海古籍书店分两次影印出版,名《天一阁藏明代方志选刊》和《天一阁藏明代方志选刊续编》,内有孤本八十四种。

沈明臣

沈明臣(1518—1596),明鄞县栎社沈家人,诗人,字嘉则,晚号栎社长,为博士弟子,擅长书法。与王叔承、王稚登同称为万历间三大布衣诗人。父沈文桢,工书法,能作方丈大字。早年为诸生,累赴乡试不中,遂专意于诗。嘉靖间与徐渭、余寅同为浙江总督胡宗宪幕僚,掌书记职,时献计策,参与抗倭。性好纵酒斗诗,语多慷慨,胡宗宪命刻于浙西烂柯山。后胡宗宪被捕系狱死,幕客星散,独他走哭墓下。流落江湖,放浪诗酒。五十岁后归里授徒赋诗为业,受张时彻等推重,与范钦交谊甚笃。时彻卒后,为四明诗坛耆宿,屠隆、杨承昆等从他学诗。晚年复欲远游,为士子挽留。平生作诗七千余首,著有《越草》一卷、《丰对楼诗选》四十三卷及《荆溪唱和诗》、《吴越游稿》、《通州志》等。

陆钎

陆钎（1495—1534），字举子，号少石，明浙江鄞县人。正德十六年（1521）进士，授编修，官山东按察别使，提督学政。自幼精于史学，嘉靖十一年（1532）开局于济南，纂成《山东通志》四十卷，为山东第一部官修省志。全书条分缕析，文约体治，详核有法。并刊载了大量舆图，在明代通志中被列为佳本。

李逢申

李逢申，字延之，青浦县人，万历四十七年（1619）进士，在慈溪任内失阉党意，降为县佐，以丁母忧归。后起为工部主事。天启四年（1624），聘姚宗文纂修《慈溪县志》十六卷，是为现存慈溪最早的县志。

姚宗文

姚宗文，慈溪人，万历三十五年（1607）进士，由庶吉士授户科给事中。仕途历经起落，任太常寺少卿时以诬讦熊迁弼，除名回乡，应邀纂《慈溪县志》。天启时依附魏忠贤，擢升都御史，官至吏部给事中。崇祯初，魏党败，被弹劾罢官。宗文工书法，娟秀清逸。著有《益城集》。

汪纶

汪纶，字师古，奉化人。明朝景泰六年（1455），纂《奉化县志》，捐俸命梓，以广其传。弘治五年（1492），又纂奉化《县志续考》，后人称为弘治《奉化县志》。知县徐绍先为之作序，称此乃汪纶晚年手钞私稿，题《县志续考》，闻见增益，颇多于前，群分类例，各有条理。汪纶为一县修二志，极其难得。

钱璠

钱璠，江苏常熟人，明代经学家。嘉靖中举，任奉化知县，政绩颇著。治经尤力，修有嘉靖《奉化县图志》。著有《五经旁注》及《诗韵释义》、《续古文会编》。

倪复

倪复，字汝新，鄞县人，明代经学家。性端严，少力学，读书以程朱为归。研经学，教授弟子。著有嘉靖《奉化县图志》、《易系辞解》、《中庸解》、《正蒙发微》、《皇极经世书通解》、《钟律通考》、《观古录》。

毛德京

毛德京，字子极，富川县人。明嘉靖间，倭寇频频登陆骚扰。嘉靖三十年(1551),二十九岁的毛德京知象山县事。受任之初,即报倭至。遂毅然治战,昼夜戍守,民感激赴义,无不一以当十。倭攻县治不下,转破昌国卫,剽掠甚众。翌年(1552),倭寇大举犯浙东,四月掠舟山、象山,随后窜扰温、台、宁、绍间,史称"壬子之变"。倭寇登陆,势将入县治。毛德京饬县兵、乡兵,加强守望。爵溪所百户秦彪兄弟疾驰杀贼,死于此役,县兵、乡兵死者四十余人。毛德京聚乡民,激以大义,躬亲督战,从容指挥。倭不敢入县治,望风退却。而后,主持建造象山县城墙。在任期间,主持修编嘉靖《象山县志》。

吴学周

吴学周,江西省崇仁县人,万历二十四年(1596)任象山知县,即修万历《象山县志》。

陆应阳

陆应阳(1542—1627),字伯生,号古塘居士、片玉山人、应阳生、平原村长,斋名白雪斋、九英斋,江苏青浦人,受知县吴学周之邀,与邵景尧一起纂写万历《象山县志》。晚年移居松江(今上海)。善诗文,精书法,著有《笏溪草堂集》、《游燕集》、《樵史》、《广舆记》等。

屠本畯

屠本畯(1542—1622),字田叔,号豳叟,鄞县人。以父荫任太常寺典簿,历官礼部郎中、两淮运司同知,官至福建盐运司同知。好读书,至老不辍。在福建任职期间,潜心研究海洋生物,万历二十四年(1596),写成《闽中海错疏》四卷,此书是中国最早的地方海产动物志。后官至辰州太守。万历二十九年(1601),罢官归家,居乡二十余年。晚年自号憨先生、豳叟。著有《茗笈》、《海味索隐》、《闽中海错疏》等,另有杂剧《崔氏春秋补传》、《饮中八仙记杂剧》。

郭子章

郭子章(1543—1618),字相奎,号青螺,又自号曰玭衣生,江西泰和县人。隆庆五年(1571)考中第三甲第二十四名进士,随即除为福建建宁府推官、摄延平府事,入为南京工部虞衡清吏司主事,又督榷南直隶太平府、领凤阳山陵(即明祖陵)事。万历十年(1582)迁广东潮州府知府,四年后督学四川,不久迁为浙江参政、山西按察使、湖广右布政、福建左布政。万历二十六年(1598)被任命为右副都御史巡抚贵州、兼制蜀楚军事,与湖广川贵总督李化龙合力剿平播州杨应龙叛乱,彻底消灭盘踞播州八百余年、世袭了二十九世的杨氏土司，又多次平定贵州苗、瑶起义，以功封兵部尚书、右都御史，加太子少保衔。六十七岁时告老还乡。他一生虽久在官场，但读书不辍，著述宏富。据其九世从孙郭子仁在清光绪七年（1881）所作的统计，郭子章的著作当时犹存九十二种、约数百卷之多；至今国家图书馆善本室收藏的郭子章著作还有十一种，均系万历、天启刻本。《四库全书总目》著录二十余种，有《粤草》十卷、《蜀草》七卷、《晋草》九卷、《楚草》十二卷、《家草》七卷、《黔草》二十一卷、《闽草》十六卷、《浙草》十六卷、《闽藩草》九卷、《养草》一卷、《苫草》六卷、《传草》三十四卷及《播始末》、《豫章书》、《圣门人物志》、《阿育王山志》、《马记》、《剑记》、《六语》、《豫章诗话》、《易解》、《郡县释名》等。

释传灯

释传灯（1554—1628），俗姓叶，龙游县下埠人。自幼聪慧，少年时曾系统地接受过儒家教育，还参加过科举考试，随即摒弃仕途。十九岁时，师从进贤映庵禅师剃发出家，后又拜在百松真觉禅师门下学习《法华经》、《楞严经》。百松真觉大师把金云紫袈裟托付给他，表示传灯已完全传其衣钵。传灯一生修习《法华》、《大悲》、《光明》、《弥陀》、《楞严》等诸多经义，始终尽心钻研，毫不懈怠，自此声名远播。后来，定居于天台山幽溪高明寺，讲经说法长达四十余年，被视为佛教天台宗第十九世祖师，后人誉为“中兴天台”的人物。万历三十二年（1604），传灯曾应守庵禅师的邀请在新昌大佛寺登座讲经，前后应讲席七十余期，听者如云。晚年回到故乡，讲经于东安寺，衢州各地名贤汇集。临死之前，法师预知死期将至，于是手书“妙法莲华经”五字，高唱经题二回，泊然而寂，享年七十五岁。他一生著述丰富，据记载有二十四种，一百多卷，其中《天台山方外志》、《阿育王山志》、《延庆寺志》是重要的佛教著作，影响极大。

邵景尧

邵景尧（1560—?），字熙臣，号芝南，象山人。明神宗万历二十六年（1598）戊戌科赵秉忠榜进士第二名。邵景尧少有才名，与著名学者杨守趾等结社赋诗，号称“浙东十四子”。万历二十六年（1598）夺得榜眼，授翰林院编修。万历三十八年（1610），升为国子监司业。第二年又升为司经局洗马兼修撰，曾奉使出封宗藩。在司经局，因其熟悉掌故，学问渊博，备受推崇。万历四十年（1612），他与状元赵秉忠一同出任南京考试官，以振拔孤寒之士为己任。邵景尧官至左谕德，乞休乡居。晚年与同郡周应宾、全天叙、陈之龙结诗义之交。耆年稚望，乡人们均以他为自豪。著有万历《象山县志》十五卷，另有《邵太史诗集》。

应乾

应乾（1566年前后在世），字顺之，济溪（今江西婺源）人。明嘉靖四十四年（1565）进士，历任户部主事、南京刑部郎中、宁波太守、两浙盐运使、广西太守、云南按察使、南京太常寺卿、户部右侍郎。死后赠户部尚书。为人谨慎、谦和、廉洁。任宁波太守时，疏浚陂塘，兴修水利，纂有《四明水利图说》；重视办学兴教，时郡国丞张孚敬下令毁书院，唯宁波书院独存。任两浙盐运使期间，除贪官，革弊病，盐政一清。在广西，恢复旧河道，沟通盐运，民多受利。大理寺卿任内，狱中冤案、积案多获处理。总督仓场，条陈四十余事。关心家乡，置祀四，设义仓，建学舍。著有《五经约义》、《左粹》、《读律真诠》、《督储疏章》等书。

杨德周

杨德周（1573—1648），字南仲，鄞县人。明万历四十年（1612）中举，历任古田县、高唐县知县。明亡后隐居，著有诗文集《铜马编》二卷，方志《它山小志》。《四库全书总目》录有其《澹圃芋记》、《金华杂识》、《杜诗解》、《识随笔》等著作。其中《澹圃芋记》一卷，专记芋魁（芋头）的典故，分名、艺、食、忌、事、论、诗、赋、谣、方十类。

王在晋

王在晋（？—1643），明代官员、学者。字明初，号岵云，江苏太仓人。明万历二十年（1592）登进士第，授中书舍人。历部曹、监司，擢江西布政使、山东巡抚，升河南道总督。泰昌元年（1620）迁兵部左侍郎。天启二年（1622）署部事。是年三月，迁兵部尚书、都察院右副都御史，经略辽东、蓟镇、天津、登莱，代熊廷弼。八月改南京兵部尚书。不久，辞官告归。天启五年（1625），起任南京吏部尚书。未几，迁兵部尚书。曾总理户、兵、工三部事务，加光禄大夫、太子太保。后受张庆臻改敕书罪牵连，削官归里。崇祯七年（1634），为《浚县志》作序。著有《越镌》、《历代山陵考》、《海防纂要》、《总部疏稿》、《经略抚齐中枢疏》、《龙沙学录》、《通漕类编》、《岱史》、《辽记附述》、《辽评纪要》、《评辽续记》、《兰江集》、《宝善堂集》、《西坡漫稿》、《西湖小草》、《三朝辽事实录》等。

黄宗羲

黄宗羲（1610—1695），字太冲，号南雷，世称梨州先生，余姚人。明清之际启蒙思想家。明亡后,曾参加四明山区的抗清斗争。晚年专事学术研究,屡拒清廷征召。他的著作很多,有《南雷文定》、《宋元学案》、《明儒学案》、《明夷待访录》、《四明山志》等传世。明崇祯十二年(1639),博采众书,订正伪传,进行实地考察,纂成《四明山志》初稿。康熙时,重为厘定,始得成书。此书共九卷,分为名胜、伽蓝、灵迹、题考、丹山图咏、石田山房、诗话、文话、撮残等九门。记载详细,尤其珍贵的是保存了大量诗文。康熙十七年(1678),诏征"博学鸿儒",学生代为力辞。十九年(1680),康熙帝命地方官"以礼敦请"赴京修《明史》,以年老多病坚辞。康熙帝令地方官抄录其所著明史论著、史料送交史馆,总裁又延请其子黄百家及弟子万斯同参与修史。万斯同入京后,也执意以布衣参史局,不署衔、不受俸。是年黄宗羲始停止讲学,悉力著述。二十二年(1683),参与修纂《浙江通志》。二十九年(1690),康熙帝又召其进京充顾问,徐乾学以"老病恐不能就道"代辞。康熙二十五年(1686),王掞视学浙江,倡议在黄宗羲故居黄竹浦重建忠端公(黄尊素)祠,宗羲写了《重建先忠端公祠堂记》。次年,王掞又捐俸汇刻刘宗周文集,宗羲与同门友董玚、姜希辙一起编辑了《刘子全书》,并为之作序。康熙二十七年(1688),黄宗羲将旧刻《南雷文案》等文集删削修改,定名《南雷文定》重行刊刻。这年,他自筑生圹于龙虎山黄尊素墓侧,并有《筑墓杂言》诗。康熙二十九年(1690),黄宗羲年已八十,曾至杭州、苏州等地寻访旧迹,拜访朋友。次年,应新安县令靳治荆之邀游览黄山,为汪栗亭《黄山续志》作序。康熙三十一年(1692),黄宗羲病势沉重,闻知贾润刊刻其《明儒学案》将成,遂抱病作序,由黄百家手录。次年,《明文海》编成,宗羲又选其精粹编为《明文授读》。

高宇泰

高宇泰(1614—1678),初字元发,改字虞尊,别字隐学,鄞县人。晚年自署宫山、隘夫、檗庵,学者称为檗庵先生。他历经坎坷磨难,不忘明朝,宁做遗民、忠臣义士。抗清斗争失败以后,为了歌颂忠臣、鞭笞降臣,编纂了《雪交亭正气录》一书。这是一部用血与泪写成的书。高宇泰关注地方文献,编纂了《敬止录》,这是现存最早的第一部鄞县县志。高宇泰不仅在史学方面作出了很大贡献,在文学上也有一定的建树。其《肘柳集》虽然失传,但全祖望《续甬上耆旧诗》中有辑录。

黄宗会

黄宗会(1618—1663),字泽望,号缩斋,又号藤龛,余姚人,学者称石田先生。明末清初学者，经学家，世称“石田先生”。黄宗会与黄宗羲、黄宗炎并称“浙东三黄”，三人也是明清浙东学派的代表人物。黄宗会是明末崇祯年间的贡生，早年受业于兄长黄宗羲。明亡后，隐居浮屠，浪游名山以终，有《四明山游录》传世。生平读书，一再过不忘，熟悉四部书外，兼通释、道二藏及诗文古谈，著有《缩斋文集》、《缩斋日记》、《学御录》、《瑜伽师地论注》、《成惟识论注》等。今人校有《缩斋诗文集》。

周西

周西(1621—1688)，字方人，号劲草，镇海芦江(柴桥)人。少好学。崇祯甲申(1644)之变，闻讯赋诗痛哭，常郁郁不乐。两年后浙东附清，遂弃举业，以教授养母为生。辗转于洪溪与太白山之间，感愤世事艰险，寄情诗歌，名为《痛定集》。中年后家境益贫，竹笠荆杖，徜徉于山林之间。定海知县王元士、郝良桐请其修志，书脱稿力拒署名。又勤于著述，于经，则《诗》、《书》、《礼》、《易》、《春秋》、《孟子》皆有图解；于史，则《史记》、《汉书》均有论说；于集，则唐宋杜、韩诸大家都有手抄本，汇成《劲草亭诸编》。生平心迹所寄，尤在《防秋谱》一篇，其文甚奇。晚年居鄞县城中，以教授学生老其身。筑“劲草亭”，以为“疾风劲草，老而益壮”，人称“劲草居士”、“劲草老生”。有诗文《劲草亭文集》、《痛定集》、《戊戌诗稿》等存世。

胡文学

胡文学，字卜言，别号道南，鄞县人，顺治九年(1652)进士，初由真定府推官累官至监察御史，巡视两淮盐政，官至太仆寺少卿。任两淮盐政期间，妥善地处理了盐税与兵饷及盐商之间的关系，由于他德威并用，令三者和平共处，同时使江西等上江地区贫困之乡的平民也能有盐可吃，因而为官民所赞赏。在任期间的另一德政就是在扬州创办安定书院。著有《盐政通考》、《淮盐本论》、《适可轩文集》、《甬上耆旧诗》等。

李邺嗣

李邺嗣(1622—1680)，鄞县人，名文胤，字邺嗣，号杲堂，又号淼亭，明末清初学者。十二岁能诗，十六岁补诸生，后受学黄宗羲。顺治五年(1648)，因其父参与四明山抗清被逮下狱，他受牵连被驱至定海，关押在马厩七十天，后由同里万泰着力营救出来。同年七月再下府狱，不久被释。此后体弱多病，但好义之心不减。1650年，余姚黄宗炎因抗清被捕，将受极刑，偕同同乡义士倾家财救出。1664年，张煌言被执，清军搜得缙绅与张往来书信，欲按籍而杀，他以计令其中止。张煌言就义杭州，李邺嗣与万斯大等为之营葬。康熙十七年(1678)辞博学鸿词科荐。晚年致力于地方文献的搜集整理,辑成《甬上耆旧传》,重辑《甬上耆旧诗》、《砌里文献录》等。著有《杲堂文钞》、《诗钞》、《诗文内集》、《汉语》、《续汉语》等,今有《杲棠诗文集》行世。诗文为黄宗羲所称道,卒后黄宗羲为作墓志铭。

朱金芝

朱金芝,鄞县人,字汉生,自号忍辱道人。清初经学家。明亡后参与抗清,数次濒死。回老家后遭捕而逃避鄞西杖锡山,后不知所终。学识渊博,长于经学,尤精于《易》学。著有海鲜专著《海错志》和《竹溪小志》。其他著作亦多,但多不传。

邱业

邱业,湖北省安陆县人,清朝宁波府知府。在任期间,延聘鄞县人万斯同、万斯选、赵时赟共纂康熙《宁波府志》,志成于康熙十二年(1673)。

万斯选

万斯选(1629—1694),字公择,学者称白云先生,鄞县人。明崇祯九年(1636)举人。明亡,隐居不试。黄宗羲应万泰邀,来宁波讲学,他与兄弟万斯大、万斯同等同听讲,为十八个黄氏高足之一,以"躬行君子"著称,同辈视为模范,黄宗羲亦以诤友相待。他一生以教书为业,曾到杭州、桐乡讲学,在淮南任教时间最长,为刘宗周学说北传作出了重要贡献。著有《事心录》、《白云集》等,参与修纂康熙《宁波府志》。

万斯同

万斯同(1638—1702),清初著名史学家,字季野,号石园,门生私谥贞文先生,鄞县人。少时师事黄宗羲,致力于诗古文辞。其后为经国有用之学,研考古今制度,索其遗意,期于可行。康熙十二年(1673),与其兄弟斯选、友人赵时赟一道纂成康熙《宁波府志》。康熙十七年(1678),举博学鸿儒却力辞不就。其学问之长尤在史学,以布衣参与编修《明史》,前后十九年,不署衔、不受俸,于前史体例,贯串精熟,指陈得失,洞中肯綮,博采旧闻,成《明史》稿五百卷。此外,著述颇多,有《补历代史表》、《庚申群遗事》、《纪元汇考》、《南宋六陵遗事》、《历代宰辅考》、《宋季忠义录》、《河渠考》、《群书疑辨》、《书学汇编》、《儒林宗派》、《石园诗文集》等传世。

仇兆鳌

仇兆鳌(1638—1717),字沧柱,一字知几,自号章溪老叟,鄞县人,明末清初著名学者。少有奇才，深具道根。初从大儒黄宗羲游学，究修性命微旨，举一反三，博学多才。康熙二十四年(1685)乙丑科进士，数年中历擢侍讲学士、侍读学士、内阁学士、礼部侍郎、吏部右侍郎，五十年(1711)托病辞官归乡。急流勇退后，栖心道林。尝与会稽陶素耜穷研丹经秘旨，通《易》之妙理。复遍游天下名山洞府，于武夷得异人传授《参同》真诠，深得南宗秘传，归筑“栖云草堂”，潜修阴阳丹法，互资印证。多年修持，颇有所得，仙风道骨，为一代丹家。曾参与修纂《方舆程考》，著有《杜诗详注》、《通鉴论断》、《道言秘录》、《天童寺志》、《杜工部年谱》等。

张训

张训，明朝慈溪人。慈溪县学生员，生平不详。编纂《观海卫志》四卷、《临山卫志》四卷。

吴殿弼

吴殿弼，生员，辽阳人。清康熙十一年(1672)，修康熙《慈溪县志》。

唐鸿举

唐鸿举，清康熙二十七年(1688)进士，任镇海知县。立法禁争嗣及强娶。善听讼，狱无停滞，人无株连。农时，裹粮亲历田间，简稽勤惰，一如家人。补户部主事，擢兵科给事中。在任期间修康熙《定海县志》。

裘琏

裘琏(1644—1729)，字殷玉，一字蔗村，号废莪子，学者称横山先生，清慈溪横山裘墅(今江北区裘市)人，清朝戏曲家、方志学者。早年从学黄宗羲，以诗闻名，然却科场失意达五十余年。康熙二十六年(1687)，在黄宗羲的举荐下，参纂《大清一统志》。主纂《三楚志》，历十五日而成，不但速度快，而且文章工整，总裁徐乾学阅后，连连称奇。康熙皇帝南巡，献《迎銮赋》，帝六十大寿，复献《升平乐府》，帝阅后命近侍记名。康熙五十四年(1715)终成进士，已年逾古稀，任翰林院庶吉士，不久告老还乡，游山玩水，著述不懈。雍正七年(1729)，被告发替废太子允礽出谋划策，八十五岁高龄时被捕。次年六月，死于北京狱中。著述甚多，有《复古堂集》、《天尺楼古文》、《述先录》、《横山文集》、《横山诗集》等多种；参与编撰清朝康熙《定海县志》、《钱塘县志》、《南海普陀山志》；其杂剧《昆明池》、《集翠裘》、《鉴湖隐》、《旗亭馆》合称“四韵事”；另有《普陀十二景》等诗文。

朱士杰

朱士杰，字亶庵，镶白旗人，康熙九年(1670)以荫生知鄞，注重砥砺品行,经常与县学士子与教授沈增一起,讲解经义,评论异同。十年(1671),修理狗颈塘。十一年(1672),与宁波府学教授沈增一起纂成《鄞县志》二十卷,谓壬子新志,亦称“朱志”。但此志未刊,流传颇少。

汪源泽

汪源泽,字天门,歙县人,贡生。康熙二十二年(1683)任鄞县知县,采纳乡人建议,延聘闻性道编纂县志,历时两年,康熙《鄞县志》(或称“闻志”修成。适逢学校倾覆,遂与博士金永焜、虞景尧合力修葺一新。二十三年(1684)秋,台风袭击鄞县,河塘损毁,主持修复工作。

闻性道

闻性道(约1644年前后在世,生卒年不详),字天遁,明清之际鄞县人,诸生。清顺治八年(1651),清兵破翁洲,明将张肯堂全家死难,遗骸二十七具,他得悉后募乡民负遗骸出,分三大饔葬于茶山。康熙十七年(1678),辞博学鸿词荐,参与修编《宁波府志》。康熙二十二年(1683),江源泽知鄞县,聘他编纂县志,越两年,康熙《鄞县志》成书。此后,先后纂成《天童寺志》、《东寿昌寺志略》、《大慈寺志略》、《延福寺志》、《保庆寺志略》等志书,是鄞县历史上参与修志最多的学者。

邵廷采

邵廷采(1648—1711),字允斯,又字念鲁,余姚人。九岁入姚江书院,受业于韩孔当,后终身守师说。主讲姚江书院长达十七年,编纂《姚江书院志略》。除钻研理学外,还重视读史,研究史学。晚年勤于著述,史学著作具浙东学派特色。学问贯串群史,著有《东南纪事》、《西南纪事》、《思复堂文集》等。

姚宗京

姚宗京,字积之,清慈溪人,诸生,生平不详。他参与编纂过两种地方志:《慈溪县志》,康熙十一年(1672)修(与刘国器、夏周成同纂);康熙《宁波府志》三十三卷,康熙二十二年(1683)修(与鄞县左臣黄同纂)。

左臣黄

康熙年间,朝廷修《明史》,教谕左臣黄从事秘书,并参与明史馆事务。康熙二十二年(1683),参与修纂《宁波府志》。教谕古文有盛名,为人本分,重名节。

万经

万经(1659—1741),鄞县人,字授一,号九沙,清代学者。康熙四十二年(1703)进士,由庶吉士授编修。曾充山西乡试副考官、提督贵州学政。康熙三十六年(1697),万经公车入京,住在万斯同北京私邸,亲承教诲。斯同死后,他和斯同之子世标一同料理后事。他曾以斯同《明史》稿本为参考,与堂兄万言先后撰成《明史举要》一书。又曾以斯同、斯选康熙年间所修的《宁波府志》为底本,修成雍正《宁波府志》。曾参与《康熙字典》等大型官修著作的编写,后因事罢归。万经博通经史性理及金石家言,重修万斯同《列代纪年》。书法上很有造诣,善于隶书。著有《分隶偶存》。

张淑郿

张淑郿,字诚斋,河北真定人,抵慈即捐俸建学、浚浦、筑塘,有政迹。雍正四年(1726),修雍正《慈溪县志》,史官鲁曾煜助其事,慈溪人林梦麒、蔡云鹏、裘彦良、周维棫等参与编纂。书成后受荐离任。

鲁曾煜

鲁曾煜,字启人,号秋塍,会稽(今浙江绍兴)人。康熙六十年(1721)进士,改庶吉士。约乾隆元年至八年(1736—1743)间任敷文书院山长,学识渊博,教导严谨,深受诸生爱戴。曾参与编纂雍正《广州府志》、雍正《慈溪县志》。著有《秋塍文钞》、《三州诗钞》。

马鲲

马鲲,仪封人(今属河南省兰考县),康熙九年(1670)任象山知县,聘县人周光春纂修康熙《象山县志稿》。

李郁

李郁,云中人(今属山西省怀仁县),康熙十五年(1676)任象山知县,重修康熙《象山县志》。

姚廷杰

姚廷杰,字广文,康熙三十七年(1698)任象山县儒学教谕。受知县胡祚远聘请,纂康熙《象山县志》。

杨正荀

杨正荀,字纂卿,云南开化人,举人出身,官至滁州知州。雍正七年(1729),朝廷诏修全国一统志,令各地搜集资料。于次年开馆重修慈溪县志，由冯鸿模任总纂，林梦麒、蔡云鹏、刘天相、俞声金、陈象曦等同纂。五月启馆，年底成书。书成后离任。

许炳

许炳，字雍之，常熟人，任慈溪县令时宽钱粮、恤刑狱、兴赈济。于雍正九年(1731)考订刊行雍正《慈溪县志》。

冯鸿模

冯鸿模，慈溪人，雍正元年(1723)中举，十二年(1734)进士及第，曾任河北乐亭知县。总纂雍正《慈溪县志》。

马受曾

马受曾，溧阳人，康熙五十七年(1718)任象山县令，在任期间主修雍正《象山县志》，聘县人袁澄任总纂，林文懋、王元佐、陈其璜、史在霖、钱鸿基、谢荣祚、史梁、钱式坚、袁士范为分纂。

谢起龙

谢起龙，字天愚。余姚人。清代经学家。康熙岁贡。考授教职不就，以著述为事。著有《东山志》(东山今属余姚)。

王梦弼

王梦弼(1688—1755)，字代言，又字惕庵，清河南商丘人。乾隆十一年(1746)任镇海知县。在任期间，县城后海塘遇大风巨浪屡坍，遂详考今昔塘工利病，主持重修，垒石排桩加固塘堤，计八百余丈，历四年竣工。随后，继修钩金、石江、汇头、善庆、龙山、利济等塘。乾隆十二年(1747)主持修编乾隆《镇海县志》，乾隆十七年(1752)成书。乾隆十六年(1751)大旱，出粮平粜，施粥赈灾。在任七年，政绩为民众所称道，后任姚州知州。

邵向荣

邵向荣，字东葵，余姚人，清代经学家。康熙举人，曾任镇海教谕。好学博览，颇通诸经。乾隆十二年(1747)受邀主持编纂乾隆《镇海县志》，乾隆十七年(1752)成书。著有《冬余经说》等。

齐召南

齐召南(1703—1768)，天台人，字次风，号琼台，晚号息园，清代史学家。幼时聪敏颖异，人称神童，浙江学使何世基至台，一见即加赏爱。雍正七年(1729)举副贡，乾隆元年(1736)高中博学鸿词，后累官至侍读学士、内阁学士兼礼部右侍郎。善诗文，精礼乐，学识渊博，于历史地理建树尤多。晋京后不久，即任《大清一统志》纂修官，负责编辑盛京、河南、山东、江南、福建、云南、鸡林、宁古塔等部分。不久后任《明鉴纲目》纂修官，分撰《前纪》及神、光、熹三朝事。其后还任过《会典》纂修官、《续文献通考》副总裁等职，父丧在家守墓时，乾隆仍命其在籍编纂经史。齐氏的史学著作很多，有《史记功臣侯年表考证》、《汉书考证》、《历代帝王年表》、《水道提纲》、《明州纪略》、《温州府志》、《天台山志要》、《外藩书》等著作传世。

全祖望

全祖望(1705—1755)，字绍衣，一字榭山，鄞县人。清代著名的史学家和文学家，是继黄宗羲、万斯同之后浙东学派承上启下的重要人物。雍正七年(1729)贡生，雍正十年(1732)中举。乾隆元年(1736)，荐举博学鸿词，同年中进士，选翰林院庶吉士。在翰林院期间，专门借阅《永乐大典》，每天读完二十卷，因此学业大进。次年即返回家乡，后未出仕，专事著述，撰《鲒埼亭集》三十八卷、《外编》五十卷、《诗集》十卷、《汉书地理志稽疑》六卷，辑补《宋元学案》一百卷、《全校水经注》四十卷并补附四卷，辑成《续甬上耆旧诗》、《甬上族望表》、《双湖小志》。其致力于搜罗辑佚旧志，从《永乐大典》中辑出永乐《宁波府志》；参与修编《宁波府志》；为修志提供资料，帮助家乡修志；在方志学上颇有建树。

钱大昕

钱大昕(1728—1804)，著名校勘学家、史学家，字晓征，号辛楣，又号竹汀，江苏嘉定人。乾隆十九年(1754)进士，历任山东、湖南、浙江、河南乡试考官，提督广东学政。乾隆四十年(1775)因父丧回乡，后不再出仕。曾在各书院主讲，他的门生中后来成名的不少。钱大昕学识渊博，对文字、声韵、训诂、天文、地理、金石和历史掌故都熟知，被当时人称赞为“通儒”，而最大之贡献在于校勘。《廿二史考异》是他的力作。在书中，他对二十二史的内容和文学进行多种版本的参校，并参考了历朝会要和各家诗文集，订正了不少谬误之处，在史学上有极高的参考价值。钱大昕对史书潜心研读，他认为成书于明初的《元史》缺欠太多，史实遗漏、重复之处比比皆是，曾发愤重写《元史》，但未能完成。现仅有《元史艺文志》四卷流传，该书广泛搜集有关资料，内容翔实可信，颇受学者重视，是研究元史的必备参考书。受知县钱维乔之邀，主纂乾隆《鄞县志》，于乾隆五十二年(1787)修成，亦称“钱志”。被后人称为乾嘉时期学者修志之典范。先后为《昆山郡志》、《五峰志》、乾道《四明图经》等数部方志作跋；其修志注重考辨，为后世所称颂。

钱维乔

钱维乔（1739—1806），清文学家、戏曲家。字树参，季木，小字阿逾，号曙川，又号竹初，半园、半竺道人、半园逸叟、林栖居士等。江苏武进人。乾隆十年（1745）状元钱维城之弟，乾隆二十七年（1762）举人，曾讲学于如皋露香草堂，门前种竹，自号竹初居士。文学上颇具才华，为悼念亡妻，作《碧落缘》和《鹦鹉媒》各两卷，手法奇特，受到江南名士的赏识。乾隆三十四年（1769），赴京赶考，落第滞于京寓，见到明代画家张灵的美女、花鸟画各一帧，甚是欢喜。归里后考据张灵生平，尤感其事其情之悲，乃作《虎阜缘》传奇二卷，演述张灵与崔莹悲欢离合生死之恋的故事，颇受当时士林与梨园之欣赏，在乾隆年间的演出曾轰动一时。钱维乔早岁即工翰墨，笔力苍厚，山水茂密不繁，峭秀不塞，作家士气兼备。晚岁笔墨尤精，随意所作，疏老苍浑。因作品风格酷似其兄，当时有“常州二钱”之美誉。乾隆五十七年（1792），钱维乔先后任浙江遂昌、鄞县知县期间，将所作的三种传奇刊于官署，合称《竹初乐府》。钱维乔学贯古今，诗文博瞻，工书善画，精于音律，晚通禅理。著有《钱竹初山水精品》、《竹初文钞》、《竹初诗钞》、《竹初未定稿》等，并与钱大昕一起合修《鄞县志》。归乡后，于嘉庆八年（1803）购得唐宇昭半园之半为宅度晚年，作有《半园之半记》。

蒋学镛

蒋学镛（生卒年不详），字声始，号樗庵，清鄞县人，为全祖望表弟和入室弟子，治学勤精刻苦，为人洁身自好。乾隆三十六年（1771）举人。知县举为孝廉方正，辞不就。乾隆五十年（1785），鄞县开局修志，参与其事，未几因与共事者不合辞去，自著《鄞志稿》，后改为《甬上先贤传》、《水利考》。1932 年张寿镛得其手稿，刊入《四明丛书》第三集，《序》中称他“继谢山（全祖望）之学，上承万氏（万斯同等），以史学名”。除此之外，还著有《读经偶钞》、《三礼补笺》、《樗庵存稿》等。

邵晋涵

邵晋涵（1743—1796），清经学家、历史文献学家。字与桐，又字二云，号南江。余姚人。乾隆三十六年（1771）进士。入四库全书馆，授翰林院庶吉士，授编修，任纂修官。累迁至侍讲学士。学术上宗述王守仁、刘宗周、黄宗羲诸家之说。长于经史之学，经学精于《春秋》三传及《尔雅》。所撰《尔雅正义》以义例谨严、考证翔实著称。参加纂修《续三通》、《八旗通志》、乾隆《余姚县志》等书。从《永乐大典》中辑出散佚已久的薛居正《旧五代史》,加以精心考核排比。所撰《四库全书总目》之史部提要,注重探求史书体例及史家思想渊源,原稿收入《南江文钞》,与经纪昀删改者有所不同。邵氏精于宋明史学,拟重修《宋史》,因早逝未果。著述尚有《孟子述义》、《旧五代史考异》、《皇朝大臣谥法录》、《南江札记》等。

卢标

卢标,字菊人,东阳人。博览群书,整理考订金华府属地域文献不遗余力,著有《婺志粹》十四卷、《婺诗谱》三卷、《说陶》一卷、《捞怀编》和《定溪诗集》各二卷、《宝婺碎》一卷。朝廷赠修职郎。乾隆五十四年(1789),五十八岁时被选授宁海教谕,在任期间写成《缑城漫钞》,保存了大量宁海历史资料。又出俸金五十两修学舍,亲自督理,业绩深受当地人民称颂,当地绅士具文请奖,卢标婉辞不受,乃建生祠以资纪念。患疾退归故里,主持建宗祠,修桥渡,辑宗谱,为民造福,从不阿谀权贵,而为公益事业、穷苦百姓作联赋词,留下墨宝甚多。

曹鎜

曹鎜,广西全州举人,乾隆二十年(1755)任象山知县,在任期间修纂乾隆《象山县志》。

姜炳璋

姜炳璋(1736—1813),字石贞,号白岩,象山县丹城人,著名经史学家。清乾隆十九年(1754)进士,与钱大昕、纪昀等,时称"八彦"。后任四川石泉县(今北川县)知县,教导县人种植水稻,栽培桑桐,建立书院,编纂《石泉县志》。后继任江苏省江浦知县,率民筑堰,辟田数千亩,民称"姜公堰"。归乡后讲学于金华、鄞县等地。精于经学,兼长义理考据。乾隆二十三年(1758)与冒春荣等纂乾隆《象山县志》,次年刊行。著有《诗序广义》、《读左补义》、《周易通旨》、《历朝纪元考》、《白岩山人诗文集》、《尊乡集》等。

史鸣皋

史鸣皋,字荀鹤,号历亭,江苏如皋人,乾隆时任象山知县。在任期间主持修编乾隆《象山县志》。

冒春荣

冒春荣(1702—1760),字寒山,一字葚原,自称花源渔长、柴湾樵客。江苏如皋人。好结交名士,以诗会友,掌控江浙间书院。1758 年与姜炳璋编纂乾隆《象山县志》,历八月成书,次年刊印,共十二卷。又编有《通州志》、《凤阳县志》、《两淮盐法志》等。冒春荣本人亦是诗论家,著有《葚原诗说》。

尹元炜

尹元炜,字青辉,号方桥,慈溪人。嘉庆九年(1804)中举,性淡定,不思仕进。工诗及古文词,时人对其很推崇。曾主讲慈溪德润书院。晚年因感邑志载述多有缺失、邑中文献日就荒残,于是就网罗合邑数千百年放佚旧闻,为前人补所未备。由是知难而进,广搜博采,辑成《溪上遗闻集录》八卷、《别录》二卷。

董秉纯

董秉纯(1717—1788),清鄞县人,字抑儒,一字小钝。乾隆十八年(1753)以拔贡需次京师,补广西那地州州判,后擢甘肃秦安县知县,有政绩。董秉纯为全祖望弟子,辑录《鲒埼亭外集》、《全谢山先生世谱》和《全谢山先生年谱》。全祖望曾经七次校勘《水经》,校刊本《水经注》四十卷即秉纯节录本。著有《春雨楼初删稿》、《董孝子庙志》等。

卢文弨

卢文弨(1717—1796),字绍弓,一作召弓,号矶渔,又号檠斋,晚年更号弓父,人称抱经先生,原籍余姚,迁居仁和(今杭州),清代校勘学家、藏书家。乾隆十七年(1752)进士,授翰林院编修充侍读学士。三十年(1765)充广东乡试主考官,后提督湖南学政。后因条陈学政事宜,被降三级。1768年辞官归杭,曾先后在江浙钟山、紫阳、龙城等书院主持讲席达二十余年。喜藏书,精校勘,家有藏书楼名"抱经堂"。清乾隆年间浙江藏书楼有东西两"抱经"之称,东为宁波卢址抱经楼,西即他的抱经堂。藏书数万卷,校书二百一十余种,其中包括多种方志珍本。曾为多地方志纂写序、跋及后记,其内容多为考证作者、志名、版本及流传,也涉及方志理论探讨。

卢址

卢址(1725—1794),清代中期大藏书家。字丹陛,一字青厓,鄞县人。诸生。卢址是当时著名学者卢文弨的族人。恰巧卢址有藏书楼抱经楼在宁波鄞县,而卢文弨筑有抱经堂,在杭州仁和,时人及后世称作"东西二抱经"。卢址博学嗜古,工于诗词,藏书是他的一大嗜好。每当遇到古籍善本,卢址均不惜重金购买收藏之。他的藏书楼藏有很多诸如叶氏箓竹堂、丰氏万卷堂、毛氏汲古阁、祁氏澹生堂、汪氏古香楼等名家名馆的旧藏。卢址搜集收藏书籍长达三十余年，收藏的书有数万卷，一共装了四十七个大书橱，藏书严格学习遵守天一阁的范例。卢址因为藏有很多方志书籍，如宁波地区的乡邦文献，以致当时的鄞县县令钱维乔编写县志时，也要到卢址抱经楼查阅搜罗资料。著作有《四明文献集》一百四十卷、《抱经楼书目》一卷。

倪象占

倪象占，清代象山县丹城人。乾隆二十一年（1756）补诸生。三十年（1765），乾隆皇帝南巡，选列迎銮，拔充优贡。旋奉调分纂《大清一统志》，又同编《千叟宴诗》。五十三年，应聘分纂《鄞县志》。翌年，补授嘉善训导，勤于督课。擅画兰、竹、松、石，几入逸品。撰《周易索诂》，历八载始成。另有《蓬山清话》、《抱经楼藏书记》、《象山杂咏》、《青棂馆集》、《韭山诗文集》等。

钱沃臣

钱沃臣，象山丹城人，字心溪，大致生活于清乾隆年间，为吴越王钱镠后裔，年轻时曾受当时象山知县华瑞潢赏识，被聘为记室（类如秘书）。曾收集民歌诗歌，纂成《蓬岛樵歌》。因才气过人，颇有盛名，遍游浙东四十余年。好学媚古，所著诗、古文、词皆可诵，尤工书画、篆刻。

高杲

高杲，字亭午，清余姚浒山（今慈溪市浒山街道）人，嘉道间诸生，著有《四虽吟》，与沈煜合编《浒山志》。

沈煜

沈煜（1768—1824），原名煌，榜名长清，字星辉，号鹿园。清余姚浒山（今属慈溪市浒山街道）人，嘉庆五年（1800）顺天举人，任余杭县教谕。著有《南旋日记》、《丁祭事宜》、《第九洞天山房集》，与高杲合编《浒山志》。

童槐

童槐（1773—1857），字晋三，一字树眉，号萼君。鄞县人。嘉庆十年（1805）进士，殿试三甲。嘉庆二十四年（1819），出任山东按察使，后任江西按察使，终通政司副使。工诗，擅长书法，熟悉清朝典章历史，晚年研究故乡四明地区方志文献。在月湖（今位于宁波市海曙区）北岸偃月堤边建有银台第。著作有《今白华堂集》、《补雅》、《过庭笔记》、《从政》、《眉叟》等。

冯登府

冯登府（1783—1841），清嘉兴人，字云伯，号柳东，又号勺园，自号小长芦旧史。嘉庆二十三年（1818）举人，嘉庆二十五年（1820）进士，改庶吉士。

后授江西将乐县知县，不久以亲病去官。服阕，官宁波府教授，受聘主纂道光《象山县志》，又纂道光《南田志稿》。大吏重其才，将荐举之，力辞不就，后告归故里王店，已得咯血疾，筑勺园以颐养天年。鸦片战争爆发后，宁波沦陷的消息传来，登府忧愤交加，病剧而卒。冯登府一生以著书立说为业，不为仕途所羁绊。对经史百家无不广闻博记，而经学造诣尤深。登府古文宗桐城派，诗宗朱彝尊，兼工词。并精篆刻，喜声律，兴趣广泛，尤其谙熟金石掌故，又专于训诂学。所著《石经补考》，对汉魏唐蜀及本朝石经详加甄录，成为后代研究石经的参考要籍。阮元等学者与登府有文字之交，曾分别为登府刊行《三家诗异文疏》、《金石综例》、《论语异文疏证》等书。登府与同里李富孙友情最为密切，每著一书，必与之反复商榷。中年游宦福建时，应聘修纂《福建盐法志》、《福建通志》等，为闽人所推重。一生著作等身，著有文集八卷、诗四卷、词四卷，还有《小谪仙馆摭言》十卷、《酌史岩摭谈》十卷、《梵雅》一卷、《金屑录》四卷、《石余录》四卷、《石经考异》十二卷、《浙江砖录》四卷等二十余种传于世，并辑有《浙西后六家词选》、《梅里词辑》等书。

蒋坦

蒋坦（？—1860），字霭卿，又作蔼卿。钱塘（今杭州）人。诸生。蒋坦幼承家学，七岁即工韵语。博学多才，擅长诗歌，然家甚贫，一生郁郁不得志。咸丰十年（1860），太平军攻占杭州，出走慈溪。后复归杭，竟以饿死。著有《花天月地吟》、《黄山小志》。

姚燮

姚燮（1805—1864），清代著名文学家、画家、学者。字梅伯，号复庄、野桥、大梅山民、疏影词史、复翁、老复、二石生等，镇海（今属宁波北仑区）人。他一生经历了嘉庆、道光、咸丰、同治四朝，是清帝国由表面的全盛走向逐渐衰弱的时代。年幼时聪明，长而博学，自经史诸子至传奇小说，旁逮道藏释典，靡不览观。诗名早著，尝与甬东诗人结枕湖吟社。道光十四年（1834）举人。三应会试不中，十八年以誊录例选候补知县。赴京期间结识黄爵滋、魏源、汤鹏、张际亮、蒋湘南等，相与痛论时事。鸦片战争期间，镇海、宁波失陷，携家避难，亲历战乱，备尝艰苦。在鄞江避战期间，撰成《四明它山图经》。战后复罹危疾几死，因有所悟，取平生绮语十数种摧烧之，自号“复庄”。二十四年会试再报罢，遂绝意仕进，居家著述授徒，作文鬻画自给。时行走江浙间，客上海，与王韬往还颇密。以疾终。他有多方面的文学成就，在诗歌创作方面被后人评为晚清诗坛一巨匠，词作亦堪称清朝后期一名家，骈文创作可入清代骈文大家之列。他善写墨梅及白描人物,写意花卉,无不奇特。他在学术研究方面也很有名,尤其以戏曲、小说的研究最为突出。代表作有《复庄诗问》、《复庄骈俪文榷》、《疏影楼词》、《今乐考证》等,编有《今乐府选》、《皇朝骈文类苑》等,所著编为《大梅山馆集》。

宗源瀚

宗源瀚(1834—1897),清江苏上元(今南京)人。字湘文,室名颐情馆。擅长文学,尤精舆地,所绘浙江舆图世称之。光绪初年,官浙江,历署衢州、湖州、嘉兴府事,敏于吏事,判牍辄千言。在湖州浚碧浪湖,兴水利。时太湖淤塞,前守杨荣绪疏浚无功,会有疏陈治法者,下郡,源瀚乃议大兴工役,所规画甚备。荣绪回任,卒成之,补严州。兵后凋敝,多温、台客民寄垦,习于剽劫,廉治其魁,遣散归者六千人。治严五载,煦呕山民,穿渠灌田,引东、西湖以泄新安江之暴涨,旱涝不害。每巡行田野,劝民力穑。调宁波,通商事繁。任内疏浚郡河,著有《郡城浚河征信录》以记之。后晋道员,署杭嘉湖道。光绪二十年(1894),日本构兵,调温处道,沿海戒严,处以镇静,清内匪,捕诛盗渠十余人,疆圉晏然。又三年,卒于官。有《郡城浚河征信录》、《湖州府志》、《国朝右文掌录》、《国朝严州诗录》、《辨志文会初集》、《颐情馆集》等作品传世。

邵友濂

邵友濂(1841—1901),清末余姚人,原名维埏,字小村,一作筱村,清代政治家与外交家。起初由监生报捐员外郎,后任职工部。同治四年(1865),补行乡试举人。十三年(1874)以御史记名,旋补总理各国事务衙门章京。光绪四年(1878)冬,以道员充头等参赞,随崇厚出使俄国。次年,署理驻俄国钦差大臣。七年(1881)回国,在总理衙门任职。中法战争爆发后,奉命在沪襄办台湾防务,筹划与转运后路军火饷械及续调营勇等事,又奉命加强宝山吴淞口防务;协助全权大臣曾国荃与法国谈判和约。十七年,调任台湾巡抚。任内设台湾省通志局,修建省后之台湾通志。十九年应聘主纂光绪《余姚县志》,二十五年(1899)成书。在余姚创设育婴堂、牛痘局、因利局。二十年,调署湖南巡抚。二十一年,为全权大臣,同张荫桓自上海东渡,赴日本谈判被拒。后因病免职。

徐兆昺

徐兆昺,字绮城,自称"小江老学究",鄞县县城人,清嘉庆年间(1796—1820)贡生,官诸暨训导。生平致力乡邦地理,《四明谈助》是他一生最大的成就,此书起稿于嘉庆十八年(1813),到道光三年(1823)基本成稿,成书后先在朋友同好中传抄,直到他做了诸暨训导后于道光七年(1827)刊印了此书。《四明谈助》全书四十六卷,以地志随记人物,经纬分明,辞义赅博,于郡县沿革、山溪险夷、旧迹原委、门阀盛衰皆可考。

张铣

张铣,字镜蓉,云南蒙化人,举人。咸丰五年(1855),任鄞县知县,八年(1858)六月病故。在任期间,鄞县人周道遵等纂成咸丰《鄞县志》。

戴枚

戴枚,江苏人,附生,同治六年(1867)十一月,任鄞县知县。次年,主持修编鄞县志,聘请徐时栋为总纂。七年(1868)九月调任钱塘县。

徐时栋

徐时栋(1814—1873),字定宇,一字同叔,号柳泉,人称"柳泉先生",鄞县县城人,清著名藏书家。清道光二十六年(1846)中举人,两赴会试不第即不复应试,后以输饷授内阁中书。生平酷爱读书,勤学博览,留意搜罗,建烟屿楼(同治二年毁于火)于月湖西,藏书六万卷。一生校勘文献甚多,尤致力地方文献,校刻《宋元四明六志》,考异订讹,著《宋元四明六志校勘记》,使六志得以流传后世。又辑《四明旧志诗文钞》,著《烟屿楼文集》、《烟屿楼诗集》等。曾主四明文坛三十余年,后起俊秀多出其门。同治七年(1868),受聘主持鄞县志局,发凡起例,总持大纲。为利用自己藏书,次年移局于西门外新宅水北阁,并借阅城内卢址抱经楼、杭州丁丙八千卷楼的藏书千余种,仿照国史馆列传之例,注明入志资料出处,排比成文。越五年,病重将殁,执董沛手,以志局事郑重相委,不语私事。同治十三年(1874)志成,三年后刊行。

董沛

董沛(1828—1895),字孟如,号觉轩,清鄞县人。嗜学好藏书,于同治五年(1866)编纂成《明州系年录》,以编年体记从周朝至清朝同治二年(1863)明州一郡建置、兵戎、赈恤、祥异、贡市等大事。同治六年(1867)中举人,主讲宁波崇实、辨志书院,以诗、古文负名。又精史学,与同县名儒徐时栋相交笃。七年(1868)鄞县修县志,徐时栋主其事,后徐病危,临终执其手郑重相托。至十三年(1874),终成其书,俗称光绪《鄞县志》。该志以钱大昕乾隆《志》为底本,补疏辨误,考证精详。光绪三年(1877)中进士,历署江西建昌、上饶等县知县,所至善于析狱,兴修水利,尤留心地方文献。继任江西通志馆协辑官，协修《江西通志》。光绪十一年(1885)以疾辞官归里，筑六一山房，聚书五万卷，专意著述。著有《两浙令长考》、《唐书方镇志考证》、《竹书纪年拾遗》、《甬上宋元诗略》、《甬上明诗略》、《甬上诗话》、《六一山房诗集》等。

陈劢

陈劢，字子相，号咏桥，鄞县人。道光十七年(1837)拔贡，廷试第二，任广西知县。未及一年，以亲老待养辞归。同治元年(1862)，被荐举孝廉方正，授江苏知县，辞不赴任。少即工诗，善书法，尤精小学。熟悉乡邦掌故。徐时栋校《宋元四明六志》时，与其复核资料，往来书札不绝。修县志时，用力尤勤。劢曾患痞疾，养病期间，以刻画金石自遣，后集其所作，成《三十罩云山馆印存》。诗文集有《运甓斋稿》、《文稿》、《赠言录》等。史志著作《历代纪元考》、《四明七观补注》、《四明谈助校语》等颇有史学价值。

钱翼衢

钱翼衢(1827—?)，又名运禧，字仪可，号鸿轩，又号瞶夫，宁海人。清道光年间(1821—1850)庠生，例授修职郎。一生热心于地方文献，选录宋至清中叶所有县籍诗人代表作品，编成《回浦诗录》，这是宁海县首部历代诗人作品集。咸丰十一年(1861)，他见“旧志缺略舛误为特甚，迄今一百八十年，未有起而重辑者，近又板毁于寇，衢恐文献散佚，不揆固陋，辑为十四卷”①。编成后，庋藏于家，一直未曾刻板印行问世。钱亡故后，由其后人收藏。20世纪40年代，著名方志学家干人俊先生在其后人处读后，称赞不已。当时干先生担心手抄孤本难以存世，在当时的《宁海民报》上刊登了《拟印钱志稿启事》。但当时正值抗战方兴未艾，政府忙于战争，百姓日夜担惊受怕，生命财产尚且不保，故应者寥寥，后无结果。

王耀斌

王耀斌，湖北天门人，出身举人。清同治十年至十一年(1871—1872)任宁海知县，到职后，发现全县教育落后，民风颓唐，而寺庙淫滥，遂决心改部分寺院为书院，以振兴教育事业。但当时地方封建迷信势力严重，此举绝非易事。经他多方工作，晓之以理，动之以情，取得一些乡绅的赞同和支持。他雷厉风行，上任当年即改丹丘寺为亭山书院(今属三门县)、梁皇寺为拱台

---

① (清)王瑞成修，张浚等纂：光绪《宁海县志》卷十六，成文出版社有限公司1974年版，第1528—1529页。

书院(在今前童田潭)、广修寺为庄士讲舍(在今黄坛镇)、明智寺为逊志书院(在今梅林镇)。同时,将寺产划归为院产,作为书院经费。事成后,亲撰《拱台书院记》和《逊志书院记》。他还重视文化事业,在任期间主持续修由前任县令周祖升始修的清同治《宁海县志稿》。据光绪《宁海县志》记载,同治《宁海县治稿》分地理、公署、学校(附祠祀)、秩官、名宦、庶政、军政、选举、人物、艺文、杂志共十四卷,可惜已散佚。

王瑞成

王瑞成,江苏江宁人(今南京市),廪贡出身,光绪十六年(1890)到任,光绪二十年(1894)离任,是清代及历位宁海县令中任期较长的一位。在任期间,主持编纂光绪《宁海县志》。光绪县志始修于光绪十八年(1892),总纂为黄岩张竣,参与编写的有十余人,后任柳商贤、孙启泰、程云骥三位县令续修。光绪二十八年(1902)刊印,共分地理、建置、版籍、军政、秩官、选举、人物、艺文、金石、流览、杂志、志余等二十四卷。邑绅王巨韶、王荣夔捐资刊印。民国四年(1915),丁建芬捐资重印。

张锡钟

张锡钟,号半石,江南衙莳人,诸生。光绪五年(1879),光绪《镇海县志》修成,阅后,以为所述与己所闻见多有出入,即出藏书互相校勘,逐条改辨。又因山川、道路、桥梁和水利情况需实地勘测,不能闭门造车,就亲赴浃江南北,踏勘访问,或托挚友代劳。自光绪八年(1882)起寒暑十载,订讹补遗四卷,后人称为光绪《重订镇海县志稿》。虽其稿本未刊,但民国《镇海县志》多有引用。

杨泰亨

杨泰亨(1824—1894),字问衢,号履安、理庵,室名双忠砚室、饮雪轩、佩韦斋,清代慈溪人。同治四年(1865)进士,官翰林院检讨。同治九年(1870)、十二年(1873)两次任湖南副考官。生平勤学好问,至老手不释卷。熟于掌故,收集乡邦文献,不遗余力。著有《饮雪轩诗文集》八卷,编纂光绪《慈溪县志》五十六卷。

冯可镛

冯可镛(1831—1890),清藏书家。原名可钇,字佐君,号舸月,慈溪人。咸丰元年(1851)举人,八次上春官落第,晚年主讲于德润书院,编《句章征文》,校刻《慈湖遗书》,兼辑《补编》、《慈湖先生年谱》。冯氏藏书有家学渊源，曾祖父冯元仲(1579—1660)就已经有“天益山堂”藏书楼，祖父冯云濠(1807—1855)创建藏书楼曰“醉经阁”，并由咸丰帝御赐楼名。藏书沿至冯可镛时，已有数十年历史。他又作藏书处为“匏系斋”。任光绪《慈溪县志》总纂。因编纂县志有功，由拣选知县加国子监学正衔。尔后，冯氏后裔肆意出售藏书，1930年，冯可镛后代出售“醉经阁”藏书，被同邑藏书家秦润卿购入“抹云楼”，竟还有三万余卷。著有《画匏斋诗稿》、《浮碧山房骈文笺注》各若干卷。其笺注《国朝骈体正宗》十二卷，为毕生心力所萃。

杜冠英

杜冠英(1840—1890)，字芸生，号征三，安徽省太平县(今黄山市黄山区)永丰乡卓村人。年少时学习儒家经典，颇有胆识。因督办军饷和天津海运有功，保授知府衔。光绪三年(1877)任玉环县同知。在职期间，奉檄开垦南田、海岛田三万余亩，纂写《南田县风土志》，保存了大量的当地方土人情资料。为抵御外敌入侵，建镇海、温台炮台十二座。又清积案、编户籍、兴水利、缉海盗，振兴文教，创设玉海书院，呈请学使奏加玉环学额一名，政声显著，深得民心。光绪十一年(1885)三月，法国人孤拔率舰队进犯镇海，冠英亲自指挥督战数昼夜，击沉法舰两艘，孤拔身受重伤，狼狈逃窜。清廷御赐冠英“奋勇可嘉”匾额，功加三品衔，升道员补用。

李前泮

李前泮，湖南湘乡人，清光绪年间曾任浙江东阳、奉化知县。在任期间，主持修编《奉化县志》。

吴文江

吴文江，清末奉化吴江泾人。他除爱书外，性喜酒，与人言语不谈私事，背后更不论人非。修纂《忠义乡志》，于四十一岁谢世时乡志未竟，病榻中对长子再三叮嘱，并请诸公编辑。后乡志才于光绪二十七年(1901)刊行。书中分门别类，各村各姓皆有出处和来历，另有风俗、山川、津梁、村族、书塾、邮舍(亭)、古迹、大事记、人物传、金石、艺文等，无所不载，可谓一志在手，博古通今，名山胜水可遨游其中。

第五章　民国时期:继承创新

第一节　发展演变

民国时期,宁波经历了巨大的动荡。民国初年的军阀混战使得宁波政局一度不稳。抗日战争时期,日军在宁波实施细菌战,造成宁波市中心死亡百余人。面对侵略,宁波人民奋起反抗。国货运动在彰显宁波人爱国热情的同时,也帮助宁波本土商人获得发展机遇。抗战前宁波商人迎来发展的黄金时期,但好景不长,随着日本对上海的渗透,宁波商人的经济地位开始走下坡路。抗日战争结束后,一部分宁波商人开始迁往香港、台湾和美国继续发展。

民国时期,由于国民政府政治中心和经济中心均在江浙一带,宁波也由远离首都的边远地带进而成为江南的重要城市,经济相对发达,修志事业也比较兴旺。

辛亥革命后,时局变乱,修编志书工作受到一定冷落,尽管如此也非完全沉寂。1929 年,国民政府内政部颁布《修志事例概要》,要求各省建立通志馆,并对方志编纂提出许多规定。1934 年,国民政府内政部又颁布《地方志书纂修办法》9 条,规定省志三十年一修,市县志十五年一修。但当时政局动荡,战事纷扰,致使地方志修编时断时续。不过,由于各地学者的多方努力和民国政府的倡导,全国曾编纂出一千五百余种方志,其中一些方志的体例和内容,随着近代科学的影响和方志学研究的深入,有了新的改观,呈现出与以前方志极不相同的面貌。在修志过程中，众多方志学家纷纷涌现。宁波方志名家干人俊在各地任教期间，课余致力于地方志资料的搜集和编写工作。退职归家后，则全力倾心于修志工作，共纂修省内外志书三辑六十二种一千一百七十六卷。其中有民国杭州、绍兴、永嘉、嘉兴、缙云、永康、龙泉、仙居、上虞、奉化、青田、黄岩、天台、临海、淳安、温岭、慈溪、兰溪、海宁、金华、余姚、桐庐、诸暨、高阳等县市新志稿。其著作之丰富，为近代地方志史上所罕见。近代宁波著名教育家、文学家、学者陈训正致力于方志编纂实践和方志学理论探索。在编写《定海县志》时，决心改革弊端，创新体例。《定海县志》问世后，得到学术界高度评价。此后不久，陈训正应邀北上山东掖县，主持县志修编。1933年，陈训正又应邀主编《鄞县通志》，确定了八项原则：重近世而轻古代；重现在而轻过去；重改革而轻保守；重演变而轻固定；重群众而轻个人；重社会团体而轻家族及少数人；重通俗文艺而轻寻章摘句；重耳目实验而轻引经据典。根据这八项原则，全志的取材也很有新意：舆地志注重户口、水利、交通、国防、气候；政教志注重财政、教育及社会现象；博物志注重生产实用；文献志注重艺文方言；食货志注重金融、产销、物价、工资；工程志注重计划构造。从而使浙江省的地方志修纂首先跳出旧舆地学的窠臼，而进入新的地理科学体系。

民国时期，宁波方志在全省乃至全国都占有比较重要的位置。自1914年成立浙江通志局编纂通志始，到新中国成立时全省所编纂各类志书（志稿）约八十种，宁波地区约有十六种，占五分之一，各县皆有修志，有的两修甚至三修，一大批良志精品问世。民国《鄞县通志》、《镇海县志》、《象山县志》在全省堪称佳志。其中，最有代表性、最有影响力的志书当属民国《鄞县通志》。它始修于1933年，历经坎坷，至1951年4月最终印竣，被称为“所有民国县志中的关门志”。该志由张传保、赵家荪修，陈训正、马瀛纂，共三十六册，计五十一编，分为舆地、政教、博物、文献、食货、工程六志，全志约五百五十万字。记叙范围涵盖鄞县全域，即今宁波市海曙、江东、鄞州三区和江北城区等。并附地图一函，计二十六幅。全志不仅内容浩博，篇幅巨大，而且体例新颖。在我国方志史上，《鄞县通志》具有划时代的意义，历来为方志界所推崇，也为科学界所关注。著名的方志学家洪焕椿称此志是浙江省内规模最大、篇幅最多、内容最丰富的县志。《中国大百科全书·中国历史》在介绍民国时期的方志修编时则以《鄞县通志》作为代表，称陈训正、马瀛等纂修的《鄞县通志》体例最为完备。著名科学家竺可桢则盛赞该志为古今方志第一。[①]

《鄞县通志》是宁波民国方志中的集大成者。它以实地调查作为资料来源,对社会结构、社会现象作分析性地详细记载,采用近代自然科学和社会科学原理作编纂理论,在传统方志向现代方志过渡中起着重要引领作用,代表着民国方志的最高水平。该志的主要优点有五:第一,重视第一手资料。民国《鄞县通志》来自同治《鄞县志》的材料,只占全志的20%到30%,其余的都是通过广征博访、实地勘测和查阅各机关团体档案、刊物及当时出版的有关鄞县掌故的书籍整理出来的。第二,资料完整翔实。《鄞县通志》打通古今界限,沟通横向联系,收集资料相当广泛,记载完整具体。它以五百五十万字的巨大篇幅,将鄞县的古今历史、山川形势、经济时尚、人物事件、文化典籍收于一书,并第一次将19世纪后期开始的中国近代化以来的新兴行业和新生事物予以系统、科学的记载,使之真正成为地方的百科全书和资料宝库。第三,体例科学新颖。《鄞县通志》以六志(舆地、政教、食货、工程、博物、文献)分类编纂,分则成编,合则成志,总为通志。这一形式既保证了在战火连绵的时期能尽可能地编纂志书,又能最大限度地容纳各类资料。同时在编纂方法上,编纂者运用现代科学理论和科学方法进行分类记录,从而把地方志的编纂提升到一个崭新的境界,使之成为一部真正意义上的科学著作而不仅仅是资料汇编。第四,地图科学精确。《鄞县通志》图文并重、重视实测。专有一函地图册收录二十六幅地图,这些地图都是经过科学实测得出的,科学性、精确度大为提高。其地图多为大比例尺,《鄞县总图》为1∶50000,《鄞县分图》为1∶25000,《著名市镇图》为1∶5000。这些地图的编制,使《鄞县通志》保存了难得的历史地图资料,价值弥足珍贵。第五,查阅方便快捷。《鄞县通志》对几千年的历史进行综合整理,在丰富的历代县志资料基础上,重新考订整理。又运用现代图书的编排原则,重新编排,使读者便于检阅使用。图书编制了子目索引,该索引以词语各字笔画为序,笔画同者,则以部首前后为次,凡编中固有之子目及可能想到需要检查之子目,均依各字笔画数部首排列,各注某志某编。这种科学的检索方法,在方志编纂上也是独创。

---

① 鄞州区政协:民国《鄞县通志》之"再版序言",宁波出版社2006年第2版。

第二节 典籍考录

《四明丛书》

《四明丛书》是一部编集宁波乡邦文献的郡邑类丛书，张寿镛自1931至1945年编纂，收集了自古以来四明（今浙江宁波）地区历代作者著作文献，其中第五集的"总序"，刊发了他多年研究的成果——《宋元浙东学术渊源考》。该书是民国以来雕版图书中规模较大者之一，凡八集，一百六十二种，一千一百八十八卷，不少是珍贵的地方文献。规模宏大，收录广泛，是江浙地区较有名的文化丛书。

民国《鄞县通志》

张传保、赵家荪修，陈训正、马瀛纂。1933年1月，鄞县成立鄞县通志馆，聘张传保、赵家荪为正副馆长。至1937年大体完成。抗日战争爆发后，补充、校对、印刷陷于中断。抗战胜利后继续付印，至1951年印竣。全书分舆地、政教、博物、文献、食货、工程六志，共三十六册，五十编，附地图二十六幅，共计五百六十万字。编修者均为当时学者，故此志为辛亥革命后浙江地方志中体例创新、篇幅最巨、内容最丰富之县志。竺可桢誉其为"古今地方志第一"。又因其全志印竣在新中国以后，故被称为国内民国县志中的"关门志"。

《金峨寺志》

民国时期吴振藩修。全书六卷，民国二十三年（1934）刊印，天一阁藏。

《三茅普安寺志》

民国僧元柱修。全书二卷，《宁波府各县属方志目》有著录。

《七塔寺志》

民国时期陈寥士修。民国三十六年（1947）铅印，全书八卷。

《观音寺志》

民国时期，方志学家干人俊纂，有稿本流传。

《清道观志》

民国干人俊纂，有稿本流传。

《飞龙山志》

民国干人俊辑,有稿本流传。

民国《镇海县志》

知县江苏太仓人洪锡范创修,广东香山人盛鸿焘继任后续修,镇海人王荣商、慈溪人杨敏曾同纂。自民国九年(1920)始修,至十三年(1924)稿成,二十年(1931)刊行。全书二十四册(正文四十五卷,首册一卷、地图一卷),记载下限截至宣统三年(1911)。全志分为三十三个门类,内容翔实,尤重山川水利,资料来源以采访测量为主,增补甚多。

民国《镇海县新志备稿》

镇海人董祖羲编纂。附于民国《镇海县志》之后,记述民国《镇海县志》截稿后近事及补缺拾遗。民国二十年(1931)铅印,全书二册。有附属本和单行本流传。

民国《余姚县新志稿》

方志学家宁海人干人俊纂辑,修于民国三十六年(1947),未刊印。余姚市地方志编纂办公室藏有手稿本六册,正文二十六卷、卷首卷末各一卷。

《光绪余姚县志记略》

民国时期,余姚人谢宝书纂,未刊,有稿本流传。

《余姚六仓志》

民国余姚杨积芳等纂。民国九年(1920)铅印本,全书正文四十四卷,卷首卷末各一卷,共八册。六仓指埋上仓、埋下仓、柏上仓、柏下仓、梁上仓、梁下仓,跨有旧余姚县七乡,东临慈溪县,西靠上虞县,北尽于海。

《余姚兰塘乡千金湖浚垦志略》

民国时期陈国才编。

《校续光绪慈溪志稿》

民国时期郭永炘纂,已散失。

民国《慈溪县志》

民国二十四年(1935),县政府筹备重修县志,推举杨省斋等二十五人为委员,并于年底成立纂修馆,由陈屺怀主其事。不久即刊布《慈溪县志例目草案》及《慈溪县志采访举例》。拟定舆地、政教、文献、工程四大目,分则独立成志,合即成邑志全璧,且甚注意地方特色、现代科学和经世致用,从《采访实例》更可见其重视实地考察之用心。但不久遇战乱,经费无着,修志搁浅。

民国《慈溪县新志稿》

民国三十六年(1947),干人俊辑成民国《慈溪县新志稿》,共二十四卷,保存了民国成立至抗日战争时期部分资料,由慈溪县志办、慈溪县档案馆于1987年刊印。

民国《保国寺志》

民国时期,钱三照纂,起修于民国七年(1918),首稿完成于民国十一年(1922)。太虚大师撰写《重纂保国寺志序》。稿本未刊,全书正文十卷、附录一卷,共十五册,藏天一阁。

《续刻杜白二湖全书》

叶瀚编,杨振骥纂,铅印本刊印于1915年,一册。有吴锦堂序。书中详细记载了我国早期旅日侨商领袖吴锦堂在慈溪修筑杜白两湖水利工程、创建锦堂学校等史迹。《续刻杜白二湖全书》除大量文字外,还印有人物及坝、闸、堰、桥等六十一幅黑白照片,弥足珍贵。

民国《奉化县补义志》

奉化蒋尧裳纂,民国元年(1912)剡曲草堂木活字本,十卷。志书“凡例”称:“所为补义云何?以补《光绪志》之阙也。”浙江图书馆、宁波天一阁、奉化市文物管理委员会均有收藏。

民国《奉化县志》

奉化庄崧甫修,俞廷芳、方汝舟纂,1923年成书,1927年大桥晋源印刷局铅印。毁于“文化大革命”,今未见传本。

民国《奉化新志》

民国奉化县政府编印,1939年成书,十一篇,不分卷。中国第一历史档案馆存油印本。1987年,奉化市志办公室有复印本,并铅印二百册。

民国《奉化县新志稿》

宁海人干人俊纂。1944年修,1948年成书,二十八卷,分五册,手抄本。“凡例”中说:“本编非续其《光绪志》后,而以纪民国事为主,故曰民国《奉化县新志稿》。”奉化市文物管理委员会存三册,奉化档案馆存一册,缺第五册(第二十六至二十八卷及附录部分)。

民国《松林志样稿》

奉化人王师旦编纂，1947年成稿。未刊印。奉化档案馆存油印稿上册。

《雪窦山志》

民国时期，雪窦寺编纂，有铅印本存世。

民国《宁海续志稿》

民国年间（1912—1949），方志学家宁海人干人俊撰，以续清光绪《宁海县志》，对于前志所记，有所补阙，下限则至民国二十九年（1940）三门析出建县之前止。全书设卷首及正文十八卷。稿成未刊，今手稿存宁海县档案馆。

民国《宁海县志稿》

民国三十七年（1948）前后，县内设修志馆于孔庙，童鸣岗任馆长，潘以治任副馆长，屠伊新任总纂，章梫任名誉总纂。民国三十二年（1943）始修，民国三十五年（1946）续其事，成稿约在新中国成立前夕。今未见传本。浙江省档案馆藏有《重修宁海县志大纲》；宁海县档案馆藏有县修志馆人事、经费等册。

《宁海续记》

民国时期宁海人干人俊编写，内容有关宁海旧闻及作者亲见事物，约两万字。全书二卷，有民国二十年（1931）石印本。

《宁海漫记》

民国时期宁海人干人俊编写。全书四卷，一册，书成于民国十九年（1930），有民国二十二年（1933）活字本。内容涉及宁海遗闻、诗人吟咏、风土人情及山川形胜等一百六十则，颇有史料价值。

《宁海六记》

民国时期宁海人干人俊编写。民国三十三年（1944）铅印。

民国《象山县志》

罗士筠修，陈汉章等纂。民国十年（1921）八月，县知事李洣倡议重修象山县志。聘本县举人陈汉章为总纂，副贡何涵、举人孔昭藜、进士陈畬为协修，拔贡王韶九、史翰章、附生周震隆为分纂，及参订、校阅、采访、校刊等四十八人，共襄其事。前后五年，历李洣、李芳、曾毓骧、劳纬章、郑迈、罗士筠六知事，于民国十五年（1926）书成。全志三十二卷，以图、表、考、传、文征五体，分图说、疆域、职官、史事、地治、赋税、物产、实业、教育、风俗、方言、艺文、金石、古迹、名宦、先贤、志异、志余、文征等二十八子目，集历代县志之大成。郑迈在“序”中称“其因沿革损益、隆污登耗之故，莫不部分类聚，酌古准今，更定篇章，网罗散佚，若网在纲，有条不紊，而发凡起例，改变增删，尤具有深意”，“其余各目亦皆能事征其实，善从其长，繁简得宜，不僭不滥”。次年铅印，因校勘不严，多有舛误。

《象山县志志文存疑》

民国三十六年（1947），樊家祯撰，四卷，一册，系校勘陈汉章等纂民国《象山县志》之错误疏漏之处。南京大学图书馆有收藏。

《象山县志补遗》

民国《象山县志》刊印后，为补遗漏之处，陈汉章撰写《象山县志补遗》一卷。稿本现藏浙江图书馆。

民国《南田县志》

吕耀钤、厉家祯、吕芝延、施仁纬纂。民国元年（1912），南田单独立县，民国八年（1919），县知事吕耀钤创修南田县志，聘其父吕芝乏延及学人施仁纬为主纂，“广征邻志，详予参稽，遍托乡耆，就地采访”，初具规模。九年（1920）春，吕耀钤奉调诸暨，未及刊印。民国十九年（1930），杭县人厉家祯知南田事，即将原稿饬秘书禹航、王渡，协同甘元抡、潘熙霞、阮豪樸各科长及科员李钧翰、王瑞喜等分类整理，搜罗私家著述，采当年陈迹，实地咨询久居耆老，校刊成书。全志除卷首外，共三十五卷。首页有浙江省政府委员兼民政厅长朱家骅的题签：“海东掌录。”此志有铅印本，国家图书馆、南京图书馆、上海图书馆、浙江图书馆、宁波市图书馆等有收藏。台北成文出版社有影印本，编入《中国方志丛书》中。

民国《南田志略》

民国二十五年（1936），陈汉章撰，卷首有陈七十三岁时所作“小引”，翌年铅印。稿本、铅印本（《缀学堂丛稿初集》本）均藏浙江图书馆。

《南田山志》

近代著名藏书家、书法家刘耀东撰，全书十四卷，有民国铅印本。

《南田山杂志》

民国三年（1914）陈汉章撰，全书一册，卷首有自序，石印本，今藏浙江图书馆。

第三节　修志人物

杨积芳

杨积芳(1853—1932),原名芳,字馥笙,号福苏,又号东渔,余姚马渚人,寓居周巷(今属慈溪)。清光绪戊子(1888)举人,官国子监学正。擅书法,工篆刻,精诗赋,有《东渔印存》、《应酬文录》,是清末民初余姚著名学者。主纂《余姚六仓志》四十四卷,并亲撰其中的《金石》、《艺文》二卷。

吴锦堂

吴锦堂(1855—1926),名作镆,字锦堂,以字行,慈溪东山头西房村人。早年务农,耕余从族伯读书,略识字。1882 年至上海虹庙萃丰油烛店帮佣,精明谨慎,为店主赏识,被派至苏州等地代理分店业务。1885 年,与友人合资,集银千元,赴日本长崎经商,继转大阪。1890 年至神户,创办怡生商号,经营火柴,获利甚丰。又于尾崎市合资经营东亚水门汀株式会社,并在上海开设义生、裕生洋行,从事中日间棉花、大豆、火柴、水泥等贸易,后成日本关西实业界十巨头之一,其间任神户中华会馆总理。1900 年,应李鸿章要求为清廷捐银两次 3 万两,被赐予二品花翎道衔。同年长江等地水灾,捐银 3 万两,次年捐银 3.8 万两,以救直隶、东三省等地荒歉,另向中国红十字会捐银 3.2 万两,清廷复赐三品京堂候补衔。1904 年,日俄战争爆发,认购日本国军事公债 45 万日元,后因日本战胜而获巨利,又以巨款赈灾得到日本政府褒奖。在神户先后创办中华公学、同文学校,培养华侨子弟。1911 年参加同盟会,任神户支部长。次年,慈北雨水成灾,适值他回乡扫墓,遂捐银 2 万余两修杜湖、白洋湖,重印、续刻《杜白二湖水利全书》。1909 年归里扫墓,捐 26 万两建锦堂学校于故里东山头,规模设备一时为省内私立学校之冠,被称为“办学三贤”之一。1912 年三北沿海遭遇海啸,粮棉无收,又捐银 3.8 万余两赈济灾民。孙中山曾书“热心公益”匾相赠。1926 年病逝于日本神户养和山庄私邸,1930 年遵其遗嘱归葬白洋湖畔。

张美翊

张美翊(1856—1924),鄞县城区人,清朝末年学者、古文家。人称“浙江三杰”之一。清光绪二十九年(1903)夏至冬,清光绪三十年(1904)夏至冬,曾两度担任南洋公学提调兼总理。清光绪三十年(1904),他在担任四品衔直隶知县任内被盛宣怀任命为南洋公学提调兼总理，大力聘请外国教师任教，教导学生要安定思想，不要轻受政治思潮之影响。同年，南洋公学改属商部，张美翊写成《呈报公学历年办理情形》，阐明学校办学方针和措施，呈报当时商部大臣载振。张美翊另亲自修订清册共八册，记载说明当时南洋公学的办学及校况详情。在沪期间，曾任上海宁波旅沪同乡会会长。张美翊曾出使西欧多国多年，眼界开阔，在出使的过程中对这些国家充分了解后，张美翊和薛福成就开始进行潜心创作，力图将国外的种种见闻通过文字介绍给国人。张美翊协助薛福成完成了《续瀛环志略》，其中《土耳其国志译略》、《罗马尼亚国志》、《塞尔维亚国志》、《布加利亚国志》、《门得内各罗国志》五种，均由张美翊述，吴宗濂、郭家骥译。还有其中资料比较多的《暹罗志》和《帕米尔考》，则由张美翊述，世曾译，可以说张美翊对《续瀛环志略》的完成做出了很大的贡献。《续瀛环志略》全书是依徐继畬《瀛环志略》的体例，依次叙述亚洲、欧洲、非洲、美洲、澳洲，刊刻于1902年。此书具有很高的学术价值和使用价值，对国外历史地理、政治人文在当时中国的传播与普及作出了不可磨灭的贡献。这时期的写作，对张美翊后期的宁波地方志的纂写奠定了良好的基础。辛亥革命后，他致力于地方教育事业，在宁波建学校数十所，任宁波教育会长，不仅致力于地方的教育事业，而且还积极发展地方的人文、历史、地理等事业，编印地方文献，倡议编刊《四明丛书》、《续甬上耆旧诗》等。晚年以搜访乡邦文献为己任，主张编刊丛书并最终促成甬上学者张寿镛于1931年下决心编刊《四明丛书》。在宁波期间，纂成光绪《奉化县志》四十卷，纂修《浙江宁波甬上屠氏宗谱》三十六卷、《上虞永丰乡田氏宗谱》十卷。

谢葆濂

谢葆濂(？—1922)，字鲁珍，廪生。清宣统三年(1911)选为泗门乡议长。民国四年(1915)补选余姚县自治会议员，不赴。曾为创办四门汝湖农校捐银150元。谢葆濂精于经学、理学之外，不废词章，著有《桐阴碧处诗稿》，编纂《余姚乡土地理历史合编》。

杨敏曾

杨敏曾(1858—1939)，字逊斋，民国慈溪县城人(今属宁波市江北区慈城镇)。光绪己卯(1879)举人。曾在北京大学、浙江大学任教，著有《中国史讲义》等。他与镇海王荣商同纂民国《镇海县志》，成稿于民国十二年(1923)，民国二十年(1931)铅印出版。

庄崧甫

庄崧甫(1860—1940),原名莪存,又名景仲,字崧甫,号求我山人,以字行,奉化忠义乡曹村(今属袭村)人。光绪二十九年(1903)任奉化县立龙津中学堂舍监,推行新学。1905年主持上海新学会社,编辑农业书籍等。1908年加入同盟会。宣统二年(1910)在余杭创办杭北林牧公司。辛亥革命光复上海时,协助陈其美筹饷。杭州光复后,任浙江省军政府财政司长,后改任盐政局长。不久辞职致力经营林牧公司,造林1.5万亩,饲养牛羊数千头、鸡数万只,并开办造纸厂。1920年与人合办临安安北造林场,次年在虹桥增设安北第二林场。1922年推为浙江省议会议员、奉化县议会议长兼县水利总局局长、省水利联合会主任理事。1925年在西湖洪春桥创办杭州种苗场,次年任浙江省临时政府委员。1927年与孙表卿、张泰荣等创办奉化孤儿院,任终身院长,曾两次将七十岁、八十岁寿金捐赠孤儿院。次年任浙江省政府委员、国民政府首届立法委员,1931年起任导淮委员会副委员长。自奉俭廉,朴讷如老农,潜心农牧林和水利事业,尝自谓:"生于农,长于农,老于农,且读且耕,幸毕世无懒于农。"主持修编民国《奉化县志》,著有《农政新书》、《水利实验谈》、《养蚕必读》、《螟虫防治法》、《求我山人杂著》等。

章梫

章梫(1861—1949),名正耀,字立光,号一山,三门县海游人。著名学者、教育家、书法家。清光绪二十年(1904)登进士,殿试选授翰林院检讨。历任京师大学堂(北京大学前身)译学馆提调、监督(相当于外语学院教务长、院长),翰林院国史馆协修(编辑)、纂修,功臣馆总纂(总编)、德宗实录馆纂修(主编),邮传部丞参上行走。又兼京师大学堂经科、文科提调(相当于北京大学文学院教务长),邮传部、交通部传习所监督(相当于北京邮电学院、北方交通大学校长,而且是两校的创办者),北京女子师范学校(北京师范学前身)校长等职。1914年辑成《德宗实录》,回到上海,民国总统袁世凯、徐世昌先后函电相邀,后又派人厚礼敦请去政事堂任职,俱被谢绝。居沪不久,受聘到青岛孔德大学任教。第一次世界大战期间,日军侵占青岛,移居上海。因著名出版家张元济之聘为商务印书馆编辑。浙江省续修《浙江通志》,总纂沈曾植聘他为编辑,主其事,国学大师王国维和章广轩协同修纂。寓居数年,已近完稿,可惜因军阀混战,章梫1947年秋移居上海。次年秋迁杭州颐养天年。章梫一生著述颇丰,出版有《康熙政要》二十四卷、《旅纶金鉴》六卷、《一山文存》十二卷、《一山息吟诗集》一卷、《王(玫伯)章(一山)诗存合刻》十七卷、《一山骈文》一卷，译日文《学校教授学管理法纲要》，校订辑刊《逊志斋集》等。未出版的有《庆民礼遗说考》、《光绪新政》、《方正学祠志诗存》、《明遗民传》等，可惜手稿亦已散佚。遗物有《逊志斋集》，明清两朝书记一大箱，碑帖四大箱及西安碑林全套拓片五十余包，字画数十件，文集的木刻版全套，于1950年由其子章以吴分别赠送浙江图书馆及浙江博物馆收藏。《康熙政要》抄稿一部及沈曾植诸名家题跋手书一卷，捐赠国家图书馆收藏。

陈汉章

陈汉章(1863—1938)，象山县东陈乡东陈村人。字伯弢，又字倬云。出生于耕读世家，少即聪颖好学。曾就读于约园私塾，后考到丹山、缨溪书院读书，立志研究经、史、子、集。二十三岁进入杭州俞楼，师从著名经学大师俞樾。二十四岁至宁波的辨志精舍，问师于黄元同先生。二十五岁杭州乡试考中举人。中举后，多次被聘做官，官至广州直隶州州同，但他均未出仕，一心追求学问，博览群书，遂成大家。1909年，京师大学堂(1912年后改称北京大学)聘其任教授，但至京后却继续求学。1913年，以第一名身份毕业于北京大学第一届史学门，至今在北京大学仍传为佳话。汉章先生在北京大学、北京高等警官学校和北京师范大学等任国学、史学、哲学、外文门教授近二十年。1928年初，应邀出任南京国立中央大学教授兼史学系主任。汉章先生教书育人，为大学系科管理和人才培养等作出了重大贡献。1931年初，告老归乡，闭门著述。汉章先生一生饱览群书，博闻强记，治学严谨，著作等身。1960年中华书局出版了汉章先生的《周书后案》、《后汉书补表校录》、《辽史索隐》等三种，1985年杭州大学古籍研究所整理汉章遗著《论语征知录》、《公羊旧疏考证》、《诗学发微》等十余种。但从他晚年自拟的《缀学堂丛稿初集目录》中可看出，他共计有一百余种八百多万字手稿准备出版，遍及经、史、子、集四部典籍，此《目录》现作为善本藏于浙江图书馆。汉章先生除了有强烈的爱国热情，还有浓重的乡土情结。1907年，首任象山劝学所总董，经他赞助与发动，设立的小学有三十余所。担当象山民意代表，力挽县域被分割的事实。不忘公益事业，出资资助创建“象山县公立医院”(象山县第一人民医院前身)。1922年，汉章先生从北大回乡探亲，受聘担任民国《象山县志》总纂。后带稿北上，在北大用四年时间完成了县志编写，故成“独纂”县志。为纪念陈汉章先生的学术成就和爱国爱乡精神，1982年，象山县委、县政府重修陈汉章先生墓道。1992年，又重修汉章纪念亭及纪念壁。

2006年浙江省哲学社会科学规划办把编纂《陈汉章全集》作为省文献集成“一号工程”,全集约二十一卷一千余万字。

王荣商

王荣商(1864—1926),字友莱,镇海县灵岩乡高塘田三洋王家人(今属北仑区新碶五星村),是晚清时期文学家、诗人、书法家。清光绪八年(1882)中举。光绪十二年(1886)中进士。授翰林院庶吉士。光绪十五年(1889)授翰林院编修,后升侍讲又晋侍读,官居从五品。曾充任顺天府乡试同考官,四川乡试正考官。民国元年(1912),王荣商返回故乡,1919年任民国《镇海县志》总纂。当时他虽为病魔所困,但仍不顾心力交瘁商拟《县志》,发凡起例,并着手拟订“大事记”、“人物传”两大门类。遗憾的是他未及审定全志便撒手而逝。一生著有《容膝轩文稿》八卷、《容膝轩诗集》十二卷及《容膝轩笔记》、《蛟川耆旧诗补》、《槐窗杂录》、《东钱湖志》等多部作品。

陈训正

陈训正(1872—1943),字无邪,又字屺怀,号玄婴,亦作天婴,慈溪二六市官桥(今属余姚)人。二十二岁入县学,矢志新学。光绪二十三年(1897)参与组织石关算社、剡社及追群学会,研究数学、诗文。1901年赴日本访求科学图书仪器,次年与县人在沪创设通社,译印海外科学著作。1903年中举人,次年与卢洪昶等请命“堕民”脱籍,并协同创办育德农工学堂于宁波西门,专收“堕民”脱籍子弟,任校长。越两年,任宁波府教育会副会长。1908年至杭州,任浙江高等学堂国文教习,次年任省咨议局议员。1910年至上海,参与创办《天铎报》,任社长,倡言革命,加入同盟会。次年返甬,7月任同盟会宁波支部副会长,与范贤方等在甬策应武昌起义。宁波光复后,推任军政分府财政部长、参议,均不受。1912年至沪,与赵林士等创平民共济会,主办《生活杂志》,宣传民主和科学。未几返甬,先后参与创建宁波公立甲种工业学校、私立效实中学、宁波女子师范学校、正始中学,发起成立僧尼教育会、佛教孤儿院。1920年冬又旅沪,任《商报》经理。1927年北伐军攻克浙江后,任省政府委员,后兼任杭州市长、省民政厅代理厅长、西湖博物馆馆长。1931年任国民政府参事,不久辞归。越年应蒋介石邀,修纂《国民革命军战史初稿》。抗日战争爆发后返乡,历任省临时参议会副议长、议长。卒于云和。一生重视兴办地方文化教育事业,致力修纂地方志,先后参与修编《定海县志》、《掖县志》、《鄞县通志》,尤以《鄞县通志》为一代佳志,自撰文献志中的人物等编,另著有《天婴室丛稿》、《北伐战史》、《甬谚名谓考》等。

童鸣岗

童鸣岗(1872—?),临海县人,早年在家乡从教。1931年,经他早年的学生刘膺古(时任湖南省清乡司令)推荐就任宁海县县长,时已五十九岁。任职期间,为政清廉,深得民心,以身作则改革县政府机关制度;深入民众,体察民情,经常布衣私访,听取千家万户的呼声,得到民众好评;拒绝宴请祝寿;捐资兴学,得知乡亲父老发起创办甘棠草寨庵高等小学的倡议后,曾两度赶到甘棠,与当地热心教育的邹正源、黄卓民等人商量,筹募建校资金,并率先募捐银洋100元,以资倡导。他平日没有积蓄,所募捐的100元,还是由庶务室分作两次代扣的,人们莫不感动。在任期间,发起修志,亲任馆长,潘以治任副馆长,屠伊新任总纂,章棱任名誉总纂。

赵家荪

赵家荪(1874—1950),字芝室,慈溪人,因经营工商实业而负名甬上(人称七先生)。赵家荪先生出生在一个儒商家庭,从小生活富足,受到了良好的儒家文化的教育。年轻时亲眼目睹晚清政府的腐败软弱,外国列强对我国的肆意蹂躏,广大民众生活的贫穷困苦,有一股振兴中华的责任感;并把自己个人的命运与社会紧紧地联系在一起,他不计得失,不畏强权,热心公益,乐善好施,造福桑梓,积极为家乡的公益事业慷慨解囊。曾加入同盟会,参与反清活动。沪甬两地重要信息通过他上下联系传达,同盟会宁波支部成立及民团的组建均在他家里谋划,他也被推为民团总董。宁波军政分府成立后,受命接管大清银行并委为改组后的中华银行行长。1911年、1917年两次不顾个人安危,作为代表去冲突方陈词利害,使甬城免遭兵灾。在“五四运动”中,不畏北洋政府强权,去电要求释放学生,严诛国贼。他深感教育的重要,参与了宁波工业学校、效实中学、正始中学、宁波七中等四所学校的筹建;参与了天一阁的修建、居士林的创立。1933年元旦,鄞县通志馆在宁波中山公园薛楼开馆编志,公推张申之、赵家荪为通志馆馆长,聘陈训正、马瀛、蔡芝卿为主编,实际主持修纂者为舟山人马瀛。

谢宝书

谢宝书(1875—?),字培卿,又字佩青。其父谢家兰,字慎斋,廪贡生,咸丰年间以诗书闻于乡。光绪二十八年(1902),谢宝书考中举人,但并未循仕途而上,五年后,他倾其私产,在家乡汝湖之滨创办浙东地区第一所农业专科学校——汝湖农校。1912年,汝湖农校改为县立,谢宝书觉得农校已不难管理,遂荐族弟谢凤藻继任校长,自己担任校董一职。1914年春,谢宝书受邀参校《临山卫志》,此后谢宝书就以笔墨为伴。1922年春,与姚北文人同结诗缘,成立了姚江同声诗社。由此,泗门诗风日盛,诗社内所汇集之艺文遗稿积累日多,谢宝书认为编辑一部姚江诗录的时机已渐成熟,遂生编辑愿望,在好友诸章达、蔡凤仪、张宝琛、徐拱垣等人的帮助下辗转访求,采集丛残,精心校理。1931年,永思居校本《姚江诗录》八卷由中华书局付梓石印。《姚江诗录》共收录有诗家五百十八家,诗作三千五百首,所载至少有二百余位人物从来不见其他文献记载。1918年,谢宝书监修《余姚六仓志》,这是一部在姚江盐仓史上空前绝后的大志。除此之外,他还修编了光绪《余姚县志记略》。

张寿镛

张寿镛(1876—1945),字咏霓,一字伯颂,别署约园,鄞县人。光绪二十九年(1903年)中举,任江苏淞沪捐厘总局提调。1910年任江苏度支公所科长,嗣后返甬任宁波法政学堂监督,旋调杭州海关监督。辛亥革命后,历任浙、鄂、苏、鲁等省财政厅长、淞沪道尹、江苏省政府委员、财政部次长等职。1925年与王丰镐等创建光华大学,王捐地60亩,张任校长。1937年11月,日军侵入上海西郊,新建校舍被焚毁,次年即在四川成都另设光华大学分校。1941年12月太平洋战争爆发后,日军进占上海公共租界,学校改名为诚正文学社、格致理商学社和壬午补习班,自兼教职,后将讲稿辑成《约园演讲集》、《经学大纲》、《史学大纲》等。1920年将藏书处取名为"约园",内有元刊本五部、明刊本七百三十五部,另有抄校本二百五十四部,以购自朱炳经"一览楼"的阮元校宋本《太平御览》一千卷最为珍贵。1937年,以刊刻年代为序,编成《约园元明刊本编年书目》。致力宁波地方文献和乡贤遗著的收集、校刊,1930年起开始编印《四明丛书》,博采约收,历十一年,汇成八集,所辑著作均亲撰序跋。辑至第八集,刻未及半逝世,后由其子星联、芝联续成。全书凡八集一百八十四种、一千一百八十四卷,卷帙之巨,为国内乡邦文献所罕见。另编有《四明经籍志》,著有《清史初稿》、《约园杂著》等。新中国成立后,全部雕版以其夫人蔡瑛名义捐赠浙江图书馆,后由扬州广陵古籍出版社重印出版,得以广泛流传。约园藏书四万余册全部捐献国家,受文化部褒奖,现分藏国家图书馆、中国社科院。

张申之

张申之(1877—1952),名传保,字申之,号继望,以字行,鄞县栎社乡里仁堂村(今属石碶街道)人。清光绪二十七年(1901)中举人。二十一年

(1905)应宁波知府邀请，先后创建宁波府师范学堂、中学堂，成立教育会，后执教师范学堂。三十三年(1907)任鄞县劝学所总董，宣统元年(1909)选为浙江省咨议局议员，继任预算审查委员会委员长，主持草拟省内第一部地方财政预算。次年创办《四明日报》，自任经理。宁波光复后，任宁波军政分府财政部长，被选为第一届全国国会众议院议员。1922 年因不满曹琨贿选总统，毅然辞议员职，奔广东投孙中山，任广东政府国会议员。1924 年参加国民党，主持鄞西七乡浚河事宜，疏南塘河 60 里，修缮沿河道路、桥梁、凉亭，又浚濠河，任鄞县水利局长后，又疏西塘河。1927 年 2 月，因原县知事逃离，被推举为鄞县知事，3 月任宁波临时市政府筹备委员会主席。"四一二"反革命政变时，参与营救被捕的共产党人，后任浙海关监督。1929 年赴沪，任宁波旅沪同乡会办事处主任。1931 年参与发起兴建灵桥，创办通运汽车公司，任经理，助资修鄞慈镇公路。次年"一·二八"事变后，调度轮船运送旅沪同乡回籍。1932 年，张传保大力倡议重修县志，借任宁波旅沪同乡会会务主任之便，多方接触旅沪同乡，并积极筹募经费。于 1933 年初成立"鄞县通志馆"，馆于中山公园薛楼。公举张传保、赵家荪为正、副馆长，聘陈训正为总纂。至 1937 年"八一三"淞沪会战，上海陷于全面战争之中，日机滥炸宁波，即将馆中案卷资料等移运鄞西广善寺密藏，修志中断，直至 1946 年，张由沪返甬，与赵家荪等再商完成修志大事，征求新董事，募集经费，继续征集资料。到 1951 年全书告成。新修《鄞县通志》共三十六册，五十编五百六十万字，饱经沧桑，历时十八年，耗资甚巨。张传保为修志不辞辛劳、坚持始终，在鄞县和宁波市的文化史上，有其不可磨灭的功绩。1936 年经营通运汽车公司，兼理地方慈善事业。1938 年，公司停业，赴上海任难民救济所副秘书长。1946 年返里，主持桃浦、鄞西两水利协会，继续浚河修堰。新中国成立后，张传保在党和人民政府领导下做了不少有益的工作。从 1949 年宁波解放后到 1952 年 1 月，他先后被选为宁波市各界人民代表会议一至五次会议代表。在一至四次会议中，均被选为主席团成员和协商委员会委员。1951 年出席省第二次各界人民代表会议。

刘耀东

刘耀东(1877—1951)，字祝群，号疚庼居士，青田县南田(今属文成县)人，近代著名藏书家、书法家。清光绪二十八年(1902)留学日本东京私立政法大学，任浙江留日学生会总干事。三十二年(1906)回国，入光复会。宣统元年(1909)，参与民主立宪运动。三年(1911)，被选为浙江省咨议局议员、审查员、审议长，后任松阳、鄞县、宜兴等县知事。1919年，任江苏镇江海关道统捐局局长。是年秋弃官回乡。1941年，受聘浙江省通志馆，任《浙江通志稿》副总编纂。生平热心文化教育事业，搜罗乡邦文献，辑有《括苍丛书》十种九十卷，分装三十册；编有《南田山志》、《南田山诗》、《南田山谈》、《石门题咏》；著有《疚庼日记》、《宿儒刘耀东遗作辑述》、《韩湘岩先生年谱》、《刘文成公年谱稿》、《遂昌杂录》等。

马涯民

马涯民(1883—1961)，名瀛，初字伯年，后字涯民，笔名古彦、谛僧等，以涯民字行，定海县勾山乡金家桥(今属舟山市普陀区)人。清光绪二十七年(1901)就读宁波储才学堂，越两年入上海中西书院。后因参与学生运动遭校方斥责，愤而离校，任教上海明新中学、江西广丰振育学校。宣统元年(1909)应邀至南京，参与筹办南洋劝业会，并任职江宁电报电话局。两年后返定海，任县立高等小学校长，因反对祭孔，遭非议辞职。1915年受聘入商务印书馆，任字典部编辑，参与修订《辞源》。又与人合编《实用学生字典》，自编《平民字典》等，创"综合检字法"，流传颇广。1922年后历任省立宁波甲种工业学校、宁波效实中学、民强中学、甬江女子中学教职，兼任商务印书馆馆外编辑员，参与修纂《定海县志》。1933年1月，鄞县通志馆成立，应总纂陈训正之邀任编纂主任，遂辞教职专事修志。陈殁后主其事，历履艰难，至1951年4月全志陆续出齐，凡六编三十六册五百余万字，附地图七十五幅，以体例新颖、资料翔实、鸿篇巨帙为世瞩目。尤方言一门，亲自采编，考核精审，为一般志书所不及。1950年应邀列席浙江省第一届政治协商会议第二次会议，1953年任省文史研究馆馆员，1955年任宁波市政协委员，后任宁波市各界人民代表大会代表。著有《国学概论》、《诗的格式》、《历代文学家年表》、《微积分学》等。遗嘱将藏书七十八种二百八十八册、手稿十六种赠予国家，今藏天一阁。

冯贞群

冯贞群(1886—1962)，著名藏书家、目录学家。字孟颛，号伏跗居士。慈溪孝中镇(今宁波江北区)人。清末秀才，辛亥革命后任宁波参议员，1932年，任鄞县文献委员会委员长，从事表彰先贤、保护文物等工作。1947年任《鄞县通志》编纂，修辑《文献志》人物、艺文两编。新中国成立后，被选为宁波市人民代表、政协委员、浙江省文史馆馆员。世为藏书之家，继承其父"求恒斋"遗书两千册，其"醉经阁"藏书，素称富有，后改为"伏跗室"。精心搜集明清以来宁波诸家私人藏书楼辗转流散之籍，六十年来先后整理古籍近十一万卷，碑刻五百三十三种。藏书中以善本居多，较珍贵的有宋刻本《名臣碑传琬琰集》、元刻本《春秋属辞》、《乐府诗集》、明刻本《刘随州诗集》等，以及清黄宗羲《留书》抄本，清史荣《李长吉诗补注》稿本等共三百多种，尤为罕见的是名人手稿。对版本、校勘、目录学研究有造诣，曾对范氏"天一阁"藏书进行过研究整理，编有《鄞县范氏天一阁书目内编》十卷，收孤本一百四十五种，一万三千余卷，是研究"天一阁"藏书参考资料之一。有《求恒斋书目》，著录图书五千四百册；《伏跗室书目》收书三千三百六十七种，近十一万卷，三万余册。1962 年 4 月，其家属将伏跗室藏书赠送给天一阁收藏，总计三千三百六十七种，三千七百三十四部，三万一千零四十五册，十万九千七百四十六卷，其中善本四百二十六种。另有碑帖五百三十三种。1986 年 11 月，市政府决定把伏跗室从天一阁划出，设立伏跗室文物保管所，2005 年由浙江省人民政府公布为浙江省文物保护单位。此藏书楼现由天一阁博物馆全面负责管理。

翁文灏

翁文灏(1889—1971)，鄞州区高桥镇石塘村人，著名地质学家，我国现代地质学奠基人。光绪秀才。1908 年考取浙江官费留比利时生，1912 年获耶文大学物理及地质学博士学位。1913 年回国，在政府部门任矿产资源方面官员，兼任清华、北京大学地质系教授，1931 年一度代理清华大学校长。1948 年任国民政府行政院院长。1949 年，任代总统府秘书长，后辞职赴香港寓居。1951 年回国，历任第二至四届全国政协委员，国民党革命委员会委员、常委，中国地质、地理等学会会长等职。翁文灏撰写了我国第一部矿产志——《中国矿产志略》，编绘了我国第一张彩色地质图——《中国地质约测图》。著有《甘肃地震考》、《椎指集》、《地震》、《中国灵长类动物化石》、《第一次中国矿业纪要》、《山西中部古生代植物化石》、《地震浅说》、《地质学讲义》等。

洪锡范

洪锡范(1878—1922)，字伯立，太仓县浏河镇人。青年时入天津北洋大学攻读，因政局动荡而归里，在家乡办学校，当教师，推行新式教学法。清末，被选为浙江省省议员。辛亥革命时，被推举为太仓临时民政署民政长，后改任县知事。为建立县政机构，办理政务，维持社会秩序做了许多工作。民国三年(1914)，调任上海县知事，后又调任镇海。在任期间，主持修编民国《镇海县志》，地图之厚实，为当时罕见。因他平反冤狱、办理赈务等功绩显著，受到舆论称颂。后因他主张贩米出洋，遭到上司训斥，愤而辞职，居上海经营实业，联合旅沪同乡创办沪太长途汽车公司和太仓银行。

盛鸿焘

盛鸿焘，字伟堂，珠海南溪人，清光绪举人，历任浙江永春、乐清、镇海、瑞乐、天台、钱塘、石门等县知县，以直属录州用。在镇海县任职期间，继续完成上任未修完的民国《镇海县志》。

朱元鼎

朱元鼎(1896—1986)，鄞县人，著名生物学家、教育家，中国鱼类分类学主要奠基人。1916年，考入东吴大学生物系。大三时，被选举为全校"丽译会"主席。1919年，发表论文《藻类的经济价值》，是学术生涯的起点。1920年，毕业获得学士学位。1926年获美国康奈尔大学理学硕士学位。1934年获美国密歇根大学哲学博士学位。曾任上海圣约翰大学教授、生物系主任、研究院院长、理学院院长、代理教务长。新中国成立后，长期从事鱼类学的教学与研究，历任上海水产学院教授、海洋渔业研究室主任，鱼类研究室主任、院长，东海水产研究所所长，中国水产学会第一、二届副理事长和第三届名誉理事长，中国海洋湖沼学会第一、二届副理事长和第三届名誉理事长，中国鱼类学会第一届副理事长、第二届名誉理事长。1931年发表《中国鱼类索引》，为研究中国的鱼类分类提供了基础资料。后发表《中国鲤科鱼类鳞片、咽骨与牙齿之比较研究》，为鲤科鱼类的演化、形态变化和分类提供了科学依据。在中国石首鱼分类学研究中，找出了该类鱼鳔的分枝和耳石形态的变化规律，使分类系统更接近自然状况。曾发现中国石首鱼类的两个新属和四个新种。提出新的中国软骨鱼类分类系统。1960年至1963年，相继完成了《中国软骨鱼类志》、《南海鱼类志》、《东海鱼类志》等重要专著。1977年至1986年，先后完成了《南海诸岛海域鱼类志》、《福建鱼类志》等专著。

陈宝麟

陈宝麟(1898—1965)，字冠灵，河北东光县秦村人，随父定居江宁(今南京)。早年毕业于北京大学经济系，后任教广东中山大学等学校。1927年，参加浙江省县长考试合格，任浙江省民政厅第三科科长，1929年任鄞县县长。在任10年，开四境公路，拆旧城墙，辟环城马路，整治东钱湖，改建老江桥为灵桥，修葺天一阁，增辟明州碑林，修缮白云庄，成立通志馆、县文献委员会，建造菜市场等，他主持或支持参与其事。曾提出鄞县建设五年计划，限于当时条件多未能实施。善任用人才，为时人称道。1939 年调任省会计长，后历任省政府委员、财政厅长、教育厅长、省银行董事长等职。1949 年去台湾，历任台湾省烟酒公卖局局长、复兴书局经理等职，卒于台湾。

陈寥士

陈寥士(1898—1970)，原名道量，字器伯，又字企白，号玉谷，室名十园、单云阁。镇海人。年幼时即有诗名。青年时期的陈寥士因受家庭的濡染，很早就在沪甬等地的报刊上以陈企白之名发表诗文评论。1919 年，五四运动爆发，宁波兴起抵制日货、打倒汉奸的运动。他积极投身运动，曾在东胜街的私宅开设甘白学校。1921 年，由宁波人赵家艺资助，汤节之发起，创办了《宁波商报》。应陈布雷之邀，担任浙江省特约通信员，后来还一度出任总编辑。未几，离甬赴沪。1935 年，陈寥士回到宁波，受七塔寺主持之邀，编纂《七塔寺志》。抗日战争爆发后，曾进入汪伪政府任职。1953 年，孤身远赴山西运城地区师范学校任语文教师。1959 年，因"右派"问题遭辞退，被迫长期寓居南京，靠出售家藏古籍善本维持生计。"文化大革命"期间，因曾经出任伪职的问题而遭受磨难，于 1970 年去世。

张其昀

张其昀(1901—1985)，字晓峰，鄞县人。南京高等师范学校(后改为国立中央大学)毕业，著名史学家、地学家及教育家。曾任中华民国教育部部长、中国国民党秘书长、总统府资政等要职，亦为台湾中国文化大学之创办人。1919 年浙江省立第四中学(现宁波中学)毕业，考入南京高等师范学校，就读于史地部，1923 年毕业。毕业后在上海商务印书馆工作，其间主编的《高中中国地理》，成为当时全国的通用教材。1927 年起在国立中央大学地理学系任教，曾主讲中国地理，为中国人文地理学之开山大师。1936 年受聘为浙江大学史地系教授兼主任、史地研究所所长，后又兼任文学院长。1941 年当选为首批教育部部聘教授。1949 年随国民党政府至台湾，曾任国民党总裁办公室秘书组主任、国民党中央宣传部长、国民党中评会主席、台湾地区教育部部长等职，又创办了中国新闻出版公司、中华文化出版事业委员会，发起创办《学术季刊》等多种学术期刊以及中国历史学会等组织，对台湾的文化教育事业贡献甚巨。身为学者，张其昀是中国现代人文地理学的开创人，也是历史地理学的鼻祖，在自然地理学方面也有贡献。方志学领域，其主编的《遵义新志》，开创了中国人进行土地利用调查研究的先河，在地方志中占有重要地位。张其昀还创办了中国人地学会，出版《方志月刊》。纂有《中国区域志》、《浙江省史地纪要》、《中国民族志》等方志著作。

干人俊

干人俊(1901—1982)，字庭芝，号梅园，宁海人。1906 年入本村私塾读书，1915 年考入县立高等小学，翌年毕业后即赴杭州之江大学就读。1918 年转学杭州宗文中学，五四运动时期，任该校学生会理事长、杭州市学生联合会副理事长及杭州市外交后援会委员等职，参与声援巴黎和会中国代表“外争国权”的斗争。1923 年返宁海任教。1925 年任宁海县教育会会长。1927 年北伐军过宁海，随余文宪部赴杭州，任二团指导员。不久返宁海，任县党部青年部长。旋入上海远东大学国文系、上海复旦大学国文系读书，毕业后获文学学士学位。1936 年赴杭州，任“之江日报”主编。1941 年任宁海县政府政工指导室主任。翌年任县“抗日动员会”书记长，组织抗日宣传。此后长期在杭州、天台、黄岩、三门、宁海等地任中学教师或校长，课余仍勤奋钻研学问，曾兼任宁海县修志馆编纂、浙江省通志馆采访等职。1944 年获大学国文副教授职称。干人俊在各地任教期间，课余致力于地方志资料的搜集和编写工作。退职归家后，则全力倾心于修志工作。几十年来，共纂省内外志书三辑六十二种一千一百七十六卷。第一辑二十四种五百六十六卷，包含民国杭州、绍兴、永嘉、嘉兴、缙云、永康、龙泉、仙居、上虞、奉化、青田、黄岩、天台、临海、淳安、温岭、慈溪、兰溪、海宁、金华、余姚、桐庐、诸暨、高阳等县市新志稿。第二辑二十种三百四十一卷，包含民国临安、东阳、江山、遂昌、云和、常山、开化、安吉、吴兴、德清、武康、长兴、丽水、宁海等县新志稿和宁海漫记、宁海续志、宁海三记、四记、五记、六记等。第三辑十八种二百六十九卷，包含民国新宁区志、续编浙江通志稿，鄞县、杭州漫录，嘉兴漫记，以及定海、仙居、镇海、象山等县的漫记，义乌、乐清、崇德、海盐等县的新志稿，并有外省四川、江苏、广东、山东部分省的县志稿。其著作之丰富，为近代地方志发展史上所罕见。除志书之外，尚著有《盘溪诗草》、《天台游草》、《金陵杂志》、《括苍游草》等诗作多卷。

潘以治

潘以治(1901—1981)，宁海县人，之江大学毕业。先留校任生物、化学教员，而后回乡，1930 年 8 月至 1938 年 1 月任校长，为宁海中学第一任校长。任上争取田赋附加税等为学校经费，争取蒋介石、刘膺古等捐银 1600 元，修建学校礼堂、大门、办公宿用房；管理上完善制度改进教学，提高质量，使学校 1932 年获省厅发文准予立案。宁海县修志期间，被聘任为修志馆副馆长。

陈训慈

陈训慈(1901—1991),字叔谅,慈溪官桥村(今属余姚三七市镇)人。陈布雷弟。1924年毕业于国立东南大学,历任上海商务印书馆编译所编译、中央大学史学系讲师、浙江大学史地系教授。1932年任浙江省立图书馆馆长,十年任职中,推行普及社会教育与提高学术研究相兼顾的办馆方针,实行通年全日开放制度,又先后创办《文澜学报》、《浙江图书馆馆刊》、《图书展望》、《读书周报》等。1936年主持举办"浙江文献展览会",参观者计八万人次。七七事变后,联络浙江大学、浙江博物馆等,创办《抗敌导报》,呼吁抗日。抗日战争中,为保护浙江图书馆藏书,主持组织抢运馆藏《四库全书》及古籍善本,避至富阳、龙泉,又组织抢运宁波天一阁九千多册藏书到浙南。新中国成立后,历任第一至六届浙江省政协委员,民盟浙江省委顾问,浙江省文物管理委员会主任委员,浙江省博物馆图书资料室主任,浙江省历史学会理事、顾问,浙江省地方志学会顾问等职。九十寿辰时捐献《丁丑日记》手稿及一百四十八封各界名人信札给浙江图书馆。工古文词,尤精历史,热爱桑梓,关心家乡修志事业。著有《五卅惨史》、《世界大战史》、《晚近浙江文献述概》等。

周尧

周尧(1912—2008),鄞县人,中国著名昆虫学家,有"昆虫分类学界泰斗"之称。从小对昆虫就很有兴趣。二十二岁时,考入南通农学院学习。1936年,在校长张謇的资助下,赴意大利留学,就读于意大利皇家拿波里大学农学院,进行昆虫分类学的研究。1937年7月7日,卢沟桥事件爆发。周尧顾不上等到毕业论文的答辩,于1938年4月回到中国,参军抗日。当兵三个月后,被部队领导发现,才劝其退伍。1939年5月10日,他以昆虫学专家的身份参加了中英庚款会的"川康科学考察团";历时七个多月,采集了大量昆虫标本。1939年11月,二十八岁的周尧被原国立西北农学院聘为教授。从此,他一直在该校进行昆虫学的教学和科学研究工作,前后近七十年;曾任植物保护学院教授、昆虫研究所所长、昆虫博物馆馆长。著有《中国盾蚧志》、《中国蝶类志》等昆虫类志书。

附录一　历代宁波方志序跋选录

第一节　州府志序跋选录

乾道《四明图经》序①

〔宋〕黄　鼎

山海有经，舆地有图，郡邑有图经，此古今所共由，而一日所不可阙者也。盖天下之厄塞，户口之多寡，不有载籍以著其所以然，则所谓厄塞多寡者，虽欲具知而不可得。此博古之士，所以勒成一书，以昭后世而传无穷也。爰自大观元年，朝廷创置九域图志局，命所在州郡编纂图经，于是明委郡从事李茂诚等撰述，故地理之远近，户口之主客，与夫物产之异宜，贡赋之所出，上而至于人物、古迹、释氏、道流，下而至于山林、江湖、桥梁、坊陌，微而至于羽毛、鳞介、花木、果瓜、药茗、器用之类，靡不毕备。书成，未几而不幸厄于兵火，遂致存者亡、全者毁，前日之所成者，泯然而不见。制置直阁张公(津)治明之二年，政成民和，郡以无事，乃登黄堂而叹曰：明之为郡亦久矣，在古为余姚之墟，在汉为会稽之境，逮唐武德中而即鄮县置，开元中而即县为州。山有四明，洞有梨洲。有孙兴公见之于赋，有梅仙、虞喜之所庐，有任奕、董黯之人物，有王密、房琯之德政，有建隆郡守康宪钱公亿之墓，有熙宁

① 乾道《四明图经》，《宋元四明六志》本，宁波出版社2011年版。

宰相荆国王文公之祠。其他山川胜概，章章在人耳目者，未易以缕举，而图经则阙焉，讵可不搜访遗亡，以补四明之故事也哉？公乃分委僚属，因得旧录，更加采摭，纂为七卷，又以篇什碑记等为五卷附于其末。噫！年历四十余，守更数十政，其间非无锐意立事，欲作为一书垂之永远者，或因循未暇。今公启是念于黄堂之上，财才六旬而篇帙粲然大备，鸠工刊木，昭示将来。信乎，天下事非立志坚而用意到，畴能成哉！乾道五年四月初一日，右修职郎新处州缙云县主簿主管学事三山黄鼎序。

宝庆《四明志》序[①]

〔宋〕罗　浚

四明旧有《图经》，成于乾道五年，盖直秘阁张公津守郡之三祀也。先是大观初，朝廷置九域图志局，令州郡各编纂以进，明已成书而厄于兵火，遂逸其传。黄君鼎得所藏以献，张公乃俾僚属参稽，厘为七卷，而锓诸梓。然自明置州至是四百三十二年，而城治之迁徙、县邑之沿革，人未有知其的者。唐刺史韩察实移州城，石刻尚存，于时且未之见，他岂暇详？甚哉，作者之难，固有俟乎述于后者也。尚书庐陵胡公（胡榘），以宝庆二年被命作牧，上距锓梓之岁，甲子欲周，而竟未有述之者。越明年，政修人和，百废俱兴，爰命校官方君万里，取旧《图经》与在泮之士重订之。未几，方君造朝，事遂辍。又明年，浚调官，迟次来谒铃斋，尚书俾专任斯责，因得与士友胥讲论、胥校雠，且朝夕质诸尚书，由孟夏迄仲秋，成二十一卷。图少而志繁，故独揭志名，而以图冠其首。考据之未精，搜访之未博，浅学其敢辞诮，而百五十日之间，用力亦劳矣。窃尝谓道地图以诏地事，道方志以诏观事，古人所甚重也。图志之不详，在郡国且无以自观，而何有于诏王哉！欲知政化之先后，必观学校之废兴；欲知用度之赢缩，必观财货之源流。观风俗之盛衰，则思谨身率先；观山川之流峙，则思为民思利。事事观之，事事有益，所谓不出户而知天下者也。今有司类窘簿书期会，问以图志之事，率曰是非所急，尚得谓之知务乎？尚书召还孔迩，执六典八则之要，按九赋九式之目，以佐圣天子经纶四海，则收图书固相业之一。天下之大，一邦之推尔，注意拳拳，有以也夫！从政郎新赣州录事参军庐陵罗浚叙。

---

① 是序据俞氏《宁波市志外编》（中华书局 1988 年版，第 14 页）摘录，参照宝庆《四明志》（成文出版社影印清咸丰四年徐时栋烟屿楼刻《宋元四明六志》本）点校。

开庆《四明续志》序[①]

〔宋〕梅应发　刘　锡

《四明志》作于乾道，述于宝庆，详矣。然则何续乎？所以志，大使丞相履斋先生吴公（吴潜）三年治鄞，民政兵防，士习军食，兴革补废，大纲小纪也。其已作而述者，不复志。昔人谓旧相出镇者多不以民事为意，惟向文简，大耐官职，勤于政事，所至著称。公均其逸而先其难，过于文简数等矣。又谓寇莱公所至多游宴，张文定倘荡任情，获盗纵遣。公慨念海道东达青、齐，御侮弭盗之方，周防曲至，世人未必尽知也。若夫切切畎亩，盼盼雨晴，一游一咏，可以观焉，故并载之于后，以诏来者。盖公之学，达于体用。自身而家，家而国，国而天下，有本者固如是也，岂规规然求度越于寇、张二公哉。虽然鄞犹故鄞也，昔何为而匮，今何为而丰，昔何为而荡无纪纲，今何为而粗知理法，览者必有得于是编之外。开庆元年中秋日，门生迪功郎庆元府学教授梅应发、奉议郎添差沿海制置大使主管机宜文字新添差通判镇江府刘锡百拜谨书。

延祐《四明志》序[②]

〔元〕袁　桷

成周疆理之制，审于王畿，首合同姓以夹辅，至于四履，则必假异姓焉，以控遏之先后疏附，曲尽其制，何周且详也！四方之志，犹惧其不能以悉知也，则必以外史掌之。社亡入秦，而书具在。区区刀笔吏，独能收其书，据要汉中，夫岂偶然也哉！世祖皇帝圣德神武，混平寰宇，首命秘书监儒臣辑《大一统志》，沉几远略，与昔圣人意旨吻合。然而郡志缺落，其遗轶未备焉者，不复以彻于上。马侯泽润之甫，固尝为中秘官，知之矣，暨守四明，乃曰：明旧有志，今为帅大府，浙东七州推明为首。阨塞户版，物产地利，是宜究察以待问。清风旧德，与昔之高闳巨阀，属于宅里者，犹可考也。谓桷久为史官，宜有述。桷抑尝闻之，洙泗遗俗，稽之以久远者，道德之泽也。诧锱铢之利，

---

① 是序据俞氏《宁波市志外编》（中华书局1988年版，第134页）摘录，参照开庆《四明续志》（成文出版社影印清咸丰四年徐时栋烟屿楼刻《宋元四明六志》本）点校。

② 是序据俞氏《宁波市志外编》（中华书局1988年版，第161页）摘录，参照开庆《四明续志》（成文出版社影印成文出版社《中国方志丛书》影印清咸丰四年徐时栋烟屿楼刻《宋元四明六志》本）点校。

以害于吾民者，昔人之所不道。空虚说增，农日益困，甚者纪其山林屋室之盛，奉书诣庭，若执符契，争莫能已。是殆昔之无知者根其祸也。管夷吾作书，训子弟良厚，而内政以鱼盐为急，儒者诟之。维明负山横江，岁厄于水旱，河渠是先，牧民之本。推其沿革，览其山川，知昔时得人之盛。宫室户口之无垣，释道遗文之盛衰，是皆足以增其永叹焉者矣。乃为十二考，以志其事，遂不敢以荒落而有辞也。马侯为政，恺弟恻隐，以宜于民，民以不病。郡博士吴君廷献，勤恪承命，询索州县之所宜闻者良备，因是得以成书焉。延祐七年十一月庚寅，集贤直学士袁桷序。

至正《四明续志》序[①]

〔元〕王元恭

道地图，道方志，先王立国之本也。辨封域，谨职守，司徒立政之要也。四明为浙东望郡，藩阃所镇，蛮徼所通，风俗所会，土地所宜，人物之所辈出，山林川泽、丘陵坟衍、原隰名物之所当知。宋宝庆间旧有志，暨入国朝，当延祐庚申，殆将百年，城邑改观，时俗因革，未有考其事而修之者。于是，郡人侍讲袁公桷作为新志。又廿有二年，会部使者赡思公巡行至郡，俾重刊旧志，与新书并传，亦既序其说于篇端。余叨守是邦，思所以亘历今古，补其缺略，乃命耆髦之士，日与讨论，复成《续志》，凡一十二卷。庶几先后该贯，观览无遗，少裨立国立政之本要，以备太史氏之采择云。至正二年壬午三月既望，蠡吾王元恭序。

成化《宁波郡志》序[②]

〔明〕刘　钎

宁波，古甬东地，秦汉属会稽郡，唐为明州，以境内有四明山，故名。其地滨海、枕山、臂江，人物财赋，自昔为列郡之冠，而宦业科第，于今为尤显焉。历代所修及儒者所述，若志若记之类，虽各有所明，然得此而遗彼，或循讹而泯实，无完书以考见一郡事物之全。至宋尚书王公应麟、元学士袁公

---

① 是序据俞氏《宁波市志外编》(中华书局 1988 年版，第 206 页)摘录，参照开庆《四明续志》(成文出版社影印成文出版社《中国方志丛书》影印清咸丰四年徐时栋烟屿楼刻《宋元四明六志》本)点校。

② 是序据俞氏《宁波市志外编》(中华书局 1988 年版，第 305 页)摘录。参照开庆《四明续志》(成文出版社影印明成化四年刻本)点校。

桷，相继纂修，稍为详悉，然亦多散亡遗佚。而袁之后，迄今又几二百年，未有续者，诚政之缺也。天顺间，孝感张公瓒来守是邦，政行民悦，百废具举，实切留意于此，询诸郡人，知前司安成训杨先生实，学博才赡，足以任笔削之寄也。乃馆之于公，授以前志，俾重加修辑。先生斟酌旧典，采摭新闻，芟繁而取要，因略以致详，自沿革至集古，列之为二十考，总之为十卷。于是郡中事物，古今巨细，纪载无遗，一检阅之，顷可尽得之。张公命工锓梓，及半，而有东广参藩之擢。蒲田方公逵，自廷评来继其职，德以爱民，而才称其德，尤以是志为当务，乃重加校正，而督成之。以余有同年之好，书来请为序。夫夏有《禹贡》，周有《职方》，春秋列国，各有史官掌记时事。至秦郡县天下，历汉晋隋唐以来，而郡邑多有志矣。然岂易为哉？盖文献不足，则采择不备，去取不精，无以取信于世；非为政得人，则信道不笃，见义不为，不能图传于后。今宁波之志，前有王、袁二公作之，后有杨先生述之，而粲然以明。惟张公克勤厥始，惟方公克成厥终，而确然以传，信所谓文献足征而人存政举也。后之人获睹一郡成书以资其见闻，充其知识，又取前修之成宪，以为治身守官之法，则是书于政教岂小补哉？故不辞而为之序云。成化四年戊子春正月，赐进士出身中宪大夫浙江等处提刑按察司副使奉敕提调学政安成刘釪书。

成化《宁波府简要志》跋①

〔民国〕张寿镛

余既以黄南山《宁波简要志》非节删成化志而成矣，今取《杨志》与《黄志》对勘之，具有十证：《黄志》卷一《舆地志·星土类下》虞翻云“会稽上应牵牛之宿，下当少阳之位”二句，而《杨志》无之，此可证者一；《风土类下》引隋志，而《杨志》未引，别以《晋书》陆云一段为注，此可证者二；《黄志》引王安石《慈溪学记》及王应麟《鄞县学记》各数语，而《杨志》将此两记全文均载入《学校考》，“自宋以来云云”录其全文而略改，其词丧礼祭品一依《朱子》一段，及其下“唐地理志云云”则删去，益征《黄志》先《杨志》而作，此可证者三；《黄志》卷一《山川志》：“四明山，一名句余山，属之府治，以此山周围八百里有二百八十峰，跨宁绍台三府之境，明州、余姚、句章因之得名，非一邑所得而私。”而《杨志》隶之鄞县，隘矣！此可证者四；《黄志》卷二《赋役表》计洪武二十四年一表、永乐十年一表、天顺六年一表、嘉靖三十一年一表是其孙溥号

① 据明成化《宁波府简要志》（民国张寿镛《四明丛书》本）。

存吾者续纂，而《杨志》于三表外，有宣德七年、正统七年、景泰三年等田土税粮之数，宣德、正统、景泰皆在天顺之前，果使《黄志》是节删《杨志》而成，何以中间特漏此三年之粮赋？此可证者五；《黄志》卷三《邮驿志》记载极详，凡驿址之沿革、驿馆之名称及官吏、夫役、船只、舆马之数无不详纪，而《杨志·廨宇考》所纪甚略，此可证者六；《黄志》卷三《墟场志》于市名之下各注土产之名类，而《杨志》则无之，此可证者七；《黄志》卷三《食货志》岁办项下注明以上俱永乐十六年五县总数，而《杨志·贡赋考》于郡贡之下注明永乐十六年数，于县贡之下俱注明永乐十七年数，《黄志》是五县总计，《杨志》是郡县分计，且年分不同，其分合细数无可考，但亦可以证明其非节删矣，此可证者八；《黄志》卷五《寺观志》郡县僧寺共计二百八十五所，道院三十二所，民庵四十一所，皆备纪其距离府县治之里数及建始之年代、分别、宗派，可谓详矣，而《杨志·寺观考》益以碑记，然有《黄志》所载寺名而不见于《杨志》者，此可证者九；《黄志》卷五《艺文志》载洪武礼制乡饮酒礼、释奠乐器、释奠祭仪及朝廷颁降之书籍箱板以及历代名人之碑记、诗歌皆载其目，而《杨志》则散见于《学校》、《祀典》诸考，其府儒学门书板下注曰："旧志所载，岁久朽失，只有《玉海》全板，大明洪武八年取赴南京国子监云云。"而不言其他，《黄志》则《玉海》之外尚有《春秋本义》。原注洪武八年送南京国子监、《杜诗》、荀鹤注《诗学大成》、《汉隽》等四部，并注明以上三板藏本府，夫以朝廷颁降之书箱书板藏之学宫，其珍贵郑重为何如？乃《杨志》缺而不书，《黄志》则二书之执，此可以为《黄志》非节删《杨志》而成之铁证矣。

两志相校，获此十证，虽其记载详略之处，互有异同，而《黄志》体例明核，纪载谨严，自胜一筹，徒以意存简要，遂不免有所去取，且出书较后，又经其孙存吾续有所纂，致后人疑其节删《杨志》而成。试取两志合观，即可知此说之不碻，或谓两志告成年月相距无几，各不相谋，先后成书，如服郑之注《左传》，其先例也，此虽调和之论，然吾究未敢为然，爰就考证所得，更跋于后。甲戌冬张寿镛。

嘉靖《宁波府志》序

〔明〕范惟一

南司马东沙张公撰《宁波志》将成，会余行部至郡，郡长吏率其僚以序请，予诺焉。已自赤城还，长吏奉成籍至，而司马亦寓书趣予。予乃发册第观之。郡故堇子国地，自春秋以来，其沿革废置者盖屡矣。我皇明洪武十四年，鄞单仲友奏明州同国号，请更名，上以郡有定海县，海定则波宁，始定今名云。嗟乎！大哉谟也，何其深识远览若是哉。夫自古王者总一四海，诸侯分治列国，其经纬万端，靡所不贯，然举其纲维，则无逾安攘二者矣。后世郡得专祀其境山川社稷，擅政令教化之权，比古诸侯王国。而宁波于浙，东偏负海，而郡接岛夷、鲸鳄之居，为吴浙门户，审势絜重又岂直他郡等哉？高皇帝奠定之初，经画海上，独加详虑，徙海岛之民，严放洋之禁，而澳屿要害，悉置兵守，使相为犄角，呼吸可应，其措注诚密矣。是以齐民得务本力穑，咸以亩钟之田亢，其家贫者，亦有泽之萑蒲、海壖之蠃蜃以资养，而其君子辙迹遍海内，传圭接韨，类多名世丞弼，江海之间称乐土者，率先焉。夫孰非我圣祖宏谟所贻及哉。顷岁倭夷作难，海所在皆震，而郡尤当其冲，海波不宁甚矣。总之承平久，上下恬熙，岂惟武事阔疏，即综其内政，亦多所放失者焉。昔人有言，鈇钺不用，而刀锯日敝，不可以为政，此言务咫尺而遗寻丈也。今天子赫然震怒，命将兴师，复推简才略大臣总督之。四三年间，簿责文武吏，辄为易置，于是吏治渐兴，武功屡奏，神谟伟烈，辉映海宇，岂非同符高皇先后一揆者哉。余闻之，御外者必内固，故侯王之治国，必先安其内而攘外系之矣。乃今观于宁志，其灿然具载籍中，可按而睹者，大都皆所为修内治之具也。我高皇帝经画于始，与主上振刷于今，岂独勤远略云尔哉。余又以为郡自更名以迄今日，垂二百年，志久未备。会今上中兴，海波复宁，规画制置多增于往昔，而郡之荐绅又有司马公者，以鸿巨之材，渊博之学，奋笔而起，勒成一郡之典。嗟乎，固所谓事有待而时有会者邪！是志也，大抵依迁、固序、纪、传、志、年表之法，创承故实，综核悉备，视旧籍盖不啻数倍详焉。观者自得之，余故弗具论。论其大者，长吏周君希哲、曾君镒，当军兴之会，乃能留情斯事，可谓识先务，达远猷，有安攘之志者，余并及之，以诏后之人云。嘉靖庚申阳月朔日，浙江按察司提督学校副使吴郡范惟一撰。

嘉靖《重修宁波府志》序

〔明〕闻　渊

夫礼征典籍，史氏载言，其所从来久矣。猎异搜微，彰瘅笔削，虽体分述作，言人人殊，其为传信一也。郡县有志，实仿古列国之史，然雄文奥义，求其方驾往哲者盖寡矣。宁波有志，肇自乾道，厥后代有作述，握管命词，要皆一时艺林之望也。而沿袭故牍，罕所振刷，即能备目前之经制，罗今昔之见闻，欲无鬣璞之讥，得乎？明兴百年，始有文学杨实《成化志》，盖直补前志之所未及，而义例则一皆因之。其间崇释老而略人文，顺人情而睽世教，俾儒曲士犹或议之，而况于缙绅达识哉？大司马东沙张公禀二五之灵淑，振藻词林，蜚声四国，即纳禄家居，铅椠不辍，而于乡国之故尤孳孳焉。会威远周侯守郡，遂以志事为请。乃开馆延六校文学之士，采辑编纂，而司马公则殚精绎思，正讹彰信，用成名家言，未及期而告讫事。余得而读之，语于众曰：甚哉，志之难为也！尚典雅者多脱略，务详核者杂繁芜，工词则或背于理，论治则无当于事，徇情则美刺多眩，剿说则名实失伦。故燕郢之诮，秽史之评，非虚语也。今观斯志，经野分星，正疆定制，宰物宣化，兴学劝士，旌廉汰墨，摈枉昭良，罔不凿凿可稽，而海防河渠，兵政田赋诸书，又皆足以翦剔蟊蠹，翼赞经纶，济王路之艰，而襄太平之治，谓止于记载陈编已耶？夫史汉既远，作者莫继，谓其文之难也。然文可为也，因文以昭实，因事以定制，因制以经政，斯其难者也。语曰：吾欲修其辞，不如见之行事之深切著明也。信斯言也，则司马公之畜奇抱异，而未竟于施为者，不其有征于是哉？抑余闻之，妪煦鷇哺者，一时之泽也；陈彝表极者，百世之功也。斯志也，秩官常，明人纪，惠利于无疆，岂规规征逐簿书，侥幸于咫尺者哉？是可以知周侯之绩矣。余故为之论述，以俟观者谂焉。嘉靖庚申秋八月之吉，赐进士出身荣禄大夫太子太保吏部尚书致仕郡人闻渊书。

嘉靖《宁波府志》序

〔明〕张时彻

宁波，故会稽郡也，故有会稽志，颇征吾郡事。其前则有若张津《乾道图经》，后则有若罗濬《宝庆志》，有若袁桷《延祐志》，有若王元恭《至正续志》，有若杨实《成化志》，有若黄润玉《简要志》，今所传则实志也。迄今旷阙，盖九十有五年矣，矧又灾于郁攸。余友戴鲸氏慨文献之无征也，乃总而辑之，名曰《志征》，加详核矣。威远周君(周希哲)之来也，谒余请曰：希哲不佞，忝藩兹土，不察于方域之故，辄诹诸掌，固无闻焉。语曰：不习为吏，视已成事。夫已事之无稽也，余何以政乎？惟执事图之！余固让不获，乃进诸文学，议曰：昔《吕览》之作，成于众彦，尚蒙庞杂之讥，《淮南》之书，采掇诸家，犹有衺诡之诮，诸君能免此乎？佥曰：敢不力。又曰：夫志不法迁、固，则体裁不文；不表沿革，则废置不辨；不别疆域，则奠丽不昭；不综经制，则保义无纪；不详物土，则役敛无艺；不录人物，则美刺无章；不采艺文，则述作不备，诸君能办此乎？佥曰：不敢不力。乃分门别类，俾各殚其见闻，猎幽微，搜放佚，正舛讹，核名实。盖自历代国史、碑铭、志状以及稗官小说，咸摭其可征者而又质之于长老，裁之以天理民彝。以秩王章，以严治纪，以明物则，以正人伦。始于嘉靖己未九月十有六日，讫事于庚申五月六日。凡为类五，为目五十，为卷四十二。余谛而观之，辄自叹曰：余为斯志，而重伤政习之不古也。盖昔之政也一，今之政也棼；昔之疆也宁，今之疆也扰；昔之役也简，今之役也繁；昔之敛也纾，今之敛也棘，此皆由乎上者也。昔也尚俭，今则尚侈；昔也尚朴，今则尚浮；昔也务本力业，今则末技冶游；昔也行有枝叶，今则言有枝叶，此皆由乎下者也。夫由乎上者，吾无如之何矣。其由乎下者也，乃又不能挽而回之，则将何以洗靡竞而返淳庞乎？语曰：障狂澜者，以千钧之石；疗奇疾者，以百金之剂。然则欲复驺虞兔罝之盛，释鸿雁苌楚之悲，岂凡众所可庶几者哉。於乎！生斯、宦斯者，观于此可以深长思矣。昔余之有知也，陟降山川，逖则古昔，见旧志之踪盭，恒有余慨焉。及屏伏田间数以语于当道，率见谓迂阔，漫不可问，甚者以嫌谤为解，遂置不复语。微周君政先大者，其孰能无所因而首事，垂不朽之良图哉？然余窃有愧焉。子长、孟坚，皆世史也，才雄千古，乃其为书，累岁积纪，一则发愤于腐刑，一则续终于女弟，论者犹或病之。今以余之疏陋，而成之数月之间，欲无缪戾，不可得已，览者尚相与正之。是举也，成于海道副使谭公纶，继任郡守曾君镒，而郡丞侯君国治则终始协赞为多，余故并录之。皇明嘉靖三十九年岁次庚申夏六月既望，南京兵部尚书郡人张时彻。

嘉靖《宁波府志》序

〔明〕叶　照

夫陈艺树极，镜辙昭轨，作者为圣，述者为明，典谟训诰，《风》、《雅》经中之史，《春秋》史中之经，皆所以章彝训而植人纪也。若无关于艺极而各骋乎轨辙，君子盖无取焉。孔子曰："文胜质则史"，言乎其饰也。又曰"吾犹及史之阙文"，言乎其实也。是故不饰则不文，不实则不信，君子所贵乎彬彬焉尔矣，《春秋》之文史耳。而其义则游夏不能赞一词，彼曲学肤士又恶能执其准程哉？宁波故有志，作者盖非一矣。间或阔远于事情，或跛鳌于词旨，识者恒病其不论，况新陈代禅，俯仰迹殊，久未章于载籍，谓将于何取征乎？自昔才俊之吏，蝉联接踵，夫岂鲜少也？顾往往迫于簿书期会，率不暇诹咨，而或又以讪议自怵，迄未有一语及之者，盖恒情大抵然矣。威远周侯之来，辄锐意修辑，而司马东沙张公实司其事，甫八逾朔而书成。

观于沿革疆域而知封守之当慎固也，观于经制而知奠丽之当审图也，观于物土而知役敛之当则叙也，观于人文而知治行人才之以时外降也，观于杂志而知事变物理之不可胜纪也。人伦以正天道，以明法纪，以备美刺，以昭一郡文献足传不朽矣。昔者孔子叹礼不足，征于杞宋，少文献也。季札叹

《周礼》在鲁，多《春秋》也。夫《春秋》文献之宗，而文献者礼之鉴也。鲁虽微，犹得班于强大，以礼之故，孰谓史之无益于人国哉？知乎此，则斯志也，其殆山川之灵异，疆域之珍琛乎？叶子曰：以予慈溪已事，观之丙辰之岁，岛夷蹂躏，市井为墟，人道几息，然而阽孑遗黎，民依栖于榛莽之中，不敢悖父母，弃坟墓者，则以教化之泽，洽于人心，而父兄之训，先于子弟也。今城成草具，疮痍渐起，生养教训，所望于贤师，帅者不浅矣。是志行而凡后之登名席宠者，尚思依戴之义焉，庶几郡人永有赖哉，是为叙。赐进士通议大夫前奉敕提督抚治郧阳等处地方都察右副都御史慈溪叶照序。

纂修康熙《宁波府志》序

〔清〕李廷机

古者太史采列国之风谣，贡之天子，于以周知政教之得失，风俗之贞淫，典至重也。后世巡方之职，即其遗意，而郡邑又必有志，固以备采风所不逮，而抑以佐史官簪笔之需，则志之一事，所系岂浅鲜哉！我国家车书一统，百度修明。往壬子岁，天子俞辅臣请敕直省郡邑各纂修一方之志，勒成百代之书，会天子有事武功，垂功未竣。兹者四方宁谧，政文教振兴之时，天子复俞科臣请更敕直省郡邑诸臣，将十二年以前之事重加细订，十二年以后之事尤务精详。廷机承乏宁郡，凛奉简书，不敢滥寄耳目，止择同郡一二库士、虚公考核，矜慎品题，两阅月而书成。于是一郡之山川、疆域、赋税、土田，与夫古今之忠孝节义、科甲文章，下逮闺阃、方伎、仙释、怪异之事，靡不犁然具备。在宁郡夙称江左之名邦，在此书聊资木天之采择，臣不佞庶藉手以告竣矣。至于滨海事宜，因革损益，固不一端，俱详在志中，臣又何庸多赘。康熙二十二年秋七月，宁波府知府加二级李廷机谨序。

康熙癸丑修《宁波府志》序

〔清〕邱　业

昭代鼎兴以来，版图日广，万方晏宁，燮理元臣，思所以赞鸿猷，扬盛烈，俾一统无外之规划，轶百王而垂光万祀，于是条上纂修大清天下统志之议。今上特允之，敕下礼部，乃先征郡国志书。臣业承乏宁波，奉藩司严檄，亟有事于纂修。顾郡志自明嘉靖以后，阙而弗修者凡百二十年，非若他郡或十余年、数十年之近，可克日告竣也。遂设局于公署，率诸生夙夜编辑，凡三阅月而书始成。臣业任宁日浅，又率于簿书之务，自揣疏陋，惧不足以备掌故。尝考郡之有志，始于宋之《乾道图经》，越六十年而有《宝庆志》，又八十年而有《延祐志》，又二十余年而有《至正续志》，又百十余年而有《成化志》，又九十余年有《嘉靖志》。迄今纂修之后，凡七更撰述矣。前志具在，取而折衷之，莫详于嘉靖，惜乎考核尚多未精。窃以志为史中之一体，而不足以尽史之法，犹之《颂》为《诗》中之一义，不足以尽《诗》之情也。有征信，无传疑，则志即为史，有扬善，无书恶，则志自为志。文取其简而尽，义取其核而显，如是而已。宁之郡境滨于海，其山川形胜，物产土俗，古今略同。若乃秩官、兵制、一切建置沿革之类，因时异宜。至于赋役变更，河渠利害，选举本乎学校，安危系乎海防，斯皆政教法制之大者也。若夫任其地而宦迹可传，生其土而勋德足述，表艰贞之淑媛，搜诸作之家藏，斯则标仪刑而昭芳泽，为记载所并重云。其他杂志，虽增损无关轻重，亦足以备采摭、广见闻，岂好多乎哉。今以百二十年所续纂者，合之前志，芟其芜，复订其虚讹，其间入本朝者三十年，盖綦详且慎焉，汇成三十卷。圣朝宪古右文，儒臣学士，珥彤摛藻于石渠东观中者，将光昭大一统之烈，勒成一书，进呈睿览，永垂来祀，不无有藉于四方文献，以资采择，令遐陬弹丸之区，幽潜隐泯之迹，咸得炳耀汗青，辉映梨枣。正如泰山河海，不遗土壤细流，臣业且幸得效其涓埃矣。爰谨识之简端，以征欢忭。

雍正《宁波府志》序六篇

《宁波府志》序

〔清〕李 卫

疆域为天下之所同，而通省之险要实系诸此，则事莫大焉。制度经前代所屡更，而处置之得宜，至今日始大备，则典莫重焉。因革损益，文物典章，人民物产，凡有关于地方者无不书，此志书之体例也。虽然，详于细而略于大，繁所轻而简所重，夸多斗靡，搜奇剔异，于地方紧要，国家大经大制，了无发明，亦何以昭国宪而垂法守哉？宁郡六县，县皆滨海。蛟门虎蹲，雄峙海口。招宝一山，屏障大洋。西南自岭粤，东北达辽左，延袤一万四千余里。商船番舶，乘潮出波，无不取道蛟门，经由招宝。内则联络众省，外则控制东倭，通省之门户，实亦东南一大关键也。天之设险，岂止为一郡形胜哉！我朝定鼎，相度形势，命提督大僚，驻扎郡城，兼水陆二师，而宁波遂为重镇，又特设总兵官镇守舟山。内洋外洋，并宿重兵。星罗棋布，脉络相承。器械甲胄有定数，炮位船舰有定制，分操会汛有定期。海隅日出之乡，畏威怀德，渔盐商贾，无日夕之警，于今垂百年矣。岂非大经大制，前此数千百年之所未经筹及，亦即后此数千万世之所永宜遵守哉？较之前代，不提防于海外，而徒事巡哨，不扼要于悬海之舟山，而泛责之沿边各汛，其得失相去，为何如此也？今天子御极之八年，命直省并修通志，余承乏浙省，方有事编纂，而宁波郡守曹秉仁修郡志适成，请序于余。余阅其书，见其志海防、兵制、舆图、疆域、山川、建置、形势诸篇，原委备哉，纲目毕陈，且能发明圣朝安内御外之略，卫民通商之制，事之最大而典之最重者，罔或遗矣。至于志户赋，则著顺庄之便。志海渠，则言塘堰坝闸之利。志盐政，则详惠商恤灶之意，其他人官物曲，无不繁简合宜，详略得当。后之阅是书者，知玉帛来同，风波不警，皆由圣朝经画处置之尽善。自岭粤以达辽左，皆将以是部为屏翰焉，其所关岂一郡哉。若夫考古而得所依据，闻风而知所鼓励，则又所望于邦之士大夫及民庶也。其书余言以弁是编。太子少保兵部尚书兼都察院右副都御史总督浙江等处地方军务粮饷办理巡抚盐政兼管江南苏松常镇淮扬七府太仓海邳通徐五州督捕军务加八级纪录一次又军功纪录一次李卫撰。

《宁波府志》序

〔清〕王溯维

今皇帝雍正之十年夏五月，予奉简命观察浙东。地处海疆，日夜悚惕，思所以下慰民情，上报君恩，靖恭乃位。惟是因地制宜，化民成俗，征于古者，方可行于今。故广其咨询，尤必考其记载。爰属三府太守与邑令，亟呈府县各志，以博览形势之险要，民俗之醇漓，田亩之赋役，江海之巡防，与夫昔贤官斯土者之良法美意，以及山川钟灵，人文代兴，贤士大夫之卓卓可称道者，辄不禁释然。高望而远志，方且惧极盛者难为继矣。是年冬至后，宁波府太守曹君辑郡志告成，计三十六卷。予受而读之，缺者补，讹者正，文减于前，事增于后，无逸不收，无幽不阐，自非才具三长，曷克臻此？自我朝开国以来，经制之宏巨，枢管之综密，征令之宽简，兵制之详备，海防之周匝，学校之规条，无不宣扬德泽，垂著宪章，郁郁乎洵推昭代制作之盛矣。予因之窃重有感者。先高祖太史公尝修《嵩志》二卷，广采耆老之语，博搜金石之文，八年而后成，其立意发言，务在表章先贤以挽气运，正人心，敦风俗为兢兢。凡属旧文，必曰按旧志云云，其自著则曰王某云云，不敢袭前人之善为一己之长，而美刺贞望之辨，则立义精严，不啻三致意焉。(有缺)夫是为序。时皇清雍正十一年岁在癸丑仲春吉日，赐进士出身中议大夫浙江承宣布政使司参政分巡宁绍台道加一级纪录三次周南王溯维撰。

《宁波府志》序

〔清〕孙　诏

始余守郡时，以郡志自前明嘉靖迄今百七十余载，中间虽尝续修者再，而皆未成书，至是又五六十年，阔疏已甚，窃欲网罗采辑之，日久而未暇也。会余有观察之命，而富平曹君代余刺郡。君故精明而有为，甫至即有志是役，又适遇上将纂修《一统志》，郡邑志例得更修，益锐为己任。余虽辖三郡，而治常在宁，因得共相商榷。（中略）宁郡志则始于禾之《乾道图经》及《四明志》，元之《四明续志》、《延祐志》，明之《简要志》、《成化志》，此数者藏书之家间有存焉，而不得一见以为憾。惟东沙张司马之《嘉靖志》单行至今，其书与秦中诸志并时而作，义例极为详密。今欲于百七十余年之后，网罗采辑而折其中是非，得老于文学，负时宿望者，兼综而条贯之，盖未易胜斯任也。太史万九沙先生湛深经术，尤熟于前朝掌故，馆中夙推文学宗老。余自备员禁林，即深向往，而辈行稍后，又值先生解组归里，无由以文字之役请正。兹值纂修将启，遂与曹君礼聘先生为总裁，又遴诸生之有学行者为之佐。焚膏继晷，矻矻讨论，阅三月而脱稿，又往复再三，删繁补略，阅岁始成。书简而该，核而不冗，先生述作之功，岂在东沙下哉！然非曹君之力主其事，毅然为一郡文献计，是书亦未易成，其亦君精明有为之一验也欤？自兹以往，一展卷而我朝列圣之湛恩渥泽，旁薄海疆，与夫圣谟睿算，可以昭来许、程后世者，咸粲然日星。即是邦前贤忠孝义烈、道德事功之情状曲折，亦藉以阐扬，而宦斯土者，于民风土俗所以因时酌剂，以无负国家之委任者，亦于是乎在，而不患于取资之无自也。然则是书之成，其余之厚幸，且非独余一人之幸也夫！浙江等处提刑按察使司副使分巡宁绍台道加一级纪录四次孙诏撰。

《宁波府志》序

〔清〕曹秉仁

雍正七年六月，余由北直顺德，蒙恩调守是邦，念海疆重地，抚绥非易，受事以来，夙夜祗惧，思所以无旷厥职者。徼天之幸，文武协和，年谷成熟，民咸劝功乐事。凡郡中所当兴举，若城垣，若学校，若月湖书院，长春、大嵩诸塘碶，次第讫功，独念郡志为一方文献所关，而自前明张大司马纂修后，虽经国朝邱、李二郡守之续修，皆未成书，责实在守土者。且皇上方有纂修《一统志》之举，其何以辞？因请干观察孙公，以庚戌季秋开局，延荐绅万九沙太史董其事，佐以诸生之有文学者，而余与观察公亲雠校焉。越岁书成，寿之梓而序之曰：自书有《禹贡》、《周礼》有《职方氏》，而后世郡国之志以兴。顾作者之学识有醇驳，文辞有工拙，而书之得失见焉。今夫志地者，必详其山川、阨塞、农功、水利、生齿、谣俗之盛衰，以为施政立教之资，此志之本务也。其次则宦是土者之遗业余烈，是邦前贤之道德事功，下至草野细民，幽闺妇女，一行一节之美，皆所不遗，则劝惩之道寓焉。他若奇闻异迹、登临游览之胜，譬诸肴羞之有珍错，玩好之有书画奇器，虽足动好奇爱博之流连，而于本务则阔矣。后之作志者一切反之，志山川不原潴泄，志户口不究盛衰，人物则贤奸杂列，而野庙、僧庐、达官之墟墓，辞人流连光景之作，充牣简牍，使读者茫然不得要领。此数百年来，地各有志，而独称康德涵之《武功志》者有以也。宁介在海隅，夙推浙东之望郡，郡属舟山为海道咽喉，尤称险要。自康熙中建设县治，移总兵官建牙其地，遂屹然重镇。我皇上睿虑周详，比年沿海水陆戍守，皆经庙谟更定，法良意美，方大书特书，不一书矣。其宦兹土者，则任侗、陆南金、王元晧、吴潜、颜颐仲诸人，世称名宦，代未尝绝。至是邦之风俗人才，则自唐、宋后推衣冠文物之乡，若庆历之先生，淳熙之君子，后先相望，何彬彬尔雅乎！其他忠臣烈士、孝子贞妇之流风遗迹，足以贯金石、动鬼神者，尤所在皆是也。顾纪载之失当，前书盖未能免。故余与观察公力持宁简无烦、宁核无滥之指（旨），而万太史家传史法，尤能审取舍轻重之宜，以授诸生。若乃刊落繁冗，校正鲁鱼，则余两载中尝疲精于是，而仁和柴征士世堂、钱塘汪孝廉坤亦共分劳绩者也。今展卷而昭代之文德武功，疆内山川之险易潴泄，户口物产之庶繁，是邦名宦先贤之丰功骏烈，下至闾阎纤悉之美大者，粲若日星，小者亦如珠玑华实，犁然备具。而宫保制府公与观察公亦许可，而命登之梨枣。自兹宁之文献，其有征矣乎？抑闻宁之有志，始于宋乾道时知州事张津之《四明图经》，其后胡尚书榘之《宝庆志》，元王总管元恭之《至正续志》，皆宦是邦者手勒成书，而余鞅掌戴星，仅集诸贤之长以成是编，讵敢与张、胡诸先达较文采，抑亦藉是以免守郡旷职之诮也。是为序。浙江省宁波府知府□级留任富平曹秉仁撰。

《宁波府志》序

〔清〕万　经

宁郡之有志也，始于宋乾道州将张津之《四明图经》，厥后吴正肃潜撰《庆元正续志》。胡判府榘因之为《宝庆志》，元袁学士桷因之为《延祐志》，王总管元恭因之为《至正续志》。至明而黄佥事润玉之《简要志》，杨博士实之《成化志》，张司马时彻之《嘉靖志》，先后相望。其于前代之典章法制，旧闻轶事，与夫忠臣烈士、孝子贞妇之流风遗迹，网罗详矣。顾诸书多岁久失传，而自张司马纂辑后，虽经邱、李二郡守之续修，书皆未成。盖一百六十余年来，几几有文献无征之惧，而当事者率莫之省也。富平曹侯守宁之次年，政通人和，百废俱举，适皇上有纂修《一统志》之命，郡志例得更修，遂引为己任。而观察孙公守郡时，固尝有志兹事，以迁秩未果，至是喜素志之得伸也，函币致书，属余总领其事。余窃自念少时颇闻史法于家庭，中年备员禁林，尝厕国史编摹之末，投老以来，旧学芜废之日久矣。独念康熙中郡守邱公续修时，世父公择先生尝膺斯任，父兄未竟之业，其何以辞？因束装东渡，则诸邑分编之士已毕集。余遂与观察、太守二公，酌定纲目，发凡起例，以授诸生。采诸张志者约十之五，采诸邱、李二本者约十之三，其续增者，皆符下诸邑，周询其地之父老，而后登载。凡卷帙纷罗，考订疑互者，十旬而稿始脱，迫冬未及修饰，复与老友仁和柴征士世堂暨汪孝廉坤，互相商榷，删繁补略，阅春夏始成书。已太守公复招致分编林子梦麟于公署，校对再三，以其书请正于制府彭城李公，而后授之梓。盖是书之修，惟为时极其希阔，故成之慎且难如此。顾太守公周详审慎之意，则已异乎世之为书者矣。其以此敷政，而为一郡兴革计久远也，讵不信哉！夫志者，史之余也。史之大，在一代礼乐政刑，与名臣将相之功烈，而他不与焉。志之大，在一郡农桑、食货、山川、阨塞，与贤人君子之德业事功，而他不与焉。宁虽介在海隅乎，自康熙中荡平海宇，遂为东南一都会。我皇上神谋默运，无远不周，频年更水陆，易营汛，于海防尤注意矣。至章缝之士，自制科而跻三事九列，与备一城一障之用者，尤未易一二数也。膺斯任者，宜有鸿文巨制，敷扬盛美，而余以垂老才尽之年，掇拾旧闻，以塞当事之请，既幸吾郡文献之有征，而又愧述作之远谢清容、南山、东沙诸君子也。姑述其缘起如此。赐进士出身翰林院编修加一级提督贵州通省学政特命分纂《康熙字典》、《朱子全书》辛卯科山西乡试主考郡人万经授一氏撰。

《宁波府志》后序

〔清〕色　超

政常思其民之利，而利常缺于无传。民得利于政，而利足以传，则考之可据，志皆足以志之。志之传，亦传乎自然也，岂用自传其政。南丰云叙事莫如书，练庵云考国事于志，不信然哉！顾时久必变，亦有不尽传者。他不具论，宁郡唐时洗心，厥功伟矣，志不详载。天宝间罂脰（湖）大浦，西七乡不安其利，吴人陆南金筑泄启闭，后大历令储仙舟修治之，《图经》缺之，椠之《宝庆志》缺其半。淳祐时东钱、回沙建于陈长乐，而浚筑则创于嘉熙四年余侯天锡，袁学士《延祐志》缺之。枫轩藏集云唐鄮令柳惠古建堇山书屋于郡西，志言学校之兴始于杜先生醇，考列志俱缺之。洪武宁国张琪造养院于郡之东畔，维老哺幼，而东沙嘉则叙平寇崇学而外，其他不传焉。夫志者，岂独其迹耶，大小精粗无不尽也。使读其书者，如即乎其时，求其法者，如即乎其心，则历久不敝，志也。诸君子考核亦详且博矣，而渗漏甚多，或其传者非及时传之而听乎自然，若有数存焉者也。余承命刺宁，宁固文物邦，而土逼海滨，惟淡水是利。汉梅公福于郡东设塘以蓄水，因号梅墟塘，鄞常沾利，而左蛟川，右剡川，具利赖之。迄明成化间改石塘，又三百载矣，颓败实甚。余申道宪王公往勘周视，又得属吏之贤且勤，起工于丁巳秋，阅四夏，而厥工竣焉。前挟候涛，啸荡而来，南折北汇，塘腰扼冲而患息，其事详载塘碑。又有书院及育婴二事。月湖书院，郡文风所关也。国初十年，海道王公建立，后守李公煦重建，孙公、曹侯踵之。余甫下车，延名师整饬科约，月朔望课，按定甲乙，光之梨枣，远近挟策来者百有余人。道宪王公相度佑圣观余址，创造育婴堂，顾岁口繁不能给，余捐俸倡首，颁文六邑，捐募若干，人日受粟米一升，幼小半之，乳子贯衣则倍之，无道旁呱呱声。余思宁自齐采访以来，历有千年，其间勤于民者，后世常尊而用之，未之有改也。余才谫劣，谨谨守土，凡利民之政，一一师前人法。仰赖天眷，承各宪报可，敢谓民得利于政，而利足以传。而令楚楚之政，淹没不传，又非予心也。夫志足以志之，考之可据，亦其自然而已矣，岂用自传其政哉。大小精粗，不敢不尽，亦不敢不白，使读其书者，如即乎其时，则历久不敝志也。志自曹侯修后，板剥落，予补镌三十余页，为此叙，聊免渗漏之患云尔。乾隆六年岁在辛酉蒲月吉日，浙江宁波府知府纪录八次绿江色超撰。

跋乾道《四明图经》①

〔清〕全祖望

四明志乘以吾家为最备，自胡尚书《宝庆志》、吴丞相《开庆志》、袁学士《延祐志》、王总管《至正志》、季孝廉《永乐志》、杨教授《成化志》、张尚书《嘉靖志》，无一佚失，足以豪矣。张制使《乾道志》，则最初之作也，购之不可得。乃过天一阁范氏，见《四明文献录》全引其书，为之狂喜，乃别为钞而出之。于是扬之小玲珑山馆马氏、杭之小山堂赵氏皆来借钞。顾予犹疑非足本，尝

① （清）全祖望撰，朱铸禹汇校集注：《鲒埼亭集外编》卷三十五，《全祖望集汇校集注》，上海古籍出版社2000年版，第1477—1478页。

见《成化志》中子遐追山二庙下，纪刘毅、胡帐谏吴越无纳土事，以为出自《乾道志》，今竟无之，则脱简殆多。然要属难得之书，可宝爱也。

跋四明宝庆、开庆二志

〔清〕全祖望

胡尚书榘《宝庆四明志》二十一卷，吴丞相潜《开庆续志》十二卷，皆宋椠也，予得之同里陆参政懋龙书库。《宝庆志》先以《郡志》十一卷列于首，分为叙郡、叙山、叙水、叙产、叙赋、叙兵、叙人、叙祠、叙遗九例，而接以《六县志》十卷。《续志》则不分郡邑，专纪丞相莅明之事及其诗文而已。吾乡志乘，以《乾道图经》与此二志最古，实为文献之祖，可宝也。雍正庚戌，予以拔萃入太学，是书为人篡去，质于富人之手。仁和赵五兄谷林以自金四十锭赎归，仍钞一副本归予，予作长歌谢之。

尚书之《志》，见于陈振孙《书录》，鄱阳马氏《通考》暨明焦氏《经籍志》，胡《志》成于参军罗浚之手，焦氏误为罗鹰。而吴《志》则藏书家未有及者。前此临川李侍郎穆堂、江都马上舍嶰谷，皆尝向予借钞，逡巡未寄，兹并属谷林钞以贻之。牙籤厄塞。历五百年而始流布于时，殆亦有数存其间哉。古者著述虽佳，非人不重。尚书立朝与薛极辈附史相弥远，称"四木"，当时有"草头古，天下苦"之谣，其与丞相之书并列，有惭德焉。故予前所作诗于胡《志》颇略，然未尝不自笑其迂也。

再跋四明宝庆、开庆二志

〔清〕全祖望

吴丞相《开庆志》，皆记其莅明善政，其自九卷而下，则其吟稿也。吾友杭君堇浦颇疑其非志体。予谓丞相莅吾乡，最有惠政，即此志可备见其实心实政之及民者，而以其余间春容诗酒，又想见当日刑清政简之风，原不必以志乘之体例求之也。况丞相遗集不传，则是志之存，可不谓有功欤？

独《宝庆志》则多讹谬，如元丰之舒亶、中兴之王次翁，皆为作皇皇大传，而高宪敏传不载其受杨文靖之学，又不载其拒秦桧请婚之事，何欤？史忠定传谓其仲父签枢罢官在秦桧死后，则并国史《宰执年表》未之考也。袁正献公附入远祖毂传后，亦寥寥。罗浚谓是书成予一百五日，固宜其有所舛戾也夫。

三跋四明宝庆、开庆二志

〔清〕全祖望

《宝庆志》中有载及胡尚书以后事者，予初甚疑之，既而知是书尝为刘制使黻所增加也。第一卷牧守，自尚书以后凡二十人而至吴丞相，又十人而至制，使皆附列之，则为制使所增加可知矣。及读第二卷《经籍志》，有《四明续志》三百三十幅，大使吴丞相置，四十五幅，制使刘公置。吾乡志乘，自吴丞相而后直至延祐方有续本，未闻有刘《志》，乃知四十五幅即散入《宝庆志》中所增加者。

然刘制使之莅吾乡在咸淳，自淳熙四先生而后，吾乡人物之当表章者不可胜举，制使一无所增，而增其事之小者，抑末矣。

延祐《四明志》跋

〔清〕全祖望

《延祐四明志》二十卷，袁学士清容所修也。是志流传甚寡，储藏家皆无之。即在吾乡亦但有二本，其一在天一阁范氏，其一在陆高士春明家，然皆失去第九卷、第十卷，第十一卷，盖无从觅其足本矣。

清容文章大家，而志颇有是非失实之憾。如谢昌元、赵孟傅皆立佳传，而袁镛之忠反见遗，盖清容之父亦降臣也。又累于吴丞相履斋有贬词，殆以其大父越公之怨，非直笔也。

再跋延祐《四明志》[①]

〔清〕全祖望

浮屠结习，喜作大言，强半"孔子吾师弟子"之故态也，至有谬妄之至者。如《延祐四明志》有育王住持知愚传，初无他善，但言吴丞相履斋判庆元，极尊礼之，问曰："师之语录，愿序引以传不朽。"愚固谢之，退语人曰："吴潜晚岁如病风，祸将至，吾岂愿其文？"语闻于吴，大怒，系之狱，杖之。未几吴果贬死。

夫丞相立身有学术，立朝有节概，其莅吾乡有惠政，死于贾似道之手，非其罪也。何物愚僧，至摈其文而不屑乎？盖必以他事被杖，而为此说以自掩

① (清)全祖望撰，朱铸禹汇校集注：《鲒埼亭集外编》卷三十五，《全祖望集汇校集注》，上海古籍出版社 2000 年版，第 1480—1481 页。

也。清容纪之，殊不可晓。

至正《四明续志》跋[①]

〔清〕全祖望

《至正四明续志》十二卷，王总管宁轩所修也。总管于吾乡为循吏，其整顿它山堤堰最有功，志中所书堤堰，补清容之所不备。元时牧守如此，盖绝少者。

永乐《宁波府志》题词[②]

〔清〕全祖望

成祖诏天下府州县皆修志书，时方修《永乐大典》，天下之志皆入焉。诸书皆以为十七年所修，考《大典》成于永乐六年，则志之修亦在六年以前也。书专为《大典》而作，既贡，书局未尝付梓，故今天下之传永乐志者最少。

吾乡志书其为吾家所藏者，自宋以下无一不备，所少者《永乐志》耳，及钞《大典》始得之。

是志也，里人纪征士宗德、李处士孝谦为之，其书体例绝佳。生平不喜袁清容《志》，谓其党仕元之匪人，没前宋之遗事。得此书以补之，真大快事也。成化中杨实所修，未见此书，故过于略。今而后，枌社之志毕具矣。

成化《四明志》跋

〔清〕全祖望

南里先生纂府志质实可观，其人盖醇儒，而东沙《续志》不为之立传。当时南里之子若孙，皆官至藩臬监使，一门贵盛，东沙殆有宿憾焉，而故略之。然南里有传，出于西涯李文正之手，不籍东沙也。后东沙而为志者，不能采西涯之传以补之，则疏矣。予并求得其诗一首，补入《甬上耆旧诗》中。

---

① （清）全祖望撰，朱铸禹汇校集注：《鲒埼亭集外编》卷三十五，《全祖望集汇校集注》，上海古籍出版社 2000 年版，第 1481 页。

② （清）全祖望撰，朱铸禹汇校集注：《鲒埼亭集外编》卷二十四，《全祖望集汇校集注》，上海古籍出版社 2000 年版，第 1204 页。

跋《宁波简要志》[1]

〔清〕全祖望

《宁波简要志》二卷，明黄南山先生润玉著。先生尝著《四明文献录》，此则其概括之书。予钞之万处士斯同家。吾乡志乘自宋元迄今，其佚不存者，张津之《四明图经》、姜屿之《明越风物记》、罗濬之《四明志》而已，其余皆完好。雍正辛亥，浙江修通志，余方在京，厉二樊榭、杭二堇浦，千里贻书求四明旧志。予遣使请于家君，发插架所有胡尚书榘《宝庆志》、吴丞相潜符《开庆志》、袁学士桷《延祐志》、王总管元恭《至元志》及明杨教授实《成化志》、张尚书时彻《嘉靖志》，而以郑教授真《四明文献》、李侍郎堂《四明文献考》及先生之二书尽送志局。盖吾乡之书，较他府独备，譬之礼家，幸不至为杞宋之无征也已。

跋乾道《四明图经》[2]

〔清〕钱大昕

校书之难，如扫落叶。予初读《三国志 · 虞翻传》注有"鄮殡候"三字，即疑鄮当为鄮，殡候当为"莫候反"，后见内府本校正，果如予言。乃其下又有处士邓卢叙一人，邓非会稽属县，亦恐是鄮之讹，而未有它文证之。顷见《乾道四明图经》于鄞县人物有云：虞叙弟犯公宪，自杀乞代，见《会稽典录》。乃知南宋本果是鄮字，深喜予言之不妄。然后来胡榘、袁桷修《四明志》，并无叙名，又知鄮之讹邓，亦宋元本已然矣。虞、卢字形相似，正史屡经翻刻，图经亦系转写之本，未敢决其然否，俟再考之。

跋宝庆《四明志》[3]

〔清〕钱大昕

宝庆五年，尚书庐陵胡榘仲方知庆元府，命赣州录事参军罗浚修《四明

---

① （清）全祖望撰，朱铸禹汇校集注：《鲒埼亭集外编》卷三十五，《全祖望集汇校集注》，上海古籍出版社 2000 年版，第 1482 页。

② （清）钱大昕著，陈文和主编：《潜研堂文集》卷二十九，《嘉定钱大昕全集》，江苏古籍出版社 1997 年版，第 491 页。

③ （清）钱大昕著，陈文和主编：《潜研堂文集》卷二十九，《嘉定钱大昕全集》，江苏古籍出版社 1997 年版，第 495 页。

志》，罗亦庐陵人也。其书首郡志十一卷，次鄞志二卷，奉化志二卷，慈溪志二卷，定海志二卷，昌国志一卷，象山志一卷，合之得廿一卷。

书成于史弥远枋国之日，故其父浩得佳传。浩老成忠厚，不居宠利，在南渡诸相中本自表表，世徒訾其沮张浚用兵一事，不知符离之役，张以轻进而无功，则史之持重为可取。朱文公作张魏公行状，颇诋浩，浩不怒而转荐之，其器量更非寻常可及，未可以子之权奸并其父而抑之也。

《志》修于宝庆，而卷内叙事往往及绍定、端平，嘉熙、淳祐、宝祐，盖后人次第增入，非宝庆原刻本。

跋开庆《四明续志》[①]

〔清〕钱大昕

四明志乘见于《宋史》者，惟张津《四明图经》十二卷，今略存于《四明文献》中，已非足本。若胡榘之《四明志》廿一卷，吴潜之《四明续志》十二卷，史家俱失书。盖《宋志》于地理一门，采摭多不备也。《续志》成于开庆元年，出庆元府学教授梅应发、沿海制置司主管机宜文字刘锡二人之手。前八卷皆述吴潜在任政绩，而以吟稿二卷、诗余二卷附焉。盖吴氏一家之书，非志乘之体矣。予所见者，鄞县卢氏抱经楼所藏宋椠本。

跋成化《四明郡志》[②]

〔清〕钱大昕

此志明天顺间宁波府知府孝感张瓒延郡人杨实重修，凡十卷。刻未半而瓒迁去，继之者为莆田方逵，实督成之，竣事于成化四年。安成刘舒为之序。本名《四明郡志》，今刊本改为宁波，乃后人所为，其改换痕迹尚存也。

王文恪公撰《姑苏志》既成，杨礼部循吉讥其不通，或请其说，曰：此《苏州府志》也，而云姑苏，名不正矣，文焉得通乎？当时传诵其言。予谓文恪撰述，夫有所受，未可非也。试即宋元地志之传于今者言之，梁克家之《三山志》，陈耆卿之《赤城志》，杨潜之《云间志》，非宋之州郡名县名也。徐硕之《嘉禾志》，张铉之《金陵新志》，秦辅之之《练川志》，非元之路名县名也。高

① （清）钱大昕著，陈文和主编：《潜研堂文集》卷二十九，《嘉定钱大昕全集》，江苏古籍出版社1997年版，第495—496页。

② （清）钱大昕著，陈文和主编：《潜研堂文集》卷二十九，《嘉定钱大昕全集》，江苏古籍出版社1997年版，第499—500页。

似孙作《剡录》之时，剡已改名嵊矣。志苏州而以姑苏名，何渠不可！循吉之讥，所谓知其一未知其二也。史家叙事，地名官名当遵时王之制；行状碑志，亦史山之类也。若苏州知府而易为吴郡守，施诸志状，则为非法；至于诗赋记序，自可不拘斯例。东坡《海市》诗称韩文公为潮阳太守，近世何屺瞻深诋之，此亦祖循吉之说，而失之固者也。

四明有志旧矣，明初有《明州府志》，见于《文渊阁书目》，而世无传者。此志意在踵武先民，故仍其旧名，后人因循吉之言易之，失作者之意矣。

宝庆《四明志》跋①

〔清〕杭世骏

明之设州，自唐始。乾道五年张津守郡，始厘定《图经》七卷，其名见于《宋史·艺文志》，今不复传矣。继此者，《书录解题》称宝庆二年，庐陵胡矩仲方为守，属其乡人罗濬撰《四明志》二十一卷。鄞县全君绍衣为予言其家尚有此书，予固疑而不敢信也。雍正壬子孟夏，绍衣入都，道武林，竟以是书持来，乃宋末雕本，与吴丞相《续志》合刊者，予惊喜出望外，亟走书属友人赵谷林为绍衣谋脂辖之费，而以书纳之小山书库，酌酒相贺，绍衣为长句五百言纪其事。时九沙万太史方领明州志局，予作诗送行，即述其颠末以告，所谓人喜则斯陶，陶斯咏也。

按矩以兵部尚书除焕章阁学士通议大夫兼沿海制置使来知郡。越明年，命校官方万里重订图经。未几，万里造朝，事遂辍。又明年，罗濬以从政郎新补赣州录事参军调官来谒，矩命与府学学正袁藻，学录刘叔温，直学汪辉，学谕汪垌、缪暹、蒋渊明，教谕伍子献共事编类。由孟夏讫仲秋，凡五月而书成。先以郡志，次鄞，次奉化，次慈溪，次定海，次昌国，次象山，盖当时六县之次第如此。而其目曰：叙郡、叙山、叙水、叙产、叙赋、叙兵、叙人、叙祠、叙遗。虽志多而图少，然其间每依旧经所载，则乾道不传之志，于此可以获睹其什之四五。考之宁宗即位，既升州为庆元府，而标题书目犹曰四明，仍旧也。

① (清)杭世骏撰：《道古堂文集》卷二十七，《续修四库全书》第1426册，上海古籍出版社2002年版，第471—472页。

开庆《四明续志》跋[①]

〔清〕杭世骏

宝祐四年九月，吴丞相潜以观文殿大学士出判庆元军府事。越三年，门生迪功郎庆元府府学教授梅应发、奉议郎添差沿海制置大使主管几宜文字新添差通判镇江府刘锡，采掇其民政、兵防、士习、军食，以续胡仲方之志。书成，时开庆改元八月也。其书卷只十二，而吟稿诗余居其四，似潜一人之私集，于地志之例不合。至称其祷雨龙见、瑞麦绘图，不免贡谀之辞。然潜帅明时，建平水则以兴水利，政绩颇有可观，其诗亦多悯时忧国之语，其得传于后，不为律也。因综论其概，而以其书归之谷林氏。

《敬止录》序

〔清〕徐时栋

四明故有志也，而乡邑未有专书。国初高隐学起而录之，固不以志名也。其后乃始有闻惢泉之《康熙志》，又其后而复有钱竹初之《乾隆志》，其考据皆远，不退隐学。徒以隐学所录非志书且未有刊本，士大夫皆弃勿观积二百年，而其书几亡。近余始得观之，漫漶灭甚矣。呜呼！微文献者，何人而坐，令先辈风流销□于太平无事之日乎？按旧书次第凡四十卷，余所见本，乱次不伦，亦漫磨不识，其卷帙稍编辑之，亦得四十卷，不能复其旧也，大略而已。己亥五月十七日徐时栋书。

《宋元四明六志作者传》序目

〔清〕徐时栋

余既刻《宋元四明六志》，陈大令劢谓凡作志者皆有功，吾乡当并录史传。今按六《志》中主修以至编次，不下三十人。而《宋史》有传者，惟附刻《宝庆志》之陈塏、刘黻，主修《开庆志》之吴潜。《元史》有传者，惟纂辑《延祐志》之袁桷而已。余或附见二，或并无姓名。余复旁稽杂史，搜采诸家，以所闻见编葺成卷。不能详者略之，他书误者正之。其人或贻讥于当时，亦难掩覆于今日，据事直书，不敢以曾官兹土、生长是邦，而遽为之泯其迹也。至正史有传诸公，既录历官始末，复据他书补其漏遗。而传中所载奏疏，长篇累

---

① (清)杭世骏撰:《道古堂文集》卷二十七,《续修四库全书》第1426册,上海古籍出版社2002年版,第472页。

牍，则但为摘举大凡。深愧弇陋，无当于论世知人之学，惟博雅君子有以裨我云。

重刻《乾隆四明志》序

〔清〕陈之骥

四明多藏书家，宋元以来古志大备，鄞为附郭首邑，罗浚《宝庆志》有《鄞县志》二卷，实为分志之始。康熙初贡士闻天乃苦志缀学，辑为专书，论者谓网罗详细而体例未精。乾隆丁未武进钱竹初为令，嘉定钱辛楣来游斯土，魁儒秉笔，同时卢月船、蒋樗庵佐成之，蔚然大观矣。夫志乘，莫患乎门类繁琐，先后复见，流俗丹青，是非缪辖，皆不得体例者也。是书仿《日下旧闻》之例，各注所出书，使事必有征，辞必有据，辩证一门，据《寰宇记》文种为南郢人；据《唐书》刘巨容为埇桥镇遏使，埇桥在宿州，未尝为明州镇遏使；据《会稽典录》王修未尝为鄮令，如斯之类，精确不刊。当日此志成，犹欿然不自足，其凡例引小长芦自言中多参漏，补遗订讹，有望后人，斯真通人之论也。余尝略读一过，姑举数端：宋嘉祐间众乐亭诗碑建康冯浩，今《金石门》误作马浩；报恩院杨孝子事，有元至顺庚午碑记，昙噩撰文，虞集书丹，重刻在明人两碑之阴，亦非成化前无言者；宋时进士有正奏、有特奏，《宝庆志》仅有正奏，故无沈辅臣、翁巘等七十五人，闻志取《乾道图经》以补其阙，此疑其本于家谱亦误。盖考据之难如此，蒋樗庵别撰《鄞邑志稿》，欲与此相补，苴如得稽古者荟萃而折衷之，可成合璧，要之体例，以此志为极善，后有作者事可增文，可续其体例，不可易也。是书之版遭兵燹而毁，邑人郑增及其子荣恩慨然出资重刊，以存文献，余嘉其志，遂书数言以冠简端。道光二十六年三月，分巡宁绍台兼管海防水利兵备道上元陈之骥序。

第二节　县志序选录

康熙《鄞县志》序①

〔清〕汪源泽

县志何为而作也？志者，记也。所以记一邑在天、在地、在人之类聚群

① (清)钱维乔修，(清)钱大昕等纂：乾隆《鄞县志》，浙江古籍出版社2015年版。

分，乃征古以式今，亦继今以接古也。鄮隶会稽于越时，可征者则有《会稽典录》、《十道四蕃志》、夏侯曾先《地志》。改鄞后，可征者宋大观《九域志》、张直阁津乾道《图经》、罗参军浚《宝庆志》、吴制使《开庆续志》。其别者则有《明越风物志》者，姜屿所撰；《鄞江志》者，郡守陈日华俾昭武李皋为之；若朱舍人翌则有《鄞川志》，赵君理与葺则有《古鄞志》。及元纂《延祐志》者，袁翰林桷纂，《至正续志》者，王郡守元恭。明永乐间修鄞志而未刊，迨成化戊子杨外翰实乃成《四明志》焉，黄副宪润玉别纂《宁波简要志》，戴少参鲸辑《四明志征》。其他郑解元真之《四明文献录》、李隐士孝谦之《文献志》与《人物考》、李少司空堂之《文献志》、戴中丞鱀之《文献考》，皆足以征古而式今者也。嘉靖庚申张大司马时彻纂《宁波府志》，鄞附见而无专帙，迄今一百二十余年矣。我国朝鼎典，今上康熙壬子岁令郡邑各修其志，时虽草创鄞志，然悉循嘉靖郡志之旧。今年癸亥奉有纂修《一统志》之命，部臣檄浙之行中书省，先取证于各邑之志，汇于郡而通于省以达于都。谓年代既久，沧桑更变，种种不同，自宜按籍考订，接古续今，以副盛典。若是则鄞以新志为凭，似当接壬子既修之前，以续壬子未修之后，若甚易也。讵知古之足信者，始可以接古今之足信者，始可以续今鄞。遡嘉靖一百二十余年之前，固多讹缺，又讵知一百二十余年后之仍其讹缺乎？是用新纂而非重修，甚不易也。源泽承乏是邑，甫惭莅任，敢不恪慎乃事，于是询诸乡大夫，士咸推闻文学性道留心乡邦文献者四十载，敬延其博稽确订，新定一十二考，源泽获总辑其成，庶几在天、在地、在人之种种可征古以式今，继今而接古。虽不足上副朝廷之隆典，聊以殚宰士之职事云尔。岁在癸亥季夏闰月之吉，文林郎知鄞县事黄海汪源泽撰。

乾隆《鄞县志》序①

〔清〕钱维乔

《周礼》大司徒之属有土训掌道地图，以诏地事，诵训掌道方志，以诏观事，郡县之志，殆由此昉乎。盖一邑之山川、疆域、兵农、赋役、人物、政治非有载籍胪列之，在官无以考镜于成迹，在民无以观感于前刑，是志也者，守土之吏与邦人士交有赖焉者也。

鄞为古句甬地，浙东一望郡也。负山滨海，形势扼要，有鱼盐市舶之利，宋元迄明，人才尤蔚然称盛。乃予甫下车，即访求邑乘，自闻贡士修辑后已

① （清）钱维乔修，（清）钱大昕等纂：乾隆《鄞县志》，浙江古籍出版社2015年版。

阅百年，续有曹公之郡志，亦几几四十年矣。此六十年中风俗之变迁，政治之沿革未知何如，而典章散佚，文献凋零已可概见。岁在乙巳，爰延家詹事晓征主纂修之任，与邑中硕学搜罗放订，冗者汰之，阙者补之，讹者正之中间。予偕计吏北行，局遂辍，丁未踵行，前后计一稔余，乃蒇事焉。詹事博雅醇儒，复虚中无我，集众善而勤勤不倦，识大识小，书成事详而文简可当，良史矣。抑予因之有感焉。

天子置令长亲民之官，所期甚厚，苟能兴利除害与百姓休戚如一体，雪竟陵四尽之羞，致中牟三异之美，庶几上无负圣朝，下不忝厥职。考前志名宦，吾钱氏如康宪之浚，广德湖、它山堰，君倚定酒场官粥之制，以苏衙前之困，代有德泽，流播明州，君倚则有昆陵人也。至如王芳洲、陆岱瞻二公，皆吾桑梓前贤，会官兹土，莫不循绩炳著简册。予何人斯，承乏四年矣！录录簿书，期会间与。时俯仰毫无片善及民，虽幸从诸君子后，稍分参校之劳，然稽户口之日繁，则惧扶绥之不易也；览堤防之多，废则虑水庸之难复也；科名减而渐衰，习俗漓而失旧，则惭礼教之未逮而振兴之不力也。良规俱在地方，竟无起色，传有之受人，牛羊求牧，刍而不得，谓之何哉？惟重有望于后之贤有司而已矣。时乾隆五十二年七月，鄞县知县武进钱维乔序。

鄞县志局与同事书[①]

〔清〕钱大昕

史家之例，以列传为重，其列于儒林、文苑者，皆其次焉者也。元人不通史法，乃特创道学之名，欲以尊异程、朱诸人，后来无可充道学者，而无识之辈，竟以儒林为荣。今志局所拟入儒林者，未必悉乎公议，且如王厚斋，四明文献之宗，而不列之儒林，岂厚斋之学行不如高闶、黄宗明乎！若谓厚斋以官高当入列传，则高闶、袁燮父子班秩不在厚斋之下，何以仍入儒林也？袁桷、张时彻、沈一贯之入文苑，似有意抑之。然列传诸人岂皆粹然无瑕者？魏收所谓扬之升天，按之入地，此浅夫所为，昔人所讥其秽者，而躬自蹈之，吾不解也。宝庆、延祐两《志》皆不立儒林、文苑诸目。罗愿之志新安，施宿之志会稽，潜说友之志临安，亦无此名也。《嘉靖志》于儒林、文苑外，更增淳德、隽异之名，尤为冗设。愚意当循胡、袁二志之例，总题之曰人物，但以时代为次，不分优劣，既遵古式，又息争端，有尚友古人之识者，自能别其孰为

① (清)钱大昕著，陈文和主编：《潜研堂文集》卷三十五，《嘉定钱大昕全集》，江苏古籍出版社 1997 年版，第 603 页。

大贤，孰为小贤也。

光绪《鄞县志》序

〔清〕张　恕

吾乡郡志肇于北宋景德大观中，一再修之而其书不传，其传者自张州将《乾道图经》始也。鄞之有志肇于南宋，其书亦不传而其轶时见于他说。明初修《永乐大典》，檄取天下志乘以供采择，吾郡吾邑当时并有专志送于秘阁，然吾乡惟郡志有传本，黄南山、高隐学诸公皆尝见之，而县志无闻焉。《文渊阁书目》仅录其名，四五百年鄞之人鲜有称之者。皇朝康熙中，朱邑侯士杰创为县志，越十余年而闻征君修之，大略本朱志之旧，然乡人知有闻志，亦不知朱志之为先河也。乾隆中钱詹事竹汀来修鄞志，始变旧志之例，备注所引，以示有征，阅者震其名，而未尝即原引之书，穷其始末，遂率以为善本。咸丰初周介园续之，亦未能有所考定也。

穆庙中兴灵台，偃伯嘉兴，海内人士振起文教，于是寰宇方州各有事于纂述，以仰副天子右文之意，而吾鄞人杨方伯懃棠乃出其橐中金以修邑乘，方伯旋卒，属其事于陈太守鱼门。同治戊辰，戴侯干庭设局校士馆，余与陈君子相徐君同叔总之，延聘才彦，分任编校，而受其成于董君觉轩。全书以钱志为本，采辑之疏者补之，考证之误者辨之，而引用之舛者核正之，条繁各卷，不下千百事，非好辩也，以一乡之人修一乡之书，其见闻较确，而论说亦较详也。

东南兵燹，故家图籍，什失其五六，而吾乡纪载不至如杞宋之无征，此实宋元以来薪火之传，永永于勿替者也。余以老耄，犹得从诸君之后，遹观厥成，盖为后之征文考献者幸焉，而岂徒与钱氏论优绌哉！书成，为卷七十有五，诸君以余一日之长，忝主斯役相率，请为序，乃述其大略以弁诸简端。光绪二年岁在丙子王正月，县人张恕序。

《鄞县通志》序

张传保

《鄞县通志》经十八载之久，而今日始告成矣。自1937年抗日战事发动以来，吾即时虑此志，或半途而废，无以副桑梓人士属望。每一念及志馆创设时主持馆事者为吾及赵君芝室，负全志编纂之责者为陈君屺怀及马君涯民，负大部经济者，先之以姜君炳生，继之以董君和甫，而今日姜、陈、赵、董四君皆先后归道山，惟吾与马君硕果仅存，然皆景薄桑榆，未尝不庆幸吾与马君终获目击是书之成，而深悲姜、陈、赵、董四君先吾二人而长逝也。马君既对是书抱残守阙、整理校勘而克终其业矣，吾不可无文以述是书内容与编纂经过。

考吾邑志书在清代所修者已有康熙朱士杰、闻性道二志，乾隆钱大昕、蒋学镛二志，周道遵《咸丰志》及最后张铁峰、陈咏桥、徐柳泉、董觉轩四先生合纂之《光绪志》，六志之中，自以钱志考据为最精覈，光绪志采撷为最广博，据光绪志凡例所言引用书籍凡千六百余种，然自光绪志告成迄本馆成立时，已隔六十载之久，且世变日剧，改革频烦，实不容不重修。况吾鄞设治，始自周秦，至汉晋时已生齿，繁殖物产丰盛观于本书《文献志・艺文编・金石》所载汉晋砖甓出土之多，晋陆云《答车茂安书》所述农渔之众，鱼米之丰，秦始皇东游鄮县之事及是时商贾已北至青徐，南至交广，交通之远，即可知之矣。唐宋市舶遥达海外。南宋迁都，甬为近畿，元设海运，明建府卫，人文亦蒸蒸日上，至五口通商后，邑人足迹遍履全国、南洋、欧美各地，财富日增，建设云兴，尤不容不有弘文巨籍以记载之。故当陈君屺怀草创例目，已厘为六志五十余目附见《编印始末记》复经编辑。诸子搜罗剔抉，爬梳补缀一事一物，织悉靡遗，蔚成五十一编数千子目五六百万言伟著，以光绪志较之，仅得其十二三。光绪志凡七十五卷，在清代以前所修县志中已为极富，然《鄞县通志》材料增益三四倍之多，详见后例言中。其编印工事艰巨，自无待言，且中经战事及募捐印刷停顿者近十二载，故是书历十八寒暑，始得蒇事，虽觉旷久，然实非任事者有意稽延，此不得不冀邑中人士谅察者也。或有造吾者曰："《鄞县通志》资材诚详备矣，门类诚繁富矣，体例诚新颖矣，然余以为郡邑志乘实，不过封建遗产，际此社会大变革时，窃恐是书将为历来县志中最完善一部，亦即为最后出一部，将来当成《广陵散》矣。"吾应之曰："否，否，不然。夫社会愈演进，人才亦愈众多，文物亦愈兴盛，苟无典册以记载之，谁复识先民遗迹而利用其智慧、经验，以为应兴应革之资？故将来不特仍有方志，其资材更详备，门类更繁富，体例更新颖，而且采访更周遍，考察更精密，统计更确实。或将事事物物附以美丽精细图画，如流传苏联画刊者，然以为施政措事参考，且不独省有省志，县有县志，行见区有区志，乡有乡志，甚至机关、团体、工厂、学校亦莫不有志以述其改革建设经过，而保存其宝贵经验以为后人法式，安得谓方志绝笔于是书哉？至于观念与内容，则因社会演进，当然不能尽同，姑举一例言之，如《人物传》中之人物，必非如旧志为仕宦、隐逸、孝子、节妇与鞠躬尽瘁于一朝一姓之忠臣义仆，而为科学发明家、文艺创作者、生产劳动模范、保家卫国英烈等，且妇女必依类入传，而非专为节孝别辟一门，此可预计者也。”客欣然而去，乃录问答之言以毕吾序。公元一九五一年四月张传保。

《鄞县通志》再版前言

鄞州区地方文献整理委员会

宁波是国家历史文化名城之一，也是中国的“方志之乡”。这不仅是她在现存古志方面声名远扬，唐宋时，就编纂了《明州图经》。在传世的三十二种南宋时期的地方志中，宁波就有四种，在十一种元代志书中，宁波更占三种。乾道《四明图经》、宝庆《四明志》、开庆《四明续志》、延祐《四明志》、至正《四明续志》、大德《昌国州志》被称为“四明六志”，在中国志坛上享有盛誉。而且还有着以保存地方志而闻名于世的中国第一古藏书楼——天一阁。而在佳志迭出的方志之乡宁波，其规模最大、编排最为科学、影响也最大的志书无疑是编竣于1951年的《鄞县通志》。

《鄞县通志》创修于1933年，直到新中国成立后的1951年4月最终印竣，被称为“所有民国县志中的关门志”。由张传保、赵家荪修，陈训正、马瀛纂。共三十六册，计五十一编，分为舆地、政教、博物、文献、食货、工程六志，全志约五百五十万字，近万页。记叙范围涵盖鄞县全域，即今宁波市海曙、江东、鄞州三区和江北城区等。并附地图一函，计二十六幅。全志不仅内容浩博，篇幅巨大，而且体例新颖，名称特异。以县志而冠名“通志”，曾遭非议，马瀛（字涯民）为此写一文以辩，认为“通”既纵贯古今，又横汇事物，乃方志中最完备的形式，而且由于其在编写过程中采用当时先进的科学手段。如它以现代科学的气象和气候学理论记载鄞县的气象气候，用现代科学的观点和方法记载地质、岩矿和海洋，用现代科学的动植物知识记载地方的动植物，每种动植物除记载单名外均附以拉丁文的二名法，还以经纬度定地址，以注音字母标读音等。所以在我国方志史上，《鄞县通志》具有划时代的意义，历来为方志界所推重，也为科学界所关注。著名的方志学家洪焕椿称道此志“是浙江一部规模最大、篇幅最多、内容最丰富的县志”。《中国大百科全书·中国历史》在介绍民国时期的方志编修时则以《鄞县通志》作为代表，称“其中以陈训正、马瀛等纂修的《鄞县通志》体例最为完备”。中国著名的科学家竺可桢则盛赞该志为“古今方志第一”。

由于民国《鄞县通志》的种种优异特点，所以它极受外国汉学家的推崇。《鄞县通志》在国外的流行正如宁波帮在国外的活动一样产生了积极的影响。后者提高了外国商人与宁波通商的兴趣，而前者则提高了外国汉学家对宁波进行学术研究的兴趣。20世纪50年代以来,外国学者对宁波的研究成果很多,其中重要原因是民国《鄞县通志》起了很大作用。一些国外著名的汉学家都对《鄞县通志》推崇备至。日本大阪大学的教授斯波义信借助《鄞县通志》进行研究,成为著名的宁波研究学者,他认为像《鄞县通志》这样的地方志,才能使研究者左右逢源,才具有学术价值和实用价值。美国斯坦福大学施坚雅教授和夫人曼苏恩教授都是研究中国的专家。施坚雅教授认为《鄞县通志》是中国地方志的杰作,使他大大增加了对宁波近代的城市发展及其背景进行深入研究的兴趣和信心。为此,他在斯坦福大学建立了宁波研究室,并把《鄞县通志》的全部内容编成计算机语言输入了计算机。由此可以看到《鄞县通志》的学术价值和资料价值是多么令人自豪。

这样一部在国内国际享有盛誉的巨作,她的成书却历经坎坷。从创议修纂到印竣发行,前后历时18年,历经8年抗战、3年内战,在战火纷飞、社会动荡的时代里,编采人员维艰维辛、矢志不移,以他们的智慧、才学,更以他们的理念、意志完成了这一部凝聚着众多地方文化传承者心血的通志。为后代留下了这一份沉甸甸的文化遗产。

鄞县在清代最后一部县志是同治《鄞县志》,因成书于光绪初年,又称光绪《鄞县志》。自光绪《鄞县志》编修至20世纪30年代初的60多年中,中国社会经历了巨大的震荡和变革,鄞县的社会经济结构随之发生巨变。面对这千年未有的变化,1932年,鄞县人士开始酝酿重修县志,鄞县著名士绅、宁波旅沪同乡会会长张传保发起修志,祖籍慈溪(今慈城)侨居鄞县的赵家荪鼎力合作,于是设立了鄞县通志馆,公推张传保、赵家荪为通志馆馆长,并聘请著名地方志专家、慈溪人陈训正为县志总纂。1933年元旦,鄞县通志馆在宁波中山公园薜楼开馆编志。由于陈训正时任杭州博物馆馆长,不能在宁波编志,所以通志馆又聘请正在宁波效实中学任教的定海人马瀛(涯民)先生任编纂主任,主持纂修工作。马涯民与陈训正是姻亲,两人合作编过多部志书,素为方志界推崇。陈训正和马涯民借鉴所修志书经验,拟编出《鄞县通志》纲目,鉴于当时日本已占领东三省,又觊觎关内,战争阴影渐浓的时势,决定将全志分为六志,每志单独成编,合则成为通志,以便随编随印,随装随发,即受战争影响也可能完成其中数志留给后人。通志馆分聘各科专门人才进行采访、编辑,陈训正则利用杭州博物馆的藏品,独编《博物志》。1935至1936年,《食货志》、《舆地志》、《工程志》及地图陆续编成,至1936年夏天,《工程志》装印完毕,藏于浙江图书馆孤山分馆。其他各志也大体成形,只剩下《文献志》尚未编纂。一代名志已露冰山之角,编纂人员信心倍增,加紧编纂,然而战争的阴云已布满华东,《鄞县通志》的编纂进人了艰难的战争岁月。

1936年,日本侵华野心毕露,华东地区危机四伏,杭甬交通时断时续,浙江图书馆等文化单位准备内迁,《鄞县通志》的排印之事也不得不暂时搁起。1937年7月,抗战爆发,中华民族危在旦夕,正常的社会生活被战时状况替代。募捐款项无法落实,经费日益拮据。为此从正副馆长到采编校人员130余人不领薪水,义务工作。1937年8月,"八·一三"事变后,日军开始轰炸宁波,城内一片混乱,市民纷纷逃难。通志馆也随时可能被炸。在这种局势中,通志馆只得遣散编采人员,仅留编纂主任马涯民先生等4人,后来敌机轰炸愈烈,马涯民等人把馆内档案及将发志书密藏于鄞西广善寺,还掉借来的书籍、宗谱等资料,随即马涯民与一名编辑携带未成志稿迁居慈溪(今慈城镇)西郊二六市。浙江图书馆印刷所将尚剩的排印资料,寄到二六市,马涯民一边校对,一边继续编纂《文献志》。

1937年9月,战火蔓延浙江,浙江图书馆转移内地,印刷所停工,《政教志》辍印。马涯民当机立断,将尚未印刷的《政教志》原稿照相缩小,拍了1700多张,底片密封后保存在天一阁,后随天一阁图书转移到龙泉山区;洗印的照片密藏于慈溪乡下;原稿随浙江图书馆图书转移浙南,以确保稿子不致全部遗失。1938年浙东局势稍缓,马涯民当即将《文献志》中的《人物编》抽出,交与华丰印刷局印刷,时华丰印刷局迁至鄞西集士港,仅有一台脚踏印刷机,两三个排字工,每天只能排1页,至1941年初,才排完《人物》上、下两册。志书修纂就在这样艰难的困境中依然进行着。

就在这时,更大的厄运猝然而至,1941年4月,日寇攻陷宁波,百业俱废,华丰印刷局将印成的志稿散页藏于集士港林氏宗祠的暗室中,随即厂停人散。不久日伪军侵占集士港,搜出印成的志稿,或当引火物,或作拭污用,呕心沥血编印之书竟被糟蹋一空。志馆移藏在广善寺的档案账册,也被日伪搜毁无遗。城中的通志馆更难逃厄运,书物器材,搜掠一空,直至墙毁屋塌,满目疮痍。马涯民在慈溪乡下的二六市家中连闻浩劫消息,如遭雷击。面对心血所系的事业毁于一旦却束手无策,无能为力,马涯民只有五内俱焚,悲不自禁,仰天长叹了。

1944年,浙江省政府在云和县成立浙江通志馆,向沦陷区各县征集省志资料。时鄞县县政府退驻宁海,了解到通志馆已经停办,陈训正也于1943年逝世,决定将通志馆改名鄞县修志馆,属鄞县文献馆管辖,并续聘马涯民为编纂主任,设志馆于韩岭梅园。当时正处抗日战争的相持阶段,县财政拮据，志馆员工薪水微薄，每人仅发糙米数斗。更无办公费用，志馆又僻处山岙，无法进行编纂，志馆人员只能将《文献志》稿誊录一份，把《政教志》的照片用显微镜映写出来，分藏在韩岭山中的洞穴内。

1945年8月25日，日寇宣布无条件投降，在抗战胜利的凯歌中，鄞县修志馆历经颠簸终于迁回中山公园旁边办公。然而战争虽然结束，修志仍无起色，政府拨款有限，县志成稿无期，"官修"县志难以维持。无奈之中，张传保从沪返甬，与赵家荪、马涯民等人商议。决定再次成立董事会，广招捐款。到1947年下半年，征得董事百余名，屠用锡、董和甫、俞佐廷、翁文灏、贵延芳等人均慷慨资助。一时集款甚多。然而，自1948年起，由于统治腐败导致社会混乱、物价飞涨，所募之款顷刻间成为一堆废纸。县志的编纂印刷又处于艰难竭蹶之中。在这艰难时刻，《文献志》第六册终于在1949年5月装订成册，此时也正值人民解放军解放宁波。在新旧政权交替之际，志馆工作暂时停顿。不久，宁波市军管会文教部接收了修志馆，并委托原董事会继续办理修志事宜，馆中人员薪水仍由董事会支付，印刷事宜，由志馆自行安排。就这样，修志馆又复成民间组织。此时国民党军队封锁海口，沪甬交通中断，募款无法到位，志馆人员已两月多未领薪水，人心不稳，一些人员或躲或逃，或辞职他往。张传保、马涯民等人只得用所存瑞典白报纸折印刷费，寻求印刷单位。由于工程浩大，资金缺乏，因而各印刷厂都不愿承接。几经周折，国营甬江印刷厂慨然承命，愿意代为印刷。于是，1950年3月，《鄞县通志》继续开印，至1951年4月，终于全部印毕。至此，全志三十六册、二十六幅地图终成完璧。中国历史上最负盛名的县志于此现身。其时，离开始纂修之时已有18年了。

作为"古今方志第一"的民国《鄞县通志》有着鲜明的特点。其一是篇幅宏大、资料完备。作为鄞县县志，《鄞县通志》打通古今界限，沟通横向联系，以五百五十万字的巨大篇幅，将鄞县的古今历史、山川形势、经济时尚、人物事件、文化典籍收于一书，并第一次将19世纪后期开始的中国近代化以来的新兴行业和新生事物予以系统、科学的记录，使之真正成为地方的百科全书和资料宝库。在收集资料之广泛丰富方面，古今县志无出其右者。其二是体例新颖、编排科学。鉴于当时形势，县志的修撰者们审时度势，在体例方面进行变革，以六志形式分类编纂，分则成编，合则成志，总为通志。这一形式既保证了在战火连绵的时期能尽可能地编纂志书，又能最大限度地容纳各类资料。同时在编纂方法上，编纂者运用现代科学理论和科学方法进行分类记录，从而把地方志的编纂提升到一个崭新的境界，使之成为一部真正意义上的科学著作而不仅仅是资料汇集。因此,民国《鄞县通志》称得上地方志步入现代科学的高嚆矢,在中国方志史上具有划时代的意义。其三是内容翔实,查阅方便。志书的生命在于真实,志书的效用在于方便,《鄞县通志》对几千年的历史进行综合整理,在历代县志丰富的资料基础上,重新考订整理。又运用现代图书的编排原则,重新编排,使读者便于检阅使用。这使她不仅为国内的学者所熟悉,也为国外的中国史专家的使用提供了便捷的基础。其四是图文并重、重视实测。《鄞县通志》的测绘科学、资料精确的地图在那个时期是一种奇迹,在今天也属少见。专有一函收录二十六幅地图,这些地图全然不是旧志的形似,而是经过科学实测得出的地图,因此科学性、精确度大为提高。其地图多为大比例尺,《鄞县总图》为 1∶50000,《鄞县分图》为 1∶25000,《著名市镇图》的比例尺为 1∶5000。这些地图的编制,使《鄞县通志》不仅真正成为科学著作,也同样成为真正意义上的"通志"。

自然,由于《鄞县通志》成书于连年战争之际,限于当时的时代局限,也限于人力、环境,无法精核细勘,因而不免稍有瑕疵。一是对农民起义抱敌视态度,叙述中甚而有夸张之处,如称太平军为敌,义和团为"拳匪"。有太平军在甬大为民害,"官军一至,呼声四集,敌魄为之摧落"之语。甚至把与鄞县无关的《清末殉难守节诸臣》插入志中,以表彰"身殉满廷,视死如归"的殉节者。其二是一事数见于各志而前后矛盾或与事实相悖。如《明末县人举义始末记》讲翻城之役时把管江和姜山两个地点混淆,记载清代鄞南人民祭祀周祥千的祠庙也一祠两记,既写翻石渡,又作黄古林。其三是讹误。如巴黎大学作巴黎士学,分水知县误为分小知县等。但于煌煌五百五十万字的巨著来说,以上所指实为微瑕。微瑕不掩白璧之辉,细瘤不失大树之伟。作为历时 18 年,凝聚数百位编纂人员和董事的心血的《鄞县通志》是永远值得我们骄傲的丰碑。她是反映鄞县人民千年来生生不息的真实记录;是保存鄞县文化的宏伟宝库,是传承鄞县传统的如虹桥梁。她的成书过程本身就体现了百折不挠、勇于创新、敢为人先、踏实干事的鄞县精神。是一部值得后人一次次阅读的地方百科全书和地域文明的教科书。

然而岁月嬗递,良书难觅。这部享有盛誉的《鄞县通志》在鄞州已难觅书踪。连区档案馆所藏的《鄞县通志》也残缺不全,仅存的志书也多线断页散。为此,区政协于 2005 年 6 月成立区地方文献整理委员会后,当即邀请宁波市的文史专家进行座谈,到会专家一致呼吁尽快再版《鄞县通志》,以保存地方文化,传承鄞州传统。于是鄞州区地方文献整理委员会决定再版《鄞县通志》，让全区的干部、群众和广大旅外侨胞和港台同胞能重睹这部名志的精彩内容。在区委、区政府的关心下，经过一年的准备，已将多种版本的《鄞县通志》细加比较，择其善本，影印出版。如今付梓在即，良书又可播惠，为之欣然。我们相信本志的再版发行将有助于联络港澳台和旅居国外的甬籍同胞，让他们通过这部志书了解家乡的历史和自己的文化根源，从而促进中华民族统一大业的完成。本志的再版发行必将有助于文化界、学术界对宁波文化历史的深入研究，从中总结深厚的鄞州精神和宁波精神，为建设和谐的鄞州、和谐的宁波提供历史的经验和文化的支持。本书的再版发行，将有助于各级干部了解地情，感知传统，浙江这十几年的崛起充分说明了浙江独特的文化传统对浙江发展的特殊导向作用，同样鄞州的发展也得益于深厚悠久的鄞州文化和鄞州精神。“读史可以明兴替之理，读志可以知得失之行。”将让我们的各级干部能更加实事求是地做好自己的工作，以造福人民，遗德一方。本志的再版发行将让更多的鄞州人民和宁波人民有机会通过这部家乡的百科全书来了解这方神奇土地的辉煌历史和灿烂文明，从而激发出热爱家乡建设家乡的热情，把我们的家乡建设得更加美好。

再版《鄞县通志》是文化建设和历史传承的一环，我们希望我们的工作能为鄞州文化建设和文明传承增光添彩，以不辜负时代赋予我们这代人的历史使命。

《重修定海县志》后序①

〔明〕何　愈

愈自生发之燥，盖辄闻今大司马东沙张公侈声，当代裒然寓内，大雅云然，宦绩所届，独靳广粤，未炙景辉，徒怀仰止。乃庚申之冬，愈承乏定邑，窃计抠衣门下，幸终愿学，而公则诏以休□，盖谆谆笃也。已而寻绎旧志，将范往献，以昭厝理，无徒懵懵乎匪彝？亦曰：“无得罪于庶士庶民云尔。”乃其志则□□地，而海区弗逮，奚征防御；志疆域而古濠弗理，奚遡河源；纪宦绩而吏昌国者弗录，奚存有司。黄公、任奕踵讹弗删，丰稷、黄震传疑弗辨，事有脱略，文或繁芜，美刺相眩，名实失伦，苟若而可将，何以免于蹠□乎？乃县史长□进书曰：“斯公所为郡志也，唯兹成典可以征信矣。”愈矍然兴起，庄诵而□行之历，兹□载吏事稍叙，爰谋诸文学、乐亮、山辇，曰：“志之为用，大矣。乃旧志姑置之即郡志，非专于定者也。敢再檄宠于公、于诸君何如？”诸

① 据《定海县志》，成文出版社《中国方志丛书》影印明嘉靖四十二年刊本。

文学曰:“唯唯。”遂谒公涵碧之堂而问志焉,公曰:“予尝志郡□,复何言。”愈曰:“体有专不专,事有核不核,非□言之语也。”敢固以请公,乃进诸生,授以损益之旨而辑之,惟公所裁,凡五阅月而告成。海图有说而防御之策备,河渠有论而泄蓄之术宜,风俗有论而礼俭之教明,沿革有表而知翁山之先县,秩官有表而知昌国之司存,经制有志而可审图其奠丽,物土有志而可则叙其役敛,杂志必详而知事变、物理之不可胜纪。其于人物名宦,则又去讹补遗,彰显幽隐,暴扬休淑以示近垂远劝惩之典,寔寓焉。史称子长不虚美、不隐恶,而刘向、扬雄氏,服其叙事,谓之实录,愈于大司马公亦云□,后有作者,其弗可及也已。继愈而吏者,因其法,不易其良,求其心,不泥其迹,化而裁之,以达于治。斯覃惠于烝黎,岂曰小补之哉。古称睹河洛者思禹功,公之泽其乡邑,固斯人永永无□矣。愈诚不敏,执此以为左券,若曰弃周鼎而宝康瓠,庶可以无讥乎?嘉靖四十二年冬十有一月朔,定海知县富川何愈叙。

《镇海县志》后序①

〔清〕俞　樾

《周官》外史掌四方之志,此即后世郡县志之权舆。自唐以来,总志莫古于唐《元和郡县志》,州郡志莫古于宋《长安志》及《吴郡图经续记》,其始惟详载四至八到、山川镇戍而已。自《太平寰宇记》录及人物,并载艺文,于是条例愈繁,盖虽一邑之志,而全史体裁具矣。

镇海之为县,自隋以前属于句章。唐始于其地置望海镇,梁开平时改镇为县,未几又改望海为定海。宋、元、明因之。而明洪武时又废昌国县并入焉。国朝康熙二十六年,复于昌国故址置定海县,而故定海县则命之曰镇海,此今县之所由始矣。夫自唐至今千有余年,始而镇,继而县,枕海跨江,为甬东保障,征文考献,顾不重欤!

邑之有志,创始于明嘉靖间,国朝两次修辑,今存者惟明嘉靖志及国朝乾隆志。而康熙间知县王公士元,郝公良桐、唐公鸿举所修之志,则无存者矣。欲稽邑故者,舍嘉靖、乾隆两志何观哉?今备载其修志姓名,并录其序,以存崖略焉。

自乾隆志之后,至今百有余年矣。中间两经兵燹,事迹益繁,若不及今搜过,更数十年,故老云亡,遗文散佚,岁月愈久,亦愈无征,其何以信今而传

① (清)俞樾著:《春在堂杂文三编》卷三,《春在堂全书》(第四册),凤凰出版社 2010 年版,第 196—198 页。

后欤？同治九年，丰顺于公万川来宰是邑，以为欲考来者，必观其往，欲善后者，必监于前，乃进邑士大夫与之参稽诸志，旁搜博采，择善而从，几历数年之久，乃成书若干卷。书成，催其体例之未能斠若划一也，以余旧官柱下，粗习记载之文，将全稿寄余吴下曲园，俾审定之。余时居太夫人忧，而是年夏又遭内子姚夫人之变，家运擿轲，心神忉倒，学问之事目以荒落，何足以定得失哉？重违来意，流览一周，间亦小有献替，扪籥叩槃，固不足为全书之损益也。

凡纂修郡县志，则历次纂修之人与其序文，不能不录，然一展卷而连篇累牍不休，亦殊取厌。余重前预修《上海志》，偶出新意。于全书之末附《序录》一卷，即将历次修志姓名与其序文均纳入其中。光绪五年，《镇海志》成，千印波明府求序于余，因为仿上海之例作《序录》一卷。其文本不足存，而此法似可用，故录存之。

重修《镇海县志》序[①]

〔民国〕杨敏曾

句章建城始于越王勾践，秦即因以置县，而镇邑为其东境，秦皇观海，韩说行师，其道盖出于此。历汉迄隋，相沿无改。唐初句章合并于鄮，镇邑又为鄮境。大历初，鄮东海壖置望海镇，逮及元和，镇且离明州而独立，海疆保障，视之特重，已为后来建县之先声。朱梁改镇名为静海，寻置县，名望海，又改定海。宋元明三朝，一仍梁旧，至清康熙二十六年县始改定今名。

宋元两朝，县未有志，其事略散见于乾道、宝庆、延祐四明诸志中。明嘉靖癸亥，同郡张尚书时彻始辑《定海县志》，刊行于世。入清代，改今名，志一修于乾隆壬申，再修于光绪己卯，成书具在，故事足征，前人于此，盖亦竭殚心力矣。

夫自己卯下迄今，兹历时不过四十余年，顾时期虽短，而时局之波谲云诡，规制之日新月异，由全国而影响于一邑者，实前此千百年中所未有见闻，及均足为记载之资，兼以学说革新，举世风靡，先世留遗之国粹，或且无意于保存，征文考献之事，有未可留。俟异日者，盖亦时会使然也。镇邑修志之议，倡于洪伯言大令。民国七年，即以此意遍询绅耆，众均赞同。次年走访盛省，传王友莱两太史，请其出而主持，复集邑绅于梓山公园，议决实行总纂一席，推友莱太史任之，设筹备处，推陈星白孝廉主之。县十一区每区举分

① 据民国《镇海县志》，民国二十年铅印本。

纂一人、采访二人，先由采访入手，另延地学专家从事测绘。九年四月，始设志局于城东隅中学堂内。洪大令辞职，继任者为盛蔚堂大令，进行不辍，太史以病不克住局，手草凡例发交分纂，诸君分门撰述，随时缮稿送阅，期以十月毕事。十年正月，太史病卒，稿本虽大半寓目，而改定者无多，其自属稿者《大事记》已写定，而《人物传》则未完。邑人士重行集议，佥以历时已久，亟盼成书，拟以鄙人继太史之后，自维学殖荒落，一再固辞，而公牍、私函敦迫无已，因思初稿成于众手，以通人之学识，辑乡邦之掌故，故自必审慎不苟，鄙人但可覆核，或可勉效一得之愚。十一年夏至，局志稿数十册取而遍阅之时，董君颖笙驻局，专任校理，遇有疑义，辄与陈、董二君斟酌再三，其非一二人所能解决者，又复博访周咨，取决众议，书分前、后两编，以前清、民国为区别，此为创例，几经众议而后定，所分门类，但求合乎，现势亦不尽遵前志之旧，其未完者续成之，其偶误者厘订之。越一载余而全书告竣，今春陈君书来，谓刊行有日，属为弁言简端，镇邑近岁以来，人才物力蒸蒸日上，事关公益，次第举行，即今新志告成，能者效力，富者出赀，均为有功桑梓，谫劣如余，亦得滥竽其间，效土壤细流之助，竟九仞一篑之功，执笔书此，既自幸，弥自愧已。中华民国十三年四月，慈溪杨敏曾撰。

乾隆《余姚县志》序[①]

〔清〕唐若瀛

余姚，汉旧县，抱四明而临渤海，土厚俗醇，懋产人物，先后蔚兴，为浙东望邑。余自丙申涖任，欲考其图经，求布治之要务，与夫耆旧之传、先正之遗文以征余平日所闻见。而故牒阙如，流传互异，盖县志之不修者八十年于兹矣。宋儒有言修志之难，同于作史，直笔公心，兼长斯善，又谓因时更变，与俗推移，当及时修志，以为治谱。然则修志固亦得其人，而新旧相乘尤不容，逾时而不举。恭遇圣朝文治光昌，图书大备，令长奉上宪教诲，肃清吏治，期于善俗而兴贤，县志之修，宜在今日。余少读《武功志》，叹其简而有法。及游宦浙中，求宋人旧乘，若《会稽》、《赤城》诸志，俱条例谨严，裁制精审，益以知古人著作之流，贻非苟然也。夫才不逮古人而铺陈排比，徒尚浮华，何益于治事以征信为难。词以立诚为本，好古善述，前事可师，与其采诸空言，不如求其实证。况余姚为文献名邦，藏书家多蓄异本，嗜古者殆见洽闻，堪资诹询，何患文献之不足征哉！

---

① 据乾隆《余姚县志》，清乾隆间刻本。

予自下车，即取史传及省郡之志，与旧志互相考核，苦行笈之，寡书也，则假诸邑中藏书家。虑一人之见闻，狭隘也，则分采访册于都人士，继又设局于儒学，余时至与贤士大夫往复商榷，以论定其是非。簿书之余，舟车之暇，不假手他人，惟以修志为事，阅一年有余而始克。成书虽不敢自信为完善，而备稽考之资，杜冒滥之弊，亦可共信于邑人矣。至于图经之辨证，政治之总要，人物之合为列传，暨遗闻轶事之附载者，别为凡例，以明纂辑之意焉。乾隆四十三年三月知余姚事三原唐若瀛一峰氏撰。

光绪《余姚县志》叙①

〔清〕邵友濂

昔班氏并《古今人表》，世颇訾之，然张晏独谓其旁观诸子事，业未究初，未尝轻诋之也。呜呼！天地定位而人宅其中川原，坱圠华实，蕃庑无与焉，邑廛隐轸隍堑，周遭无当焉，即产饶竹谷、纑旄、玉石，益无裨焉。惟有人而地，乃附之以显，故画邑蕞壤尔，而以王蠋著；寝丘丑谥尔，而以叔敖彰，地之赖乎？人也不綦重哉！所以龙门而下，史表充栋，考其表志，率俭于篇，或竟缺焉，而其传人物也，荐占全书大半，岂不以山川疆域，代有成编，风土谣俗，早标故记，惟人才应运而兴，或倜傥胜政事，或瑰玮娴文学，或龙干凤雏如颜冉，或如兰薰雪白如曾史，不有纪载，何以昭示来兹乎？夫然知作史如是，修志亦尔，吾邑自东汉严先生羊裘垂钓，高轨殊邈，令人兴起，迄于前明阳明子出，提倡良知，振兴绝学，非徒一代伟人，自余巨人长德，史不绝书。

国朝养士最隆，故夫砥德砺行之彦政，事文学之科具，足颉颃曩贤，矜式乡鄙。咸丰之季，虽残于寇而休养生息垂四十年，邑之人士又岂无嘉言懿行，足以风世者耶。况夫敦尚气节，自昔而然，当粤逆蹂躏，殉义尤多，故载笔者既博采闻人硕彦，详著于篇，而一节士女，势难遍传，复特编二录以存名氏，傥亦班氏人表之意欤！至增志义举一门，又以见风俗懿茂，好德者多，夜光虽珍，积则成海，文狐之腋，聚斯为裘，否则寥寥数事，曷以成章。缘是以言知，非夸饰旧志，存者有康熙、乾隆二志，此之所修体例较备，虽曰表章人物，而本末兼赅，详略相称，颇合于史裁云。光绪己亥孟秋，邑人邵友濂撰。

① 据光绪《余姚县志》，《中国地方志集成》影印清光绪二十五年刻本。

雍正《慈溪县志》序[①]

〔清〕杨正笱

今上御极之七年，河清海晏，嘉祥骈集。特命廷臣纂修《一统志》，檄令天下省郡州县自国朝定鼎以来，凡忠孝节义之足以风世励俗者据实上闻，以备采择，而省郡州县莫不修举志乘，仰副巨典，诚赫赫然盛事也。

慈溪邑志肇自前明正德六年，续增于天启甲子，历世久远，版帙零落。岁戊申二月正笱自寿昌调任斯土，欲更新而未逮。兹钦承恩命奉檄纂辑，聘邑名士蔡子云鹏、刘子天相、俞子声金、林子梦麒、陈子象曦于五月六日启馆永明寺东楼，分校即事。正笱从风尘鞅掌中与诸子考古证今，循名责实，或仍其所载，或补其所缺，而忠孝节义，有关名教纲常之大者，靡不采访，公评以为传信。季冬，书成锓版。是役也，草创讨论，诸子不惮勤劳而修饰之事，邑进士冯君鸿模与有力焉，至润色，其轻重繁简以衷至，当则请之观察、刺史二宪而缁衣、巷伯三代直道之公，于是其常存。他日圣天子采选海疆，记载登之统志，岂惟一邑之光，用以鼓吹休明，不在兹欤？时雍正八年岁次庚戌孟夏谷旦，文林郎知慈溪县事杨正笱撰。

《慈溪县志》叙(代)[②]

〔清〕谭　献

古者掌道方志，垂于经训，迄今郡县有志，盖昔分国记史之遗。则所以览山川、咨利病、旌别淑慝，有司之措注、人才之兴衰、民风之厚薄，莫不具见本末，铺陈终始，非寻常纪述小文比也。

慈溪一邑，控古句章之域，唐代析鄮置县。浙东胜区，枕臂江山，一五磊若聚米，所成阚湖，攸灌溉之利。贤哲踵武，民气静谧，往往孝弟力田，不务商殖，而轻去其乡。故宦斯土者，开诚而政教易施。游斯乡者，取友而问学有本。任侗、裴儆之嘉绩，杨简、黄震之好修，名宦乡贤，千载不坠废矣。粤稽志乘，雍正以还，旷隔绍述。同治、光绪，贤令尹若程若杨，网罗放失旧闻，先后缉香，乃有邑之贤士大夫兴起采获，遂得裒列成书，登之绣梓。不佞受而读之，蔚然斐然，形胜人物，振古如兹，笃实博雅，可以信今而传后。

---

① 据雍正《慈溪县志》，《中国方志丛书》影印清雍正九年刻本。

② (清)谭献：《慈溪县志·叙》，《清人文集地理类汇编》第2册，浙江人民出版社1986年版，第564—565页。

然又有感于余怀者，中外交涉甬上，扼浙东之枢要，招宝、舟山，门户洞启，所贵诚心公道，主宾无间。如慈溪者，物产丰，非奇物甘利之兴无可羡。舆情业多务本，舌人之译无可歆。所愿谨门庭，绝浮伪，肃承条教，服习诗书，往来皆循良之吏，师表有唐宋之贤，则是志追良吏之法程，备柱下之延访，不亦美哉善哉！郡吏摄守名邦，观厥成也，乐为序之。

嘉靖《奉化县图经》序①

〔明〕丰 坊

奉化尹钱侯国用，前工部东湖先生子也。于余有世讲之雅，为侯来县。余二载，以其岂弟之德，清苦之操，实临之，弗察，察以明而讼者服，弗懭，懭以威而梗者化，弗数，数以役民，而学校之政、碶津之利，靡不修举，盖有古循吏风云。

侯尝以县志湮阙，谒余谋之，余抱病，弗果赴。阅数月，侯乃以新志相示，则吾师东巢先生尝所草创者也。先生著述精博，其平生所业充栋若《乐书》、《钟律通解》、《皇极经世通解》、《正蒙发微》、《琴录》、《东巢漫录见闻》，栏楯诸篇，皆足以发挥圣道、羽翼六经，有功于学者甚大。侯闻其贤，而以志委为先生所定，凡例亢严，于人物显微，阐幽必究，其实弗拙于势利，有私谒者，先生拒弗与通，遂辞疾还鄞。侯虽再往起之，而先生念谒者终不可化，竟焚草，谢侯去，侯乃更命他士以成。

余阅旧志叙录文辞，或未畅分注详简，或未立人物、艺文，去取或未当，释老之记载或太滥，他如夏黄公崔广本居下黄之夏里，孙郃产于鄞而概以为县人。今存传疑之义，惟县治诸图，则本先生意耳。粤自黄帝初建史官，有外史掌书，外令掌四方之志，《周官》因之而职方氏掌天下之图，以掌天下之地，辨其邦国都鄙之人民与其财用、谷畜之数，要此志之原也。厥后司马迁之《河渠》、班固之《地理》、《沟洫》、谯周之《三巴》、陆机之《洛阳》、顾野王之《舆地》、李吉甫之《郡县》、徐锴之《方舆》、王会之《九域》、宋祁之《方物》，皆以史才为之。故修志者，非具史笔不足以垂后，吾郡诸志，袁文清后，难乎其能史矣！斯志凡例、坛庙、湫河、津梁、陂堰必利于民者，书宦绩之在民者，书贤人之言行，有补于教者，书碑记题咏之关于政者，书亦庶几哉！有意于史乎！使其尽出先生，必大有可观者，然犹幸其终总于侯也，是能例存其正而

① 据嘉靖《奉化县图经》，《上海图书馆藏稀见方志丛刊》本，国家图书馆出版社 2011 年版。

革旧之失，斯足以征为政之敏矣。余故嘉之而序其后，乙未冬前进士鄞丰坊书于西郊草堂。

光绪《奉化县志》序①

当新旧绝续之交，政教纷杂，风俗殊变，社会断断，各持一说，蜂起错出于其间，骤未得所归宿，其有钩访散佚搜辑文献，冀存国粹于什一者，尠不以迂阔目笑之。

宁郡地当海澨文化之盛，甲于浙东，巨儒鸿博，照耀史乘。奉化去郡不百里，负山临海，沃衍宜农，溪湖之澄澈，岩壑之雄奇，其灵气盘薄郁积，笃生秀杰。虽处偏隅，颉颃都会，自科举既废，奉化学校风起云涌，为一郡冠，其颖异之士，负笈海外，研究科学出膺。时用者颇不乏人，莩甲新知糟粕古义，宜有然矣。乃续修邑志，适于是时告成，溯至光绪壬寅癸卯间，邑中士绅并议搜集、采访，阅七年而竣。事来乞一言弁首，披览循诵，其体例谨严，记载详核，固胜旧志，如舆图之测绘，人物之品题、实业改良与学校纪述，实事求是，尤为他志所仅见。是固能通新旧之邮，极古今之变，为当世考镜，所取资不特一邑实录也，方闻之士，每病中国乙部，多类一家谱牒，民风习尚略而不详，方志为行政所本，浮文寡要，尤无当焉。自东西载籍输入，日伙凡学必重历史，盖理有因仍，事有次第，非穷已往之得失，无以定将来之施措。于以蝉蜕腐秽，振迪新机，岂第存往事，备遗忘已哉！游心外域者，徒欲屏弃一切，陈迹转类籍谈之数典，为彼族所窃笑，抑亦通人之羞也。他邑或因建议修志，学子哗然，虢怪至于忿争，寝罢。奉化士绅独能勤勤致力于此，存古证今，灿焉！备著为他日新政之助，可谓知本矣。孙桐摄郡越一载，未尝一至奉化地，山川之险易，物产之饶瘠，人才事变之繁杂，一开卷而得之，又守土者之幸也。光绪三十四年岁次戊申九月，前翰林院编修湖州府知府署宁波府事江阴夏孙桐序。

《重修象山县志》序②

〔清〕邵景尧

往象志为钟陵毛侯所修，于时海上多警，羽檄交驰，扞圉张皇，拮据铨次，即毛侯自序。亦云暇阅数十载，志则象也，而文献佚矣。江右吴大父母

① 据光绪《奉化县志》，清光绪三十四年刻本。

② 据万历《象山县志》，《中国方志丛书》影印明万历三十六年刻本。

之莅象也，政先大体，谓邑志久湮，殊为缺典，谋于邑博黄君、祝君、吴君，共赞成之，白于当事者，业得延诸文学，开局分曹，因事纪述，其立凡引例，隐括扬榷，则云间陆公为政，逾月告竣，计卷十六，有表、有志、有传，按图披索，不啻象之家藏也。闻之百里曰同，所以奖王室，协风俗，总名为县，从系倒首，玄静徭役，义有攸取。然必求余论于故府，想遗风于往哲，揆时变，详方画，审物土，核邦制，鉴古御今，与俗推移，庶几前事不忘，且象，瘠土也，瘠思劳民，则喜□□民萌哉！在象言象，何必哆谭陆海大凑之饶，夸诩上游佳丽之胜，以爚乱其耳目。若为士者，四游六幕，定志桑蓬，缅惟皇明，乡先达如钱司寇有功圣门，俞中丞不辱使命，周给谏补衮掖垣，王直指疏勒阉竖，可作愿为执鞭，可谓象无人哉？今吴侯俭啬训民广大，造士师于前事，仿古小史，掌邦国之志，引绳订墨，勒成一家言，无洗垢索，瘢伤孝子慈孙之心，无钟讹袭，舛污名山大川之笔，事核文简，家喻而户晓之。是役也，有光前志，且足为异日传侯者券□□不佞，犹有感于人与山川□相主，云人在则人为主，人去而山川为主矣，后之视今，犹今之视昔也。吴侯作顺，施恕俎豆东土无疑，又葺志以贻来者，俾受程焉，桑苧杼轴无恙，衣冠礼让如昨，则侯真非邮舍吾象者，象不永籍侯为主哉！不佞嘉侯，不朽于象，僭为颂述，且窃附古人式里之义，未知当于采风者否。万历三十六年季夏之吉，赐进士及第翰林院编修邑人邵景尧撰。

《象山县志》序[①]

〔清〕史鸣皋

丙子秋杪，余自昌化调任象山。下车，披阅邑志，叹其岁久不修，而遗轶疏略之多也。因与绅士语及之，进士白岩姜君曰："窃尝有志于斯数十年矣，定讹补缺，读书涉志中语，辄书之，积楮日多，然鹿鹿未能编辑也。及曹明府慨然举修，谬推柄笔，乃稍诠次之，然不久而罢之，未能遽有成书也。明公及此寔为斯邑千百年文献志之幸。"余心韪其言，然百度棼如，有志未逮拮据，逾年粗有成绪。

至今年夏，复请白岩总其事，适吾友冒君葚原来。葚原，吾乡名士也，尝与修《两淮盐法》及通州诸志，余喜告曰："昌黎、东野共成一书，不更可观乎。"葚原忻然乐□，遂开局于丹山书院纂辑焉。余谓白岩："何以为志也？"曰："事莫贵于有验言，莫弃于无征。征者，证也。浚村所谓考于古，信于心，征诸后世者也。盖为志征者有三：曰以史征志，集史所载，规诸正史。正史

① 据乾隆《象山县志》，清乾隆二十四年刻本。

所载，忝诸编年史之所详，志不得而略也；曰以志征志，博求古志于藏书家，宋理宗以前征诸宝庆、四明志，元顺帝以前征诸延祐、至正、庆元志，明世宗以前征诸黄氏之简要志及成化、嘉靖二志，其后则有邱、李二志，盖以郡志征邑志也；曰以集征志，文以人重言，则可征甲因乙，传事非无据，前人诗笔皆志征也，于是行裁断于叙事之中。泝先猷于采摭之内，此所以为志也云尔。”余曰：“是固然已。虽然考古者之必证于今也，征文者之必求于献也。往往邑中利弊，有士大夫不知而野老历历能言者，询于□荛职。”此之谓而又恐其体例之未尽善也。不惮逺□，如黄梨洲之《余姚志》、陆稼书之《灵寿志》、秦中赵浚谷之《平凉志》、康对山之《武功志》、关中李元仲之《宁化志》以及邑士宦游之邑志，取其长而弃其短。

每一贴进，余为之铲繁复，核名实，抉幽隐，定指归，慎之慎之，一篇之中三致意焉，为□五目二十四卷，十有二八阅月而书成，乃集绅士告之曰：“颜师古云‘志者，记也，积记其事也，兹乃事增而文减矣’，郑潜谷云‘道其所可道，而不道其所不可道也。’今耴瑜而弃瑕矣，虽然议论多，成功少，吾所为者，志之而志所及所欲为。吾于斯编之成，正不胜其歉，然于心而汲汲，以图者之未有已也，诗不云乎，将伯助予尔，绅士其何以佽焉。”岁在戊寅嘉平月，邑令史鸣皋荀鹤氏书于象山官署之三友堂。

道光《象山县志》序①

〔清〕童立成

余浙中一试吏也。己丑冬杪，上游檄摄斯篆，下车伊始，簿书期会，揣匕不敢有所旁顾。然以事接都人士，则风土人物，询其大概，时而行诸野，进父老，慰问疾苦，以是年雨泽之衍，期河流之久涸，告余曰：“不此之亟治，将奚先?”明年乃谋所以浚河者，邑之人欣然从之，率其私钱，以相姑姑畚锹，阅数月而河成，岁泽大熟，间或恒旸，若卒以此资灌溉，众谓数十年未有之利也，或归功于余匕，曰：“姑舍是。夫事有急其所急者，今日之浚河是也。有急其所缓，而同于所急者，象山之邑志是也。邑志修于乾隆戊寅，迄今垂七十余年矣，锓版残齿，漫漶不可卒读，加以规制变易，时物兴替恢乎，惧文献之无征焉，顾念一行作吏，此事遂废，恐不能以著述纂辑是任。”会孝廉马君等合词来，请不获辞，乃延聘郡教授冯云伯太史主其事，暨余友赵伯卣明经、邑马孝廉、倪明经相为采辑，不佞公余之暇，相与发凡起例，判别部居，讨源流而

① 道光《象山县志》，清道光十四年刻本、民国四年重印木活字本互参。

得唐宋以来之旧观也，稽公牍而备乾嘉以后之新制也，山川田赋，不厌缕考，重地利以资物力也，忠孝节义，录及幽潜，彰善气以瘅败类也。旧志始于钟陵毛公，四明天一阁实藏其书，前后修志者，或且未之见昆仑之源，识所自矣，至考证诸书字匕，从华严法界中来，则太史诸君宏博之助也。是书也，始于庚寅，成于辛卯。窃幸瓜期，假我邑人士不以京兆视余，能急其所缓，以助摩抄剞劂，余亦不敢以京兆自视而汲匕焉，亡其谫陋，以同于急其所急者，固余之初愿也，若云退食丝纶，润色鸿业，夫岂其然！夫岂其然！是为序。时道光太岁在壬辰月建癸卯日在奎署象山县事崇川童立成撰书。

同治《象山县志》序[①]

〔民国〕张美翊

《象山县志》以乾隆戊寅邑人姜白岩先生炳璋所修，为善本。余未之见，前在上海购得六一山房董孟如师沛所藏道光甲午重修本，则嘉兴冯柳东太史总其事，此稿凡二十四卷末附旧志考一卷，分为二十二门，独缺序目，观《职官》、《选举》两表，皆终同治八年己巳，则成书当在是年，迄今又四十八年矣，不知当时之修者何人。是时天下承平，各省泛事志乘。吾郡鄞志先成，次慈镇定，奉化志最后纂印。逮光绪初元上元宗湘文师源瀚来守吾郡，征求掌故，所得尤多，此稿当是送郡署求审定者。今宋公长君子、戴太守舜年相见海上，举以贻赠，既感星霜之易，又值桑海之变，复阅一遇，不禁惘然。因补目录于首，并拟劝象山知好，续纂成之。岁在丙辰四月，鄞张美翊谨记。

重修《象山县志》自序[②]

冯登府

昔李吉甫曰：古今言地理者，尚古远者或搜古而略今，采谣俗者多传疑而失实。甚矣修志之难也！

《象山志》始于嘉靖，明以来屡经续修，载其目而未见其书，更无论宋、元旧郡志矣。

余以庚寅春来四明，楚翘童侯以志事相属。时方奉总督孙公檄以《闽志》自随，并采录天一阁书，见嘉靖毛《志》，亟假录之。复从故家访得乾遭、

---

① 同治《象山县志》，清抄本，“序”实为题跋。

② (清)冯登府:《重修象山县志·自序》,《清人文集地理类汇编》第2册，浙江人民出版社1986年版，第568页。

宝庆、开庆、延祐、至正诸志。

开局蓬莱山下，阅寒暑而告竣。童侯以瓜期将届，急于付梓。梓成多所舛误，重加校正，定为二十二卷。缪役心脾，遂积时日，其体例虽尚未臻尽善，而纪事必溯其原，纂言务求其要，不剽窃以攘名，不附会以没实，皆赖童侯虚公听纳，及诸君子咨询勤慎，以克底于成。其庶免吉甫之讥矣乎！

序《南田山图说》(辛卯)①

陈汉章

垂髫时熟闻官兵征剿南田事，久欲操觚以识之，而未见各案牍，不敢妄作也。近年开垦各山，已知明代议论不足取。招旁近郡邑筑圩塘，挈家室以就之，成聚成邑，拭目间耳。未几，委员与各董事争地租轻重，争新塘养淡，大吏疑焉。方欲董振其事，而土匪又驿骚矣。委员既逃至石浦所城，与石浦同知、象山协镇、知县张皇入告，浙江提督饬副中营往剿之。然既不能永镇南田，或伺副中营至而扬帆去，副中营归而鼓枻入山矣。私议其轻重失宜，且非经久计也，爰辑群籍之考南田者附说若干通，以补《象山县志》所未及。

《光绪宁海县志》序②

〔清〕程云骥

绅诸君子接询，取志书观之。知壬辰癸巳间，为王中翰荣夔、王广文巨韶，综理其事，已告厥成，拟付诸梓其间。分门别类，凡地理建置，以至选举人物，灿然明备，了如指掌。矧地滨东，海最为险要。咸同之际，发逆蹂躏，闾阎集团，堵御忠义殊多。而历朝孝贞节烈，亦复采访靡遗，洵见诸君子重修之不易，足与前志相颉颃也。云骥会逢其适，诸君子索一言以为序，虽惭谫陋，然奚敢辞。志与史同，事核例严，溯昔物产有常，民俗朴勤，悉敦古处。今虽故家旧族，余韵流风依然未艾。然土瘠民贫，乡曲穷檐饥寒。不免桀骜之徒，往往相率而为盗为宰。官者不得已，而济之以猛安良，必先除暴。庶几四境康宁，无惊厖吠，呜呼！时局多艰，江河日下，欲期有实效而无流弊。以古人之法，行今世之时，不几适相纳凿也哉！幸逢圣德昌明，新政颁行，制科崇尚实学，甄拔真才，皆足维民风而端士，刁窃愿此邦人士骎骎乎！明经

---

① (民国)陈汉章:《序〈南田山图说〉(辛卯)》,《清人文集地理类汇编》第2册,浙江人民出版社1986年版,第569页。

② 《中国地方志集成》之光绪《宁海县志》。

致用，上副朝廷作人之盛，下继前贤制行之纯，风俗和熙，称为乐土，此则鄙人所厚望者尔。光绪二十八年岁次壬寅仲夏月，准补永嘉县知县权宁海县事溧阳程云骥谨序。

第三节 专志、杂志序选录

《四明它山水利备览》序[①]

〔宋〕魏 岘

民以食为天。然以滋以灌，生是百谷，而粒我蒸民者，非水之功乎！此六府养民，所以首水而终谷也。田而不水，虽后稷无所施其功。

鄞邑之西乡，所仰者惟它山一源，厥初大溪与江通，泾以渭浊，耕凿病矣。唐太和七年，邑令琅琊王公元暐，度地之宜，叠石为堰，冶铁而锢之。截断江潮，而溪之清甘始得以贯城市、浇田畴。于是潴为二湖，筑为三堨，疏为百港，化七乡之泻卤而为膏腴。虽凶年，公私不病，人饱粒食，官收租赋，岁岁所获，为利无穷。可谓功施国、德施民矣！然时有旱潦，则当蓄泄；水有通塞，则当启闭。堨埭当修，沙土当捍，不无待于后之人。

岘幼尝奉教于先生长者，以为学道爱人之方，不必拘其事，苟可以致其道，人之心无非道也。家距堰不数里，自问铸来归，闲居十余年，日与田夫野老话井里闲事，且州家尝属以任修堨、淘沙、造闸之责，益得以清源委，究利病。又考《图志》所载，及前哲记文，粗知兴造增修之由，参以己见，编为一帙，目曰《四明它山水利备览》。庶几讲明水政者观此，或易为力云。

大宋淳祐二年上元节里人魏岘序。

《四明山志》序[②]

〔清〕黄宗羲

余家四明山，在北面七十峰之下，所谓翠竭也。顾入山中之路有三，自横溪而入，逾高地岭，则为白水山；自三溪口而入，逾清贤岭，亦白水也；自蓝溪，三峰而入，经大、小皎，上大兰山，则为仗锡。度黄官、鹁鸠二岭，则为雪

① 《鄞州山水志选辑》，宁波出版社 2009 年版。

② 《鄞州山水志选辑》，宁波出版社 2009 年版。

窦。盖少者五十里，多者亦不过八十里，穷日之力皆可至。而吾乡之人，闻谈四明之泉石，未尝不如嵩、华之不相及也。况于来游者，云烟过眼，曾能得其仿佛乎！余往来山中，尝有诗云："二百八十峰，峰峰有屐痕。"因以足之所历，与记传文集相勘，每牴牾失实。昔苏子瞻夜登黄楼，观王定国诸公登桓山，吹笛饮酒，乘月而归，以为太白死三百年无此乐矣。尝疑是言，及观为游者之草草，而后知子瞻之言非孟浪也。壬午岁，余作《四明山志》，亡友陆文虎欲刻之而未果，藏于牛箧，鼠啮尘封。癸丑岁尽，逢太夫人寿日，应酬辍业，偶展此卷，而文虎评校之朱墨如初脱手，然其间凡例不齐，词不雅驯，重为改窜，始得成书，犹幸向者之未刻也。念亡友作土中人且三十年矣，相知云亡，谁定吾文，阁笔为之三叹。其序曰：第九洞天，丹山赤水，其中福地，重书叠纪，茭湖北矗，梨洲南峙，大隐东面，姚江之砥，峰峰瀑布，代代游履，峭壁题名，狐貉不哆，志《名胜》第一。洛阳伽蓝，建康僧寺，一一记之，泉石鼓吹，奈何后来，梵刹有志，机缘偈颂，何与吾事？鄙秽连疆，山容减翠，是用汰去，但存名字，志《伽蓝》第二。玄圣游化，灵仙窟宅，兴公之言，不容弹射，所以刘、尧、樊，纷然载籍。石髓未凝，灵草可摘，仙宫神治，迟汝朝夕，尘土活埋，岂不可惜，志《灵迹》第三。唐之皮、尧、陆，发为《九题》，明山故事，亦云在兹，推寻诗迹，常致参差，彼作诗者，未历嵚崎，因人之言，仿佛填词，吾明其故，遗尘宛而，志《九题考》第四。四明山图，传自祠宇，图亡咏存，四面裂土，各七十峰，五峰中主，掩霭风云，玲珑门户，牵连之下，不少粗卤，吾图历然，峰峰可数，志《丹山图咏》第五。元有道士，名居石田，折骨穷山，垂四十年，文人皆曰，地胜人贤，清词妙句，贲其林泉，一时文士，亦赖以传，志《石田山房诗》第六。四明之诗，始孔稚圭，唐宋以后，数不可枚，猿鸟奔命，泉石告哀，无使陈言，山灵见猜，志《诗括》第七。败刹残碑，逸人坠简，捃拾无人，亡者何限？忽然遇之，可证讹舛，乃知奇地，即在经眼，志《文括》第八。单词碎事，四明千涉，错出简编，如扫落叶，随得随收，次序不接，志《撮残》第九。甲寅岁花朝茭湖鱼澄洞主黄宗羲书。

《东钱湖志》序①

〔民国〕王荣商

四明水利，江海而外，莫大于东钱湖。昔人论之详矣。顾自唐以来，未有专书。湖亦日就淤浅，此岂尽由于财力之不赡哉？凡人之情，不亲履其

① 《鄞州山水志选辑》，宁波出版社2009年版。

地，则无由触发其好义之心。杭之西湖，以名胜闻天下，其屡淤屡浚，若一池沼之易，固由于山明水秀所致，亦以密迩会城，日为士大夫之所闻见，故费易集，而功易成也。东钱湖之风景，殆不减于西湖，然距城稍远，万山围绕，游迹之所罕至，故虽有人焉倡议疏浚，而应者寥寥。湖工之不能兴，何有于湖志，其相因而及，固自然之势欤。光绪季年，鄞邑忻君锦崖，锐意浚湖，久而未就。易世之后，吾邑陈君协中，助以巨资，别出白金若干，为纂志之用，于是忻君募集工役，先浚梅湖，即于湖工局内附设志局，延陆珠浦澍咸、戴霁荪彦，分任编辑，而以余尝往来湖上，于湖事粗有建白，俾总其成，余固辞不获，为发凡起例以先之。及梅湖之工甫浚，而陈君谢世，余亦病甚，不能与陆、戴二君时相商榷，深惧湖志废于半途，无以酬陈君之意，会忻君督促再三，复延董莘夫渊，就已编者详加诠次，分为四卷，付诸手民。其有缺失，俟后人订正焉。呜乎，沧海之大，且变为桑田，何有于区区之一湖。而是湖赖忻君之苦心，佐以陈君之毅力，梅湖一带向之茭葑弥望者，今已一碧如洗。大湖间有淤垫，尚不至如梅湖之甚。而自梅湖浚后，湖水尽趋下流，虽欲不浚全湖，而不可得如为山，然未成者固不第一篑，而忻君方进而不止，陈君未竟之志有不借以告慰者乎？抑忻君之于陈君，所谓旷世一遇者，而浚湖之举，必赓续不已，乃能衍其利于无穷。湖固远于城，而是编荟萃众说，俾览者如亲履其地，而触发其好义之心。吾知陈君虽往，当有如陈君者接踵而起，东钱之水将与杭之西湖永在人间，不至为广德湖之续。然则湖志之成，倘亦他日湖工之先导也欤？

民国四年(1915)乙卯季夏前翰林院侍读镇海王荣商。

附录二 现存历代宁波方志馆藏分布表

书名、卷数	作者	版本	馆藏地（中国，用简称）	丛书丛刊或数字版本
宝庆《四明志》二十一卷	宋胡榘修，罗浚、方万里等纂	明钞本、清抄本、清咸丰四年(1854)徐氏烟屿楼刻本	国图、复旦图、上图、浙图、天一阁	收于《宋元方志丛刊》、国图中国数字方志馆
开庆《四明续志》十二卷	宋吴潜修，梅应发、刘锡等纂	宋开庆元年(1259)刻本、清抄本、清咸丰四年(1854)徐氏烟屿楼刻本	国图、故宫、浙图、上图、天一阁	收于《宋元方志丛刊》、国图中国数字方志馆
乾道《四明图经》十二卷	宋张津纂修	抄本、清咸丰四年(1854)徐氏烟屿楼刻本	国图、上图、浙大图、天一阁	收于《宋元方志丛刊》、国图中国数字方志馆
《四明尊尧集》十一卷	陈瓘撰	清光绪刻本	天一阁、国图	收于《续修四库全书》
宝庆《昌国县志》二卷	宋佚名纂	清抄本	北大图	收于《北京大学图书馆藏稀见方志丛刊》
淳祐《四明它山水利备览》二卷	宋魏岘撰	清抄本、民国张氏约园刻《四明丛书》本	浙图	宁波图书馆《四明丛书》电子全文库
大德《昌国州图志》七卷首一卷末一卷	元冯福京修，郭荐纂	清乾隆间《四库全书》本、清咸丰四年(1854)徐氏烟屿楼刻本	国图、浙图	收于《宋元方志丛刊》、国图中国数字方志馆
延祐《四明志》二十卷目录二卷	元马泽修，袁桷、王厚孙纂	清抄本、清咸丰四年(1854)徐氏烟屿楼刻本	国图、北大图、上图、浙图、天一阁	收于《宋元方志丛刊》、国图中国数字方志馆
至正《四明续志》十二卷	元王元恭修，王厚孙、徐亮纂	明抄本、清咸丰四年(1854)徐氏烟屿楼刻本	国图、上图、浙图、天一阁	收于《宋元方志丛刊》、国图中国数字方志馆

续 表

书名、卷数	作者	版本	馆藏地(中国,用简称)	丛书丛刊或数字版本
泰定《甬东山水古迹记》一卷	元吴莱撰	《说郛》本	浙图、天一阁	收入《说郛》
《阿育王山志》十卷	明郭子章撰	明天启四年刻本	天一阁、浙图、南图	
《慈溪县杜白二湖全书》	明沈海鹏纂	民国七年(1918)吴作镆铅印本	浙师大图	
《临山卫志》四卷	明朱冠、耿宗道纂	民国三年(1914)活字本	国图、上图	收于《中国方志丛书》、国图中国数字方志馆
《柳亭庵志》二卷	明李桐辑	明弘光年间刻本	甬图	收于《中国佛寺志丛刊》
《四明文献集》五卷	宋王应麟撰,明郑真辑	清抄本、民国张氏约园刻《四明丛书》本、民国二十四年(1935)约园铅印本	天一阁、浙图	收于《王应麟著作集成》、宁波图书馆《四明丛书》电子全文库
《四明文献志》十卷	李堂撰	明嘉靖刻本	南图、辽图	
成化《宁波府简要志》五卷	明黄润玉纂,黄溥续纂	明刻本、清抄本、民国张氏约园刻《四明丛书》(第三集)本	国图、北大图、浙图、天一阁	宁波《图书馆四明丛书》电子全文库
崇祯《宁海县志》十二卷	明宋奎光纂修	明崇祯五年(1632)刻本	国图、南图	收于《南京图书馆藏稀见方志丛刊》、国图中国数字方志馆
崇祯《四明山游录》	明黄宗会撰	清乾隆四十八年(1709)刻本、民国二十四年(1935)活字印本	浙图、天一阁	
崇祯《天童寺志》六卷	明释通布纂	崇祯六年(1633)刊本	胡佛研究所	
弘光《雪窦寺志略》	明释履平撰	弘光二年(1646)刻本	南图	收于《中国佛寺志丛刊》

续 表

书名、卷数	作者	版本	馆藏地(中国,用简称)	丛书丛刊或数字版本
嘉靖《定海县志》十三卷	明何愈修,张时彻等纂修	明嘉靖四十二年(1563)刻本	天一阁、国图	收于《中国方志丛书》
嘉靖《东山志》十九卷	明谢敏行纂	清道光六年(1826)年刊本	南图、苏图	
嘉靖《奉化县图志》十二卷	明钱璠修,倪复纂	明嘉靖十四年(1535)刻本	国图、上图	收于《上海图书馆藏稀见方志丛刊》
嘉靖《奉化县志》十二卷	明钱璠修,倪复纂	明嘉靖十一年(1532)刻本	奉化档案馆	
嘉靖《观海卫志》四卷	明周粟纂	清抄本、四明张氏约园抄本	国图、浙图、上海	收于《慈溪文献集成》
嘉靖《宁波府志》四十二卷	明周希哲、曾镒修,张时彻等纂	明嘉靖三十九年(1560)刻本、民国张氏约园抄本	国图、北师大图、上图、浙图、天一阁	收于《宁波历史文献丛书》、日本早稻田大学图书馆电子全文数据库、国图中国数字方志馆
嘉靖《四明志征》二十六卷	明戴鲸纂	明抄本	余杭馆	
嘉靖《天童寺集》七卷	明杨明修,释无忧、万怀等编	清初抄本	上图	收于《四库存目丛书》
嘉靖《象山县志》十五卷	明毛德京修,杨氏彝、周茂伯纂	明嘉靖三十五年(1556)刻本、隆庆五年(1571)增刻本	天一阁	收于《天一阁藏明代方志选刊续编》
嘉靖《余姚县志》十七卷	明顾存仁修,杨抚等纂	明嘉靖二十一年(1542)刻本、清抄本	天一阁、内蒙古图、上图	收于《天一阁藏明代方志补刊》
隆庆《鄞西桃源志》	明张桃溪、杜思泉纂		南图、上图	
天启《慈溪县志》十六卷	明李逢申修,姚宗文等纂	明天启四年(1624)刻本	国图、上图、浙图	收于《原国立北平图书馆甲库善本丛书》

续 表

书名、卷数	作者	版本	馆藏地(中国,用简称)	丛书丛刊或数字版本
天顺《宁波郡志》十卷	明张瓒修,杨寔纂	明成化四年(1468)刻本、清抄本、民国张氏约园抄本	国图、南图(缩微胶卷)、浙图	收于《中国方志丛书》、国图中国数字方志馆
万历《海防纂要》十三卷图一卷	明王在晋撰	明万历四十一年(1613)刻本	华东师大图	收于《续修四库全书》
万历《象山县志》十六卷	明吴学周修,陆应阳等纂	明万历三十六年(1608)刻本	国图、上图(缩微胶卷)	收于《中国方志丛书》
万历《新修余姚县志》二十四卷	明史树德修,杨文焕等纂	明万历三十一年(1603)刻本	国图、上图、南图	收于《中国方志丛书》
永乐《四明文献考》不分卷	明李孝谦撰	抄本	国图	收于《北京图书馆古籍珍本丛刊》
《阿育王山续志》六卷	清释畹荃编	清乾隆年间刊本	浙图	
《保庆寺志略》五卷	清闻性道辑	清康熙刻本	上图	收于《中国佛寺志丛刊》
《禅悦寺志》	释实振辑	清抄本、清光绪抄本	浙图、天一阁	
《大慈寺志略》	清闻性道修	清康熙刻本	浙图	
《大觉寺志略》	清释照机纂	清抄本	天一阁	
《东山志》十卷	清谢起龙纂	清宣统二年(1910)余姚谢氏重印本	上图、嘉图	
《东寿昌寺志略》	清闻性道修	清康熙刻本	浙图	
《蛟川备志》二十一卷	清陈景沛纂	清嘉庆十年(1805)稿本	浙图	
《敬止录》四十卷	明高宇泰纂,清徐时栋编次	清道光十九年(1839)徐氏烟屿楼钞本	国图、上图、天一阁	收于《北京图书馆古籍珍本丛刊》

续 表

书名、卷数	作者	版本	馆藏地(中国,用简称)	丛书丛刊或数字版本
《句章摭遗》十卷附一卷	清郑辰纂	清光绪抄本	天一阁、浙图	
《乐妙山居集》一卷续编一卷	清钱沃臣撰	清嘉庆十五年(1810)刻本	浙图、绍图、杭图	收于《象山县地方文献丛书》
《芦山寺志》九卷	清释宗尚撰	清抄本	天一阁 浙图	
《明州岳林寺志》六卷	清戴明琮辑	清乾隆二十六年(1761)刻本、清咸丰七年刻本	浙图、天一阁、奉化文管会	收于《中国佛寺史志汇刊》
《南田岛岙开垦图说》	清杨殿才编		天一阁	
《南田记略》一卷	清杨殿才编	抄本	浙图	
《蓬山清话》十八卷	清倪象占撰	清抄本	浙图	收于《象山县地方文献丛书》
《三茅山志》二卷	何尔昌辑	清抄本	天一阁	
《石步志》一卷	明叶时标纂,叶四聪订,清叶维新重辑	稿本、清抄本	天一阁	收于《中国地方志集成·乡镇志专辑》
《四明鹳岭志略》五卷	清张僖之纂	清闲闲轩抄本	浙图	
《四明六志校勘记》三十一卷	清徐时栋纂,陈子湘补纂	清咸丰四年(1854)徐氏烟屿楼刻本	国图、上图、浙图、天一阁	收于《宋元方志丛刊》、国图中国数字方志馆
《四明它山水利图经》二卷	姚燮撰	民国二十三年(1934)抄本	天一阁	收入《鄞县山水志选辑》
《四明谈助》四十六卷首一卷	清徐兆昺撰	清道光八年(1828)木活字印本	甬图、天一阁、浙图	周冠明点校,宁波出版社2000年出版
《四明志补》	清包旭章纂	清乾隆抄本	台湾	

续　表

书名、卷数	作者	版本	馆藏地(中国,用简称)	丛书丛刊或数字版本
《天井寺志略》	清释通新等修	清康熙释超曙刻增修本	浙图	
《五磊寺志》十卷	清冯蔚舒、洪昆编	冯氏伏跗室抄本	天一阁	收于《中国佛寺志丛刊》
《溪上遗闻集录》十卷别录二卷	清尹元炜撰	道光十八年(1838)抱珠楼刊本	上图、国图	收于《慈溪文献集成》
《先觉寺志略》一卷	清释照机纂	康熙四十四年(1705)刻本	天一阁	收入《中国佛寺志丛刊》
咸丰《象山粤氛纪实》一卷	王莳蕙撰		浙图	
《象邑公田总簿》二卷	清倪励撰	清道光七年(1827)刻本	浙图	
《象邑夏王庙志》二卷附录二卷《西城杂录》二卷	清倪励撰	清道光七年(1827)刻本	浙图	
《续甬上耆旧诗》一百二十卷首一卷	清全祖望辑	清鄮峰草堂钞本、民国七年四明文献社铅印本	天一阁、甬图	有2003年点校本
《雪窦寺志》十卷	清释行正纂	清木活字印本	甬图、南图、天一阁、浙图、杭图	收于《中国佛寺志丛刊》,有2010年点校本
《延福寺志》	清闻性道修	清康熙刻本	浙图	
《剡源乡志》二十四卷首一卷	清赵霈涛纂	清光绪二十八年(1902)剡曲草堂木活字本、民国五年(1916)铅印本	天一阁、上图、浙大图	收于《中国地方志集成·乡镇志专辑》、国图中国数字方志馆
《姚江书院志略》二卷	清邵廷采纂	康熙三十年刻本、乾隆五十九年(1794)刻本	浙图、梨洲文献馆	收于《中国历代书院志》
《甬上耆旧诗》三十卷	清胡文学、李邺嗣编	清康熙十五年(1676)胡氏敬义堂刻本	天一阁、甬图、奉化文管会	有2010年点校本
《甬上族望表》二卷	清全祖望撰	清嘉庆十九年(1814)刻本	天一阁、奉化文管会	收于《全祖望集汇校集注》

续　表

书名、卷数	作者	版本	馆藏地（中国，用简称）	丛书丛刊或数字版本
《余姚乡土地理历史合编》	清谢葆濂编	清光绪二十二年（1896）石印本	国图、天津图	国图中国数字方志馆
《杖锡寺志》一卷	清朱献臣编	清抄本	北大图	
嘉庆《镇海县志备修》不分卷	清陈景沛纂	清嘉庆稿本	浙图（不全）	收于《浙江图书馆藏稀见方志丛刊》
光绪《忠义乡志》二十卷首一卷	清吴文江纂	清光绪二十三年（1897）瓻醁楼稿本、清光绪二十七年（1901）刻本	吉大图、天一阁、甬图	收于《中国方志丛书》
《尊乡集》四卷	清姜炳璋著		象山政协文史委	
《昌国典泳》十卷	清朱绪曾撰			收入《四明丛书》
道光《浒山志》八卷	清高杲、沈煜纂	清道光十一年（1831）活字本	复旦图、浙图	收于《中国地方志集成·乡镇志专辑》
道光《南田志稿》不分卷	清冯登府纂	清道光稿本	上图	收于《上海图书馆藏稀见方志丛刊》
道光《四明形胜赋》一卷	清张得中撰	清光绪七年（1881）刻本	浙图	
道光《象山县志》二十二卷首一卷	清童立成、吴锡畴修，冯登府等纂	清道光十四年（1834）刻本、民国四年（1915）张鹏霄活字本	天一阁、浙图、国图、上图	国图中国数字方志馆
道光《甬上水利志》六卷	清周道遵纂	请道光二十八年（1848）刻本、民国张氏约园刻《四明丛书》本	天一阁、浙图	收于《中国方志丛书》、宁波图书馆《四明丛书》电子全文库
道光《招宝山志》二卷	陈景沛纂，周道遂修校	道光年间刊本、民国二十六年（1937）铅印本	浙图、天一阁	收于《中华山水志丛刊》

续　表

书名、卷数	作者	版本	馆藏地(中国,用简称)	丛书丛刊或数字版本
光绪《慈溪县志》五十六卷附编一卷	清杨泰亨、冯可镛纂	清光绪稿本、清光绪二十五年(1899)德润书院刻本、民国三年(1914)重印本	北师大图、浙图、天一阁	收于《中国地方志集成》、国图中国数字方志馆
光绪《定海厅志》三十卷首一卷	清史致驯修,陈重威、黄以周纂	清光绪十一年(1885)黄树藩刻本、清光绪二十八年(1902)补刻本	天一阁、国图、浙图	收于《中国地方志集成》、国图中国数字方志馆
光绪《郡城浚河征信录》五卷	清宗源翰编	清光绪八年河工局木活字本	天一阁	
光绪《奉化县志》四十卷首一卷	清李前泮修,张美翊等纂	光绪三十四年(1908)木活字本	天一阁、上图、浙图	收于《中国地方志集成》、国图中国数字方志馆
光绪《牟山湖志》一卷	清刘福升撰	光绪二十五年(1899)刻本	甬图、梨洲文献馆、浙图	
光绪《南田县志》不分卷	清佚名纂	抄本	国图	
光绪《宁海县志》二十四卷首一卷	清王瑞成、程云骧修,张浚等纂	清光绪二十八年(1902)刻本	国图、上图、天一阁、浙图	收于《中国地方志集成》、国图中国数字方志馆
光绪《宁郡城河丈尺图志》二卷	佚名	清光绪十四年(1888)河工局木活字本	天一阁	
光绪《清湖小志》八卷附一卷	清张宗禄纂,张统镐续纂	稿本	复旦图	收于《中国地方志集成・乡镇志专辑》
光绪《小溪志》八卷	清柴望撰	光绪二十八年(1902)奉化赵氏剡曲草堂木活字本、四明张氏约园抄本	南图、浙图	
光绪《剡源乡志》二十四卷	清赵霈涛撰	光绪二十八年(1902)剡曲草堂木活字本	南图、奉化文管会、天一阁	收于《中国地方志集成・乡镇志专辑》

续　表

书名、卷数	作者	版本	馆藏地（中国，用简称）	丛书丛刊或数字版本
光绪《余姚县志》二十七卷首一卷末一卷	清周炳麟修，邵友濂、孙德祖纂	清光绪二十五年(1899)刻本	国图、上图、天一阁、甬图	收于《中国方志丛书》、国图中国数字方志馆
光绪《余姚县志》四十卷	清佚名纂	清光绪初稿本	上图	
光绪《镇海县志》四十卷	清于万川修，俞樾等纂	稿本、清光绪五年(1879)鲲池书院刻本	南图、天一阁、甬图、浙图	收于《续修四库全书》、国图中国数字方志馆
光绪《忠义乡志》二十卷首一卷	清吴文江编撰	稿本	浙图、吉大图、上图	收于《中国地方志集成・乡镇志专辑》
嘉庆《保国寺志》二卷	清余兆灏著述，陆启藩纂修，敏庵和尚编辑	冯氏伏跗室抄本	天一阁	收于《中国佛寺志丛刊》
嘉庆《杜白二湖全书》一卷	清王相能辑	清嘉庆十年(1805)王相能刻本	甬图、天一阁、浙图、国图	收于《中华山水志丛刊》
嘉庆《蛟川备志》二十一卷	清陈景沛纂	清稿本	浙图、镇海方志办	
嘉庆《蛟川备志举要》不分卷	清景沛纂	清稿本	浙图	
嘉庆《四明古迹记》	清陈之纲撰	清嘉庆二十二年(1817)刊本、民国张氏约园刻《四明丛书》本	中科院图、天一阁	宁波图书馆《四明丛书》电子全文库
康熙《定海县志》	清王元士修，郝良桐等纂	清康熙间抄本	浙图	收于《浙江图书馆藏稀见方志丛刊》
康熙《定海县志》八卷	清缪燧修，陈琯等纂	清康熙五十四年(1715)刻本	国图、上图、天一阁、浙图	收于《浙江图书馆藏稀见方志丛刊》
康熙《奉化县志》十四卷首一卷	清张起贵修，孙懋赏、刘鸿声纂	清康熙二十五年(1686)刻本	国图、南图	

续 表

书名、卷数	作者	版本	馆藏地(中国,用简称)	丛书丛刊或数字版本
康熙《明州福泉山法海禅寺志》十二卷首一卷	清释性标纂	清康熙二十八年(1689)刻本	天一阁、浙图	收于《中国佛寺志丛刊》
康熙《宁波府鄞县锡山宝严寺志》二卷	曾鲁辑	清康熙二十九年(1690)刻本、清康熙四十二年(1703)刻本	上图	收入《中国佛寺志丛刊》
康熙《宁波府志》三十三卷	清李廷机修,左臣黄、姚宗京纂	清康熙二十二年(1683)抄本、民国张氏约园抄本	国图、上图	收于《宁波历史文献丛书》、国图中国数字方志馆
康熙《宁海县志》十二卷首一卷	清崔秉镜修,华大琰纂	清康熙十七年(1678)刻本	国图、上图、南图、浙图	国图中国数字方志馆
康熙《四明山志》	明黄宗羲撰	康熙四十年(1701)刻本、民国二十五年(1936)张寿镛约园《四明丛书》本	天一阁	宁波图书馆四明丛书电子全文库
康熙《桃源乡志》八卷	清臧麟炳纂	清抄本、民国二十三年(1934)油印本	天一阁、南图、甬图、浙图	收于《中国地方志集成·乡镇志专辑》,另有龚烈沸点校本(方志出版社 2005 年版)
康熙《天童寺志》十卷首一卷	清闻性道、释德介纂	康熙五十一年(1712)刻本	浙图、南图	
康熙《象山县志》十六卷	清胡祚远修,姚廷杰纂	清康熙三十七年(1698)刻本	浙图、南图、天一阁	收于《北京师范大学图书馆藏稀见方志丛刊》
康熙《象山县志》十六卷	清李郁纂修	清康熙二十一年(1682)刻本	象山档案馆	
康熙《续定海县志》不分卷	清王元士、虞光祚纂修	清康熙七年(1668)抄本	浙图	收于《浙江图书馆藏稀见方志丛刊》
康熙《续姚江逸诗》	清倪继宗辑	清康熙六十年倪继宗小云林刻本	浙图	收于《四库存目丛书》

续　表

书名、卷数	作者	版本	馆藏地(中国,用简称)	丛书丛刊或数字版本
康熙《姚江逸诗》十五卷	明黄宗羲、倪继宗辑	康熙六十一年(1722)刊本、清乾隆四十一年刻本	浙图、梨洲文献馆、天一阁	收于《四库存目丛书》
康熙《鄞县志》二十四卷首一卷	清汪源泽修,闻性道纂	清康熙二十五年(1686)刻本、清康熙抄本	国图、上图、南图、浙图、天一阁	收于《中国地方志集成》
康熙《余姚圣庙志辑要》三十卷	清鹿嗣宗等辑	清嘉庆十九年(1814)刻本	梨洲文献馆	收于《中国祠墓志丛刊》
康熙《余姚县志》二十五卷	清康如琏纂修	清康熙三十二年(1693)刻本	国图、上图(缩微胶卷)	
光绪《鄮山书院核实录》	清许玉书辑录	光绪十六年(1890)刻本	甬图、上图	收于《中国历代书院志》
民国《天童续志》二卷首一卷	释莲萍编	民国九年(1920)天童寺刻本	绍图、天一阁、复旦图	
乾隆《董孝子庙志》八卷卷首一卷	清董秉纯纂修	清乾隆五十五年(1790)刻本	天一阁	收于《中国祠墓志丛刊》
乾隆《奉化县志》十四卷首一卷	清曹膏、唐宇霈修,陈琦等纂	清乾隆三十八年(1773)刻本、清光绪间活字本	天一阁、浙图、上图	国图中国数字方志馆
乾隆《奉化县志辑略》二卷	清戴熙芠纂	清光绪十三年(1887)稿本	国图	国图中国数字方志馆
乾隆《象山县志》十二卷	清史鸣皋修,姜炳章、冒春荣纂	清乾隆二十四年(1759)刻本	国图、天一阁、上图、浙图	收于《中国方志丛书》
乾隆《鄞县志》三十卷首一卷	清钱维乔修,钱大昕等纂	清乾隆五十三年(1788)刻本、清道光二十六年(1846)刻本	国图、北大图、上图、天一阁、浙图	收于《续修四库全书》、国图中国数字方志馆
乾隆《鄞志稿》二十卷	清蒋学镛纂	民国张氏约园刻《四明丛书》(第三集)本	上图、浙图	宁波图书馆《四明丛书》电子全文库

续 表

书名、卷数	作者	版本	馆藏地（中国，用简称）	丛书丛刊或数字版本
乾隆《余姚志》四十卷	清唐若瀛修，邵晋涵纂	清乾隆四十六年（1781）刻本	国图、上图、浙图、浙大图、天一阁	
乾隆《镇海县志》八卷首一卷	清王梦弼、邵向荣纂修	清乾隆十七年（1752）刻本、清乾隆四十五年（1780）周樽增补印本	国图、上图、天一阁、浙图	国图中国数字方志馆
顺治《重修奉化县志》十六卷首一卷	清王奂、孙成名修，项斯勤纂	清顺治十八年（1661）刻本	国图、上图（胶卷）	收于《国家图书馆藏稀见方志丛刊》
同治《慈溪县志稿》	清佚名纂	清同治稿本	文化遗产研究院	
同治《明州系年录》七卷	清董沛撰	清光绪四年（1878）刻本	浙图、天一阁	有2001年点校本
同治《象山县志稿》二十四卷末一卷	清黄丙堃修，马嗣成等纂	清同治七年（1868）抄本	甬图、南大图	收于《南京图书馆藏稀见方志丛刊》
同治《鄞县志》七十五卷首一卷	清戴枚修，张恕、陈劢、徐时栋、董沛等纂	清同治十三年（1877）稿本、清光绪三年（1877）刻本	人大图、天一阁、国图、浙图	国图中国数字方志馆、鄞州史志网电子全文
咸丰《黄山小志》一卷《续志》一卷	清蒋坦著			收于《近代中日文化交流先行者王惕斋》
咸丰《疏浚郡河清册》一卷	清张绎纂	清咸丰六年（1856）木活字印本	甬图	
咸丰《鄞县志》三十二卷首一卷	清张铣修，周道遵纂	清咸丰六年（1856）刻本	天一阁、上图	
雍正《慈溪县志》十六卷	清杨正笥修，冯鸿模等纂	清雍正八年（1730）刻本、清乾隆三年（1738）许炳增刻本	北师大图、天一阁、浙图、浙大图	收于《中国方志丛书》、国图中国数字方志馆
雍正《宁波府志》三十六卷首一卷	清曹秉仁等修，万经等纂	清雍正十一年（1733）刻本、清乾隆六年（1741）色超补刻本、清道光二十六年（1846）慈溪沈氏介祉堂刻本	国图、上图、浙图	收于《宁波历史文献丛书》、国图中国数字方志馆

续　表

书名、卷数	作者	版本	馆藏地（中国，用简称）	丛书丛刊或数字版本
雍正《象山县志》四十二卷	清马受会修，林文懋纂	清雍正七年（1729）刻本	国图、天一阁、上图	
民国《续刻杜白二湖四浦水利全书》一卷	叶瀚编，杨振骥纂	民国铅印本	梨洲文献馆	
民国《岱山镇志》二十卷首一卷	汤浚纂	民国十六年（1927）定海汤氏一棵轩活字本	天一阁、浙图、国图	收于《中国地方志集成·乡镇志专辑》、国图中国数字方志馆
民国《东钱湖志》四卷	王荣商总纂	民国五年（1916）刻本	浙图、嘉图、天一阁	收入《鄞县山水志选辑》
民国《南田山杂志》	陈汉章撰		浙图	收于《陈汉章全集》
民国《南田山志》十四卷首一卷	刘耀东撰	民国二十四年（1935）启后亭铅印本	天一阁、甬图、温图	国图中国数字方志馆
民国《南田志略》一卷	陈汉章纂	稿本、民国二十五年（1936）铅印《缀学堂丛稿初集》本	浙图	收于《陈汉章全集》
民国《宁海六记》	干人俊编	民国二十三年（1934）木活字本	浙图、天一阁	国图中国数字方志馆
民国《宁海漫记》四卷	干人俊编	民国二十二年（1933）木活字印本	浙图	国图中国数字方志馆
民国《宁海三记》	干人俊编	民国稿本暨油印本	国图	国图中国数字方志馆
民国《宁海四记》	干人俊编	民国稿本暨油印本	国图	国图中国数字方志馆
民国《宁海县志稿》不分卷	宁海县修志馆	民国三十五年（1946）稿本	浙图	
民国《宁海续记》二卷	干人俊编	民国二十五年（1936）石印本	浙图、天一阁、杭图	
民国《宁海续志稿》十八卷首一卷	干人俊纂	民国稿本	宁海档案馆	

续 表

书名、卷数	作者	版本	馆藏地(中国,用简称)	丛书丛刊或数字版本
民国《三茅普安寺志》二卷	清释无柱修	民国二十四年(1935)三茅普安寺铅印本	甬图、天一阁、奉化文管会	收于《中国佛寺志丛刊》
民国《四明丛书》	张寿镛编	民国四明张氏约园刻本	国图、上图、浙图	有广陵书社 1981 年印本、2006 年影印本,宁波市图书馆《四明丛书》全文数据库
民国《象山县志补正》	陈汉章纂	稿本	浙图	收入《陈汉章全集》
民国《余姚六仓志》四十四卷首一卷末一卷	杨积芳纂	民国九年(1920)铅印本	国图、天一阁、浙图	收于《中国地方志集成·乡镇志专辑》、国图中国数字方志馆
民国《镇海县新志备稿》二卷	董祖义纂	民国二十年(1931)上海蔚文印书局铅印本	天一阁、甬图、浙图	收于《中国方志丛书》、国图中国数字方志馆
民国《慈溪县新志稿》二十四卷	干人俊辑	抄本	慈溪档案馆	1987 年慈溪县志办公室和慈溪县档案馆合编刊印本
民国《定海县志》不分卷	陈训正、马瀛纂修	民国十三年(1924)旅沪同乡会铅印本	天一阁、浙图、国图	收于《中国地方志集成》、国图中国数字方志馆
民国《飞龙山志》	干人俊辑		天一阁	
民国《奉化县补义志》十卷	蒋尧裳纂	民国元年(1912)剡曲草堂木活字本	天一阁、浙图、上图	
民国《奉化县新志稿》二十八卷	干人俊纂	民国手抄本	奉化文管会存三册、奉化档案馆存一册	
民国《奉化新志》十一篇	奉化县政府纂修	民国二十八年(1939)铅印本	第一历史档案馆	收于《中国地方志集成》
民国《金峨寺志》六卷	清吴振藩修	民国二十三年(1934)鄞县丁成章木活字本	甬图、天一阁	

续　表

书名、卷数	作者	版本	馆藏地（中国，用简称）	丛书丛刊或数字版本
民国《南田县志》三十五卷首一卷	吕耀钤等纂	民国十九年（1930）铅印本	国图、上图、浙图	收于《中国地方志集成·浙江府县志辑》、国图中国数字方志馆
民国《七塔寺志》八卷	陈寥士修	民国二十六年（1937）铅印本	天一阁、甬图、浙图	收于《中国佛寺志丛刊》
民国《松林志样稿》	王师旦编撰	民国年间稿本	奉化档案馆	
民国《象山县志》三十二卷首一卷	罗士筠修，陈汉章等纂	民国十四年（1925）稿本、民国十六年（1927）铅印本	国图、浙图	收于《中国方志丛书》，有重刊民国《象山县志整理委员会》点校本（方志出版社 2004 年版）
民国《象山县志志文存疑》四卷	樊家桢纂	民国三十六年（1947）铅印本	南开图、安徽图	收于《中国地方志集成·浙江府县志辑》
民国《雪窦山志》	雪窦寺编	民国二十三年（1934）铅印本	余姚市文保所	
民国《鄞县通志》五十一编	张传保修，陈训正、马瀛纂	民国二十二年（1933）修、1935—1951 年铅印本	甬图、天一阁	
民国《余兆兰塘乡千金湖浚垦志略》	陈国才等编	民国十五年（1926）刻本	梨洲文献馆	
民国《镇海县志》四十五卷首一卷	洪锡范、盛鸿焘修，王荣商、杨敏曾纂	民国二十年（1931）上海蔚文印书局铅印本	天一阁、甬图、上图、浙图	收于《中国方志丛书》、国图中国数字方志馆
民国《重纂保国寺志十卷首一卷遗唱一卷》十卷附一卷	钱三照纂		天一阁	
民国《甬上杂著》	彭独庵著	民国铅印本	北师大图	收于《北京师范大学图书馆藏稀见清人别集丛刊》

附：收藏机构简称、全称对照表

序号	简称	全称	序号	简称	全称
1	安徽图	安徽省图书馆	21	南图	南京图书馆
2	北大图	北京大学图书馆	22	宁海档案馆	宁海县档案馆
3	北师大图	北京师范大学图书馆	23	人大图	中国人民大学图书馆
4	慈溪档案馆	慈溪市档案馆	24	上图	上海图书馆
5	第一历史档案馆	中国第一历史档案馆	25	绍图	绍兴图书馆
6	奉化档案馆	奉化市档案馆	26	苏图	苏州图书馆
7	奉化文管会	奉化文物管理委员	27	天津图	天津市图书馆
8	复旦图	复旦大学图书馆	28	天一阁	天一阁博物馆
9	故宫	故宫博物馆	29	温图	温州市图书馆
10	国图	国家图书馆	30	文化遗产研究院	中国文化遗产研究院
12	胡佛研究所	美国斯坦福大学胡佛研究所	32	象山政协文史委	象山县政协文史委员会
13	华东师大图	华东师范大学图书馆	33	甬图	宁波市图书馆
14	吉大图	吉林大学图书馆	34	余杭馆	杭州市余杭区图书馆
15	嘉图	嘉兴市图书馆	35	余姚市文保所	余姚市文物保护管理所
16	梨洲文献馆	余姚市梨洲文献馆	36	浙大图	浙江大学图书馆
17	辽图	辽宁省图书馆	37	浙师大图	浙江师范大学图书馆
18	内蒙古图	内蒙古自治区图书馆	38	浙图	浙江图书馆
19	南大图	南京大学图书馆	39	镇海方志办	宁波市镇海区地方志办公室
20	南开图	南开大学图书馆	40	中科院图	中国科学院图书馆

主要参考文献

[1] 刘纬毅,等.中国方志史.北京:人民出版社,2010.
[2] 黄苇.中国地方志辞典.合肥:黄山书社,1986.
[3] 金恩辉,胡述兆.中国地方志总目提要.台北:汉美图书有限公司,1996.
[4] 中国科学院北京天文台.中国地方志联合目录.北京:中华书局,1985.
[5]《中国方志大辞典》编辑委员会.中国方志大辞典.杭州:浙江人民出版社,1988.
[6] 张国淦.中国古方志考.北京:中华书局,1963.
[7] 北京图书馆.民国时期总书目——历史·传记·考古·地理.北京:北京图书馆出版社,1994.
[8] 洪焕椿.浙江方志考.杭州:浙江人民出版,1984.
[9] 林正秋.浙江方志概论.吉林省地方志编纂委员会,吉林省图书馆学会印行,1985.
[10] 仓修良.方志学通论.北京:方志出版社,2003.
[11] 魏桥,王志邦,等.浙江方志源流.杭州:浙江人民出版社,1988.
[12] 龚烈沸.宁波古今方志录要.宁波:宁波出版社,2001.
[13] 宁波市人民政府地方志办公室.传承·前行——宁波市地方志发展纪略.宁波:宁波出版社,2014.
[14] 骆兆平.天一阁藏明代地方志考录.宁波:宁波出版社,2012.
[15] 骆兆平.伏跗室书藏记.宁波:宁波出版社,2012.
[16] 乐承耀.宁波经济史.宁波:宁波出版社,2012.
[17] 傅璇琮.宁波通史.宁波:宁波出版社,2009.

[18] 俞福海.宁波市志.北京:中华书局,1995.
[19] 周时奋.鄞县志.北京:中华书局,1996.
[20] 张传保,赵家荪修.陈训正,马瀛纂.民国《鄞县通志》,宁波:宁波出版社,2006.
[21] 陈兵.镇海县志.北京:中国大百科全书出版社,1994.
[22] 章亦平.余姚市志.杭州:浙江人民出版社,1993.
[23] 徐长源.慈溪县志.杭州:浙江人民出版社,1992.
[24] 胡元福.奉化市志.北京:中华书局,1994.
[25] 苏其德.宁海县志.杭州:浙江人民出版社,1993.
[26] 王庆祥,林志龙.象山县志.杭州:浙江人民出版社,1988.

方志典籍索引

修志人物索引

后　　记

宁波是历史悠久的文献之邦，历代学者著述丰硕，文化世族的涌现累世不衰，各种文献典籍相继问世。地方志作为地方文化典籍的重要组成部分，在宁波地方文献中占有特别重要的地位。宁波历史上佳志迭出，被誉为“方志之乡”，修志藏志成为文化传统绵延至今。作为宁波“书藏古今、港通天下”名片之一的天一阁，在全国藏书楼中享有盛名。天一阁藏书中尤以明代以来的旧方志最为齐全，使她成为以地方志为特色的古籍收藏单位。

对于方志史的研究，有刘纬毅的《中国方志史》（人民出版社 2010 年版）、王志邦的《浙江方志史》（浙江省社科院 2006 年规划课题）。关于方志文献的研究，有中国科学院北京天文台主编的《中国地方志联合目录》（中华书局 1985 年版），金恩辉、胡述兆主编的《中国地方志总目提要》（汉美图书有限公司 1996 年版），洪焕椿的《浙江方志考》（浙江人民出版社 1984 年版）。宁波作为方志之乡，方志文献众多，内容涵盖广泛、品类繁多、卷帙浩繁、内容精深，可是这些门类齐全的珍贵方志文献，因篇帙较大，如何使用，却为修志、用志者所面临的问题，迫切需要梳理宁波方志发展历史脉络及现存方志文献的基本情况，为读者利用方志文献提供指引。始于 2006 年的“宁波文化研究工程”，一直将“宁波方志史”作为一个参考选题。2011 年 8 月，在宁波举行了首届方志文献国际学术研讨会，专家们就如何利用方志文献展开了热烈的讨论，为方志文献研究提供了一个新的视角。

笔者自参加工作以来，一直致力于地方志的修编和相关研究工作，算起来已近十个年头，积累了不少方志文献资料。抱着一种初生牛犊不怕虎的闯劲，本着试试看的态度，于 2013 年下半年与宁波市图书馆副研究馆员万湘容(承担第一章《宁波方志文献概述》、附录一《历代宁波方志序跋选录》、附录二《现存历代宁波方志馆藏分布表》的写作)合作,申报了“宁波方志文献史”的专门史研究项目。经过宁波市社科联的评审,被予立项,成为2013—2014年“宁波文化研究工程”项目之一。

经过两年的艰苦努力,现在得以付梓,十分欣慰。纵观全书,不难发现还有不少地方需要进一步完善和充实,恳请各位同仁、读者批评指正！对于这些不足,我将在以后继续研究。这个问题的研究作为课题,今天虽可以算是个结束,但相对于今后的研究来说,这仅仅是个开始。

在本文的写作过程中,参考了国内外大量的文献资料,在这里向各位参考文献作者一并致谢。

最后,我要感谢宁波市社科院,不仅提供了研究经费和出版经费,还组织专家审读书稿,提出了许多修改意见;浙江大学出版社张小苹老师通改全书、梳理文字、纠正谬误,出力颇多。凡此种种,提升了本书的质量和学术品位,余尤感动,深表谢意。

包柱红

2016年9月

图书在版编目(CIP)数据

宁波方志文献史 / 包柱红,万湘容著. —杭州:浙江大学出版社,2017.3
ISBN 978-7-308-16178-7

Ⅰ.①宁… Ⅱ.①包…②万… Ⅲ.①宁波—地方志—文献—汇编 Ⅳ.①K295.53

中国版本图书馆 CIP 数据核字(2016)第 211189 号

宁波方志文献史

包柱红　万湘容　著

责任编辑　张小苹
责任校对　宋旭华
封面设计　项梦怡
出版发行　浙江大学出版社
(杭州市天目山路 148 号　邮政编码 310007)
(网址:http://www.zjupress.com)
排　　版　浙江时代出版服务有限公司
印　　刷　浙江省邮电印刷股份有限公司
开　　本　710mm×1000mm　1/16
印　　张　15.5
字　　数　270 千
版 印 次　2017 年 3 月第 1 版　2017 年 3 月第 1 次印刷
书　　号　ISBN 978-7-308-16178-7
定　　价　48.00 元